Richard W. Dickinson/Carole Gift Page

Entdecke das Kind in dir

... und entfalte deine Persönlichkeit

Schulte & Gerth

Die amerikanische Originalausgabe erschien im Verlag
SP Publications, Inc., Wheaton, Illinois, unter dem Titel
„The Child In Each Of Us. Healing The Wounds Of Childhood
That Hinder Our Growth As Adults".
© der deutschen Ausgabe 1992 Verlag Klaus Gerth, Asslar
Aus dem Amerikanischen übersetzt von Roland Renz

Die Bibelstellen wurden nach der Revidierten Elberfelder Bibel,
Wuppertal 1986, zitiert.

Best.-Nr. 15 199
ISBN 3-89437-199-4
1. Auflage 1992
Umschlaggestaltung: Ursula Stephan/SP Publications
Satz: Typostudio Rücker & Schmidt
Druck und Verarbeitung: Ebner Ulm
Printed in Germany

Richard W. Dickinson / Carole Gift Page

Entdecke das Kind in dir
… und entfalte deine Persönlichkeit

Inhalt

Einleitung 7

Das Kind im Innern entdecken 11

Mißbrauch am Kind im Innern 29

Wir tragen viele Masken 51

Nicht allein, aber einsam 79

Warum Ehen so oft scheitern 103

Kinder nach unserem eigenen Bilde? 129

Selbstgemachter Streß 149

Das Kind im Innern befreien 165

Zu liebevollen inneren Eltern finden 189

Hinweise für Helfer 209

Anmerkungen 231

Einleitung

Sie gehen auf eine Party. Alle sind Ihnen fremd, bestenfalls haben Sie jemanden schon einmal gegrüßt. Beim Anblick der zahllosen Gesichter bekommen Sie Herzklopfen und Angstzustände. Unbewußt errichten Sie eine Schutzmauer zwischen sich und den anderen Gästen. Wenn Sie Kontakt aufnehmen, achten Sie auf leichte und unverfängliche Gesprächsthemen. Sie sagen nur das, was die anderen Ihrer Meinung nach hören wollen, und hoffen, daß man Sie akzeptiert.

Ihr inneres Ich – das, was den Kern Ihrer Seele ausmacht – bleibt völlig verborgen. Niemand hat erraten, wer Sie innerlich sind oder wie Sie wirklich denken und fühlen. Wenn Sie nach Hause gehen, fühlen Sie sich leer.

Sie fragen sich: „Was ist schiefgegangen? Warum habe ich mich nicht wohl gefühlt? Warum war ich unter so vielen Menschen einsam?"

Sie haben mit Ihrem Partner Streit. In der Hitze des Gefechts wird es laut, und Sie merken, wie Sie einen Verteidigungswall um die zerbrechliche, verletzliche Person bauen, die Sie innerlich sind. Sie befürchten, daß die Offenbarung der Schwächen und Bedürfnisse des inneren Ich von Ihrem Partner als Munition gegen Sie verwendet werden könnte. Statt ihm also diese Bedürfnisse anzuvertrauen, isolieren Sie das Innerste mit einer unüberwindlichen Außenhaut und schleudern verbale Grausamkeiten um sich, damit Ihr Partner den gleichen Schmerz empfindet wie Sie.

Sie wundern sich: „Warum läuft meine Ehe so schlecht? Warum können wir nicht so miteinander reden, wie wir es uns in unserer Verliebtheit erträumt haben? Warum fühle ich mich nicht wirklich geliebt und geschätzt?"

Sie knien zum Gebet nieder. Pflichtgemäß bringen Sie die bekannten Gebete für Missionare, Kirche, Familie und

Freunde dar. Sie bitten Gott, Ihnen die Sünden zu vergeben und Sie bei den verschiedensten Aktivitäten zu führen. Doch wenn Sie das Amen geflüstert haben, fühlen Sie sich seltsam unzufrieden – als fehlte etwas Wesentliches, als seien Ihre Gebete an der Decke abgeprallt.

Sie rufen: „Gott, wo bist Du? Hörst Du mich? Kümmerst Du Dich eigentlich um mich?" Der Verstand sagt Ihnen, daß das christliche Leben Freude und Erfüllung verheißt, aber tief im Herzen scheint Gott so fern zu sein – eine unnahbare Gottheit, nicht der vertraute, liebevolle Tröster, den die Bibel verheißt.

Sie fragen: „Nimmt Gott mich wirklich so an, wie ich bin?"

Vielleicht kennen Sie Gott gar nicht. Sie halten Ausschau nach einem verständnisvollen Freund. Sie finden keinen. Sie schauen in den Spiegel und versuchen, in sich hineinzublicken. Sie sehen nur Aufruhr. Nun wenden Sie sich ab und rufen: „Gibt es wirklich einen Gott – einen, der mein wahres inneres Ich kennt?"

Finden Sie sich in diesen Situationen wieder?

In den seltenen Augenblicken der Selbsterkenntnis wird Ihnen vielleicht klar, daß Sie Masken tragen, hinter denen Sie sich verstecken. Sie verstecken sich hinter Schutzwällen, damit Angehörige, Freunde und sogar Gott selbst nicht Ihre wunden Punkte sehen und Sie da verletzen, wo Sie am empfindlichsten sind. Und weil Sie eigentlich nicht Sie selbst sind, bekommen Sie von anderen selten Reaktionen, die Ihr inneres Ich bestätigen und nähren. Das Kind im Innern – Ihr kreativer, verwundbarer, bedürftiger Bereich – ist in Formen gepreßt worden, die Ihre wahre Persönlichkeit eher verzerren als unterstreichen.

Wenn Ihnen aufgefallen ist, daß in den Beziehungen zum Partner, zur Familie und zu Freunden – und sogar zu Gott selbst – etwas fehlt, dann müssen Sie lernen, das Kind in Ihnen zu nähren. In dem Maße, wie Sie Gott und andern Zugang zum wahren Kind im Innern gewähren, erlangen Sie die Freiheit, echte, aufbauende Liebe zu geben und zu empfangen. Dazu hat Gott Sie geschaffen.

Wenn Sie die Reise zum Kind im Innern antreten, empfehle ich, das ganze Buch und nicht nur bestimmte Kapitel zu lesen, um sich ein Gesamtbild zu schaffen. Die ersten sieben Kapitel bilden die Grundlage zum Verständnis für menschliches Verhalten in Lebensbereichen, die uns allen bekannt sind. Die beiden folgenden Kapitel helfen erkennen, wie Gott das Leben verändern kann, wenn er daran geht, das Kind im Innern zu befreien und dann zu nähren. Das letzte Kapitel bietet Anhaltspunkte für alle, die andern helfen möchten. Ich bete darum, daß Sie bessere Einsichten im Hinblick auf sich selbst und Ihre Beziehungen gewinnen – und vor allem im Hinblick auf Ihren himmlischen Vater.

Dr. Richard Whitlock Dickinson
Seal Beach, Kalifornien

Das Kind im Innern entdecken

Ich schaute auf meine Uhr – es war elf. Mein neuer Patient war gerade zu seiner ersten Beratungssitzung erschienen. Als ich ins Wartezimmer trat und mich vorstellte, sprang Jim auf und ließ mich einen festen Händedruck spüren. Er war ein gutgebauter, robuster Vierziger mit kantigem Kinn, braunen Augen und einem schmalen schwarzen, sorgfältig gestutzten Schnurrbart. Er war muskulös und tiefgebräunt, ein Mann, der offensichtlich auf sein Aussehen sehr stolz war.

Ich wies in Richtung Büro. „Kommen Sie, Jim. Nehmen Sie Platz."

Als er sich mir gegenüber hinsetzte, sah er mit seiner modischen Kleidung, der makellosen Frisur, der Goldnugget-Luxusarmbanduhr und dem großen Diamantring am rechten kleinen Finger aus wie der personifizierte Erfolg.

Ich sah ihm in die Augen. „Erzählen Sie, Jim, wie kann ich Ihnen helfen?"

Er brachte ein gequältes Lächeln zustande. „Ach, Doktor, es geht nicht um mich ..."

Plötzlich stimmte Jims Ausdruck nicht mehr mit dem selbstbewußten Auftreten überein. Die Lippen lächelten, aber nicht die Augen. Sie verrieten eine tiefe Traurigkeit und verborgene Müdigkeit, die zum hohlen Klang der Stimme paßte.

„Es ist meine Frau, Doktor", fuhr er fort, angestrengt lässig. „Sie findet, daß ich Hilfe brauche. Sie sagt, daß wir – hm – ein Kommunikationsproblem haben."

„Erzählen Sie mir davon, Jim."

Er beugte sich vor und rieb sich nervös die Hände. „Na ja, sie meint, daß wir nicht mehr miteinander reden, und sie ... sie hat das Gefühl, daß ich ihr fremd bin." Er sah mich forschend an. „Können Sie sich das vorstellen – ich ein Fremder? Wir sind zweiundzwanzig Jahre verheiratet, und sie sagt, ich sei ihr fremd. Versteh' ich einfach nicht!"

Mehr als zehn Minuten lang sprach Jim noch über seine Frau und umging seine eigenen Probleme. Ich versuchte behutsam, ihn darauf zurückzubringen. „Jim, das mit Ihrer Frau ist alles wichtig, aber ich habe das Gefühl, daß in Ihnen einiges an Problemen rumort. Nennen Sie es meinetwegen Bauchgrummeln, aber ich spüre, daß Sie eine sehr schwere Last mit sich herumschleppen. Darüber würde ich gern etwas erfahren."

Jim sackte in sich zusammen. Er wirkte, als hätte jemand den Stöpsel herausgezogen und die Luft aus diesem unbesiegbaren, selbstsicheren Ballon gelassen. Unmaskiert starrte er jetzt zu Boden, das Gesicht eindeutig verdüstert. Ihm stiegen die Tränen in die Augen, als er mit leiser, gepreßter Stimme bekannte: „Können Sie sich vorstellen, daß ich Grund genug hätte, der glücklichste Mann in der Gegend zu sein? Ungelogen. Ich habe ein erfolgreiches Computergeschäft, das mir die Freiheit gibt, zu tun, was ich will. Ich habe ein Boot. Ich habe eine gute Frau und drei superordentliche Kinder. Geld ist kein Thema. Ich habe alles, was ich brauche."

Er hielt inne und schluckte, als könne er mit dem Kloß im Hals nicht weiterreden. Schließlich sagte er: „Aber wissen Sie, Doktor, auch wenn ich alles habe, wofür es sich zu leben lohnt, bin ich doch nicht glücklich. Hört sich verrückt an, was?" Er ließ seine Fingergelenke krachen. Die Stimme färbte sich verbittert ironisch. „Ehrlich gesagt, Doktor, meistens fühle ich mich wie ein Schauspieler, der sich selbst und allen anderen einzureden versucht, er habe es geschafft. Stimmt aber nicht. Ist gelogen. Und wissen Sie, was am traurigsten ist?" Er holte tief Luft. „Ich kann niemandem sagen, wie ich mich wirklich fühle, nicht mal meiner Frau."

Leise fragte ich: „Wodurch haben Sie sich entschlossen, jetzt nach Hilfe zu suchen, Jim?"

Er schwieg zunächst. Dann kamen die Worte stoßweise und abgebrochen hervor. „Ich – ich bekam allmählich Angst vor meinen eigenen Gedanken. Immer wieder diese verrückten Gedanken, mit dem Wagen durch das Brückengeländer zu brechen oder vom Dach meines Bürohauses zu springen – und diese Gefühle werden in letzter Zeit immer stärker." Er rutschte unbehaglich auf dem Stuhl herum und wischte sich unwillkommene Tränen fort. „Hören Sie, Doktor, ich bin Christ, aber in letzter Zeit frage ich mich, ob es überhaupt einen Gott gibt. Ich fühle mich so allein. Wenn ich bete, prallen meine Worte an der Decke ab und fallen zu Boden. Wenn Gott da oben sitzt, kann ich mir nicht vorstellen, daß er viel Verwendung für mich hat."

Ich blickte Jim ins Gesicht und nickte mitfühlend. „Ich weiß Ihre Offenheit zu schätzen, Jim. Sie haben starke Gefühle ausgedrückt. Das ist nicht leicht. Wäre es Ihnen recht, wenn wir einigen Ursachen für diese Gefühle auf den Grund gingen?"

„Ursachen? Sehen Sie mich doch an. Ist doch ganz klar. Ich bin ein falscher Fuffziger. Ein emotionaler Mülleimer. Seit meiner Kindheit habe ich noch nie so geweint."

„Das ist in Ordnung so, Jim", beruhigte ich ihn. „Ich möchte, daß Sie ganz ungezwungen sagen, was Sie im Sinn und auf dem Herzen haben – wie Sie sich wirklich fühlen."

Er schüttelte den Kopf. „Im Augenblick komme ich mir albern vor, wie ein Kind zu heulen."

Ich ließ ihm etwas Zeit, sich zu fassen, und fragte dann: „Was ist mit Ihren Eltern, Jim? Würden Sie mir von ihnen erzählen?"

„Meine Eltern?" Jims Gesichtszüge verhärteten sich. „Mein Vater hat ein Versprechen nach dem andern gebrochen", sagte er in verächtlichem Ton. „Papa sagte immer: ‚Ist was dazwischengekommen, Junge. Wir schauen uns das Spiel nächste Woche an.' Klar, Papa! Aber die nächste Woche ist nie gekommen."

„Nie?"

„Fast nie. Papa war ein erfolgreicher Unternehmer, und

sein Leben war seine Arbeit. Ich habe ihn respektiert, aber auch gehaßt. Selbst in den wenigen Augenblicken, die wir zusammen waren, hat er mir schnell alles angekreidet, was ich falsch machte. Es war unmöglich, ihm zu gefallen. In Wirklichkeit war ich in seinen Augen ein Versager." Jim verschränkte die Arme vor der Brust und starrte ins Leere. „Das Schlimmste war, daß wir uns nie nahe waren – keine Zärtlichkeit, kein ‚Ich habe dich lieb', kein ‚Ich bin stolz darauf, daß du mein Sohn bist'. Ich hab' immer auf solche Worte gewartet. Ich hab' umsonst gewartet, Doktor."

Jim reckte sich hoch und rieb sich die Nase. In seinen Augen glitzerten die Tränen, aber er brachte ein angestrengtes Lächeln hervor. „Papa ist vor drei Jahren gestorben, Doktor, und wissen Sie, er hat nie erfahren, wie sehr ich ihm eigentlich gefallen wollte." Jim richtete den Blick zu Boden und sagte mit brüchiger Stimme: „Sogar meine Karriere war der Versuch, Papa zu beweisen, daß ich es zu etwas bringen konnte. Jetzt bin ich mir nicht mal sicher, ob ich wirklich machen will, was ich mache. Können Sie sich das vorstellen – ein erwachsener Vierzigjähriger, der sich immer noch fragt, was er mit seinem Leben anfangen soll?"

Ein paar Augenblicke lang verharrte Jim in Gedanken vertieft. Ich brachte ihn mit meiner Frage in die Gegenwart zurück: „Und was ist mit Ihrer Mutter, Jim? Versetzen Sie sich in die Zeit, als Sie ein kleiner Junge waren. Wie haben Sie sie in Erinnerung?"

Er kicherte spöttisch. „Mit Mama war das anders."

„Und wie anders?"

„Ach, sie und Papa kamen nicht gut miteinander aus, da hat sie sich ihre Streicheleinheiten bei mir geholt. Sie wollte mich vor seiner Distanziertheit und kritischen Einstellung schützen, aber sie wurde zu beschützend, zu aufdringlich. Wenn ich sie hätte gewähren lassen, hätte sie mich aufgesaugt, mir meine eigene Identität genommen."

„Haben Sie ihr mal erzählt, wie Sie dieses besitzergreifende Verhalten empfanden?"

„Klar. Aber als ich ihr vorwarf, daß sie mich erdrücke,

weinte sie, sagte, daß sie mich liebe und alles tue, was sie nur könne."

„Und wie fühlten Sie sich dabei?"

Jims Kaumuskeln spannten sich. „Elend. Aber was hätte ich sagen können – etwa: ‚Du manipulierst mich'? Bei diesen Schuldgefühlen und der Wut wurde ich so frustriert, daß ich einfach nicht mehr mit ihr geredet habe." Er sackte im Stuhl zusammen. Der Ausdruck von starker Verärgerung wich tiefster Depression.

Ich holte tief Luft. Mir war klar, daß Jim und ich noch lange miteinander zu tun haben würden.

In den nächsten paar Monaten sprachen wir während vieler Beratungsstunden über sein Leben, seine Beziehungen und seinen Weg mit Gott. Allmählich erkannte er, daß Schuldgefühle und Ärger wegen seiner Mutter sich innerlich gegen ihn selbst gerichtet hatten und ihm das Gefühl gaben, unliebenswürdig und wertlos zu sein. Mit dem Fortgang der Therapie konnte Jim immer offener und mit tieferer Einsicht über seine Familie und ihre Wirkung auf sein Leben reden. Er erkannte, daß er sich emotional von seiner Mutter zurückgezogen hatte, um zu überleben.

Sein gewachsenes Bewußtsein kam in einer späteren Sitzung zutage, als er über seine Mutter und seine eigenen Einsamkeitszustände sprach. „Meine Mutter wird niemals erfahren, wie oft ich gern Trost bei ihr gesucht hätte, als ich mich einsam und von Papas kritischer Haltung verletzt fühlte – aber ich konnte nicht. Es war zu unsicher. Irgendwann bei diesen inneren Kämpfen kam ich zu dem Schluß, daß ich nicht auf Menschen angewiesen sei. Ich konnte ganz allein erfolgreich werden! Das Traurige an meinen äußeren Erfolgen ist, daß keine meiner Errungenschaften mir wirklich geben, was ich brauche. Jemandem nahe zu sein, zu fühlen, daß ich geliebt werde, daß sich jemand um mich kümmert, zu wissen, daß ich jemandem etwas wert bin, ohne dafür hart zu arbeiten."

Ich erzähle Jims Geschichte, weil ich ahne, daß Sie sich mit Jims Gefühlen identifizieren können. Auch Sie haben sich vielleicht einsam und ungeliebt gefühlt und wollten der Welt nichts mehr vormachen. Sie fühlten sich vielleicht leer und von den Menschen isoliert, denen sie so gern nahe wären. Sie wollen so gern Ihrem Leben, den Beziehungen zu andern und zu Gott das Beste abgewinnen.

Jims Geschichte spricht Themen an, die unmittelbar mit dem Kind im Innern zu tun haben. Wer ist das Kind im Innern? Es ist das eigentliche Ich, Ihr wahres Selbst, der Bereich in Ihnen, der tiefe Bedürfnisse kennt, der zu tiefen Gefühlen und tiefer Liebe fähig ist. Das Kind im Innern besteht aus Ihren Gefühlen, natürlichen Talenten und Ihrer Kreativität – den einzigartigen Dimensionen Ihrer Persönlichkeit.

Ein bedeutsames Geschehen in Jims Leben war seine Entfremdung vom Kind in seinem Innern. Dieses Kind war unterernährt. Während sich Jims andere Fähigkeiten im Lauf der Jahre entwickelten, blieb das Kind in ihm stehen. Jim unterlag dem Mißverständnis, daß er diesen Teil seiner selbst folgenlos verstecken könnte. Er irrte auf lebensgefährliche Weise.

Dieses Buch handelt von Ihnen und dem Kind in Ihrem Innern – dem Bereich, von dessen Existenz Sie vielleicht nicht einmal gewußt hatten, geschweige denn, daß Sie ihn nährten. Mit *nähren* meine ich hier soviel wie „pflegen", „aufziehen", „erziehen", „hegen".

Fragen Sie sich einmal: „Habe ich meine Neugier und den Wissensdurst für das Leben verloren? Bin ich abgestumpft und weiß Gottes großartige Welt nicht mehr zu schätzen? Ist mein kindliches Vermögen, Faszination zu empfinden, verschwunden?" Wenn das zutrifft, haben Sie das kleine Kind im Innern aus dem Auge verloren. Zu spät aber ist es noch nicht.

In diesem Buch erkunden wir die Lebensläufe vieler Menschen, darunter auch meinen eigenen, um erkennen zu lassen, wie das Kind im Innern entdeckt, verstanden und genährt werden kann. Wir werden erkunden, inwiefern das Kind im Innern unsere Beziehung zu Gott prägt, denn ich bin überzeugt, daß wir nur dann eine feste Beziehung zu Gott aufbauen können, wenn wir zulassen, daß er Zugang zu diesem Kind bekommt.

Nach dieser Vorstellung des Grundgedankens wird eine detailliertere Beschreibung notwendig, damit Sie ein klares Verständnis für das Kind im Innern gewinnen. Es weist drei entscheidende Wesenszüge auf.

Gefühle

Laut einer Definition im Wörterbuch bezieht sich das Wort *Gefühl* auf „jederlei subjektive Reaktion, angenehm oder unangenehm, die man in einer Situation erfährt, und zwar normalerweise, ohne dabei zu denken". Das Wort *Emotion* schließt das „intensive Gefühl mit körperlichen wie auch geistigen Begleiterscheinungen" ein, während das Wort *Leidenschaft* für „eine starke oder überwältigende Emotion" gilt, „die sich insbesondere auf die sexuelle Liebe oder intensiven Ärger bezieht". Die Gefühle in bezug auf das Kind im Innern lassen sich in mehreren Bereichen beschreiben.

Gefühle und Spontaneität. Wenn ich das Wort Gefühl im Sinn habe, fällt mir sofort mein vierzehn Monate alter Enkel Andrew ein – ein kleiner Wuschelkopf mit weichem blondem Haar, großen blauen Augen und Grübchen, wenn er lacht. Andrew ist die Verkörperung reinen Gefühls. Nichts an ihm ist gespielt oder falsch, er ist nur er selbst. Von einem Augenblick auf den anderen ist er aufgeregt, ärgerlich, ängstlich, glücklich oder verspielt. Nie braucht man zu erraten, was Andrew fühlt – es steht ihm ins Gesicht geschrieben.

Andrew zeigt mir, wie weit die meisten von uns sich von spontanen Gefühlsbekundungen entfernt haben, bei denen man sich keine Gedanken darüber macht, was die anderen von uns halten. Erst mit dem Älterwerden verlieren wir die Spontaneität der Gefühlsbekundungen, die für das Kind im Innern so charakteristisch sind. Oft verstecken wir unsere wahren Gefühle hinter einer ausgeklügelten Maske und werden zu überverantwortlichen, kritischen, unglücklichen und ausgehöhlten Erwachsenen.

Gefühle und Neugier. Das Kind im Innern ist notwendigerweise neugierig. Als unser Sohn Jeff noch klein war, steckte er seine Nase überall hinein, und einmal trieb ihn seine Neugier an die Grenzen. Er grub Jasper aus, seinen geliebten, verstorbenen Hamster, der schon seit drei Wochen verweste – bloß um zu sehen, ob er schon „ins Gelobte Land" unterwegs sei. Es wird einleuchten, daß Jasper nur noch ein Schatten seiner selbst war.

Mit zweieinhalb wurde Jeff beinahe zum Opfer seiner Neugierde. Eines Tages bestieg er eine Leiter und setzte sich auf unser Dach wie ein selbstgefälliger kleiner Herrscher, der sein Königreich überblickt. Als meine Frau ihn in luftiger Höhe entdeckte, fing sie an zu schreien, bekam Atemnot und geriet nahezu in Hysterie.

Natürlich gab es auch lustige Situationen mit seiner blühenden Neugier. Als wir ihn mit zwei zum ersten Mal zum Wandern mitnahmen, sammelte er auf dem Weg so viele Steine und Pflanzen in die Taschen, daß er mit seiner Hose auf Halbmast wie ein wandelnder Strauch aussah. Aber dieser Gesichtsausdruck seligsten Vergnügens!

Warum nur können wir uns für die einfachen Dinge nicht mehr so begeistern?

Das Bedürfnis, berührt und umarmt zu werden. Nichts kommt der Berührung einer Mutter gleich, um Trost zu spenden. Umarmt zu werden, wenn wir Angst haben oder uns Sorgen machen, eine zärtliche Berührung zu empfangen, wenn wir uns allein und abgelehnt fühlen – das tröstet das Kind im Innern, wenn es Trostes bedarf.

Erst in den letzten Jahren ist die menschliche Berührung allgemein als lebenswichtiger Faktor für körperliche, geistige und emotionale Gesundheit anerkannt worden. Tatsächlich gibt es zahlreiche Untersuchungen, bei denen die tiefgreifenden Auswirkungen körperlicher und emotionaler Vernachlässigung bei Kindern zutage traten. Kinder, die nicht umarmt und gestreichelt werden, bleiben im Vergleich zu normalem Wachstum körperlich zurück und sterben in vielen Fällen sogar.[1]

Im Dokumentarfilm *Second Chance* wird ein dramatischer Fall vorgeführt, der unser ureigenes Bedürfnis nach Berührung illustriert. Der Bestseller *Born to Win* von James and Jongeward bietet eine Zusammenfassung davon[2]:

Als Susan von ihrem Vater im großen Kinderkrankenhaus abgegeben wurde, war sie 22 Monate alt. Sie wog jedoch nur 14 Pfund (das Gewicht eines fünfmonatigen Babys) und war 80 Zentimeter groß (wie ein durchschnittliches zehn Monate altes Baby). Sie hatte praktisch keine motorischen Fähigkeiten, konnte nicht krabbeln, nicht sprechen und nicht einmal plappern. Wenn man sich ihr näherte, zog sie sich weinend zurück.

Nach drei Wochen, in denen niemand Susan besuchen kam, nahm ein Sozialarbeiter Kontakt zu ihrer Mutter auf. Vater und Mutter standen bildungsmäßig über dem Durchschnitt, trotzdem beklagte sich die Mutter: „Babys sind ein dürftiger Ersatz für richtige Menschen." Sie gab an, Susan wolle nicht gern in den Arm genommen werden und bleibe lieber sich selbst überlassen. Sie sagte, sie habe es aufgegeben, den Kontakt zu ihr zu halten, und gab im Hinblick auf ihre Fürsorgepflicht zu: „Ich will damit nichts mehr zu tun haben."

Die Untersuchungen erbrachten keine physische Ursache für Susans extreme geistige und körperliche Unterentwicklung, und ihr Fall erhielt die Diagnose „Syndrom mütterlicher Vernachlässigung".

Eine Pflegemutter, die sich freiwillig anbot, kam fünf Tage pro Woche sechs Stunden lang und kümmerte sich liebevoll um Susan. Auch das Pflegepersonal schenkte Susan viel Aufmerksamkeit. Sie wurde in den Arm genommen, gewiegt, man spielte mit ihr und fütterte sie mit möglichst viel Körperkontakt.

Zwei Monate später wies Susan ein hochentwickeltes affektives Reaktionsvermögen auf, obwohl sie immer noch merklich zurückgeblieben war. Ihr Gewicht nahm um sechs Pfund zu, und sie war sechs Zentimeter gewachsen. Ihre motorischen Fähigkeiten hatten sich sehr verbessert. Sie konnte krabbeln und laufen, wenn man sie führte. Ohne Angst verhielt sie sich auch relativ fremden Personen gegenüber. Die liebevolle Fürsorge hatte sich bemerkenswert ausgewirkt.

Trotz der unwiderleglichen Beweise, daß die menschliche Berührung für unser körperliches, emotionales und geistiges Wohlergehen entscheidend wichtig ist, bauen sich die Menschen um ihr Kind im Innern Mauern als Selbstschutz. Sie fühlen sich nicht wohl dabei, wenn jemand ihnen so nahe kommt, daß sie berührt werden könnten. Weil in der menschlichen Interaktion diese Gefühle so häufig vorkommen, ist eine ausführliche Beschäftigung damit in den nächsten Kapiteln gerechtfertigt.

Negative Gefühle des Kindes im Innern. Bisher ging es um die anziehenden Gefühle des Kindes im Innern, doch gibt es auch eine negative Seite. Stellen Sie sich ein Dreijähriges vor. Sie haben ihm gerade den Keks weggenommen, den es sich, ohne zu fragen, genommen hatte. Wird es jetzt sagen: „Danke, Mama. Es ist so nett von dir, mich Disziplin zu lehren, damit sich mein moralischer Charakter gut entwickelt. Du darfst mich jederzeit korrigieren!"? Nun, ich gebe zu, das so etwas einem Dreijährigen im Prinzip nicht ähnlich sieht. Sie bekommen Gebrüll und Geschrei zu hören, vielleicht auch Füßestampfen. Mit wutrotem Gesicht kreischt es: „Ich will meinen Keks wiederhaben – ich hasse dich!"

Gefühlsausbrüche sind in diesem Alter üblich, weil das Kind naturgemäß egoistisch, rebellisch und fordernd ist. Ob Sie es glauben oder nicht, auch Ihr Kind im Innern weist diese Eigenschaften auf! Zuweilen sind es die Erwachsenen, die in kindisches Verhalten verfallen, wenn sie nicht ihren Willen bekommen. Sie bekommen einen Rappel und bewerfen sich gegenseitig mit Geschirr, ja mit Möbelstücken und Haustieren. Andere sind zu höflich, um auch nur ihre Stimme anzuheben oder ihren Ärger sichtbar zu machen, wenn es nicht nach ihrem Willen läuft, aber die Gefühle sind genauso vorhanden. Ich rege nicht an, unsere Gefühle an anderen auszulassen, wenn uns danach ist, nur weil es das Kind im Innern gibt. Im Gegenteil, hier wäre es wichtig, ihm angemessene Schranken zu setzen, ohne es geistig zu brechen.

Gerade hier könnten Sie sich sagen: „Diese ganze Vorstellung vom Kind im Innern klingt kindisch und unreif. Schließlich heißt es in der Bibel ‚Als ich ein Mann wurde, tat ich weg, was kindlich war' (1. Korinther 13,11). Was soll ich mich also um mein Kind im Innern kümmern?" Tatsächlich aber ist das negative Verhalten, das ich in diesem Abschnitt beschrieben habe, nur ein Aspekt des Kindes im Innern. Bei einer ausführlicheren Beschreibung geht es darum, wer wir eigentlich sind, wenn Masken und Verkleidungen fallen, Stolz und Vorwände. Vielleicht ist es eben dieses Kind, das Christus im Sinn hatte, als er sagte: „Wenn ihr nicht umkehrt und werdet wie die Kinder, so werdet ihr nicht in das Reich der Himmel eingehen" (Matthäus 18,3). Christus möchte Gemeinschaft mit dem wirklichen Ich hinter der Fassade pflegen.

Ob nun die Gefühle Ihres Kindes im Innern positiv oder negativ sind, so zeigen sie doch an, wo Sie jeweils im gegebenen Moment stehen. Was Sie fühlen, könnte Ihnen unangenehm sein, aber auch hier gilt: wenn Sie eine wirklich enge Beziehung eingehen wollen, sei es mit anderen Menschen oder mit Gott, so müssen diese Beziehungen sich über Ihr Kind im Innern entwickeln.

Naturtalente

Ein zweiter Wesenszug des Kindes im Innern sind die natürlichen Fähigkeiten – das sind angeborene, gottgegebene Talente. Dabei spreche ich nicht von erlernten Fertigkeiten, obwohl die natürlichen Fähigkeiten selbstverständlich durch Übung perfektioniert werden können. Bei der Unterscheidung zwischen Naturtalenten und solchen durch Übung und

Erziehung erlernten Fertigkeiten könnte ein persönliches Beispiel helfen.

Ich war schon immer ein Mensch, der seine Wahrnehmungen durch Intuition sammelte. Das habe ich nicht *lernen* müssen; es war einfach ein Naturtalent. Zu meinem Diplom in Psychologie gehörte auch ein Praktikum in einem Beratungscenter. Ich stellte fest, daß mein Naturtalent hilfreich war, bei der Arbeit mit Klienten das Richtige zu sagen und zu tun. Hätte man mich gefragt, warum ich etwas Bestimmtes gesagt hatte, das sich als nützlich für den Klienten erwies, so hätte ich geantwortet: „Ich hatte einfach das Gefühl, es seien die richtigen Worte." Als ich zur Universität zurückkehrte, um einen Doktorgrad in klinischer Psychologie zu erwerben, ließen sich die Professoren von meiner intuitiven Leistung nicht beeindrucken. Ich mußte mich um Theorien bemühen, um mein instinktives Vorgehen erklären zu können.

Als praktizierender Psychologe brauche ich für meine Art der Behandlung eine theoretische Grundlage; würde ich aber meine natürliche Intuition außer acht lassen, müßte ich vielleicht Abstriche an meiner Effektivität machen. Im Lauf der Jahre bin ich vielen Menschen begegnet, die mit den gleichen intuitiven Fähigkeiten ausgestattet sind, andere zu verstehen und ihnen zu helfen, und sie leisten in ihren Kirchen einen wirksamen Dienst, ohne einen einzigen Kurs in Psychologie besucht zu haben.

Auch Sie haben zahlreiche gottgegebene Naturtalente, die Teil Ihres wahren Ich oder des Kindes im Innern sind. Diese Fähigkeiten können sich von dem unterscheiden, was Sie sich als Ausbildung erworben haben. Sie haben aber das Potential zu einem hohen Grad an Leistungsfähigkeit, wenn Sie die Naturtalente des Kindes im Innern erkennen und sich zunutze machen. Darüber hinaus glaube ich, daß die Bibel sich in Sprüche 22,6 ausdrücklich auf diese angeborenen Talente bezieht: „Erziehe den Knaben seinem Weg gemäß; er wird nicht davon weichen, auch wenn er älter wird." Der Ausdruck „seinem Weg gemäß" bezieht sich auf die natürliche Neigung eines Kindes oder seine Naturtalente. Für Eltern ist diese Textstelle wichtig bei der Kindererziehung, doch hilft sie auch dem einzelnen, an die Entwicklung und den Gebrauch seiner eigenen Naturtalente zu denken.

Kreativität

Ein dritter Wesenszug des Kindes im Innern ist Kreativität, die sich in der einzigartigen Individualität und Persönlichkeit ausdrückt. Haben Sie sich klargemacht, daß Sie in Ihrer Art einmalig sind? Nie hat es jemanden gegeben, noch wird es jemanden geben, der genau so ist wie Sie mit Ihrer Ansammlung an Gefühlen, Einstellungen, Erfahrungen, Charakterzügen, Hoffnungen, Träumen und Zielen. Denken Sie daran. Sie sind keine Kopie, kommen aus keiner Serienproduktion. Es gibt Sie nur als einzelnes *Du!*

Einer meiner Patienten kämpfte mit seiner Kreativität. Mark, ein großer, schlanker junger Mann, gerade 21 Jahre geworden, war ein sanfter, aufgeschlossener Mensch mit klaren blauen Augen, in denen sich tiefes Mitgefühl ausdrückte. Ihm war eine Wertschätzung der verborgenen Nuancen im Leben eigen, die vielen unerkannt bleiben, und er verfügte über einen außergewöhnlichen trockenen Humor, den ich sehr zu schätzen wußte. Er war schriftstellerisch begabt, und das war ihm auf Schule und Universität von Lehrern und Professoren oft bestätigt worden.

Doch als Mark in meine Sprechstunde kam, fühlte er sich offensichtlich frustriert und verletzt. „Ich glaube, mein Vater ist enttäuscht, weil sein einziger Sohn sich nicht zum Sportler entwickelt hat", vertraute er mir an.

Als ich ihm zuredete, mir mehr von seinem Vater zu erzählen, sagte er: „Papa war immer aktiv als Athlet. Er träumte davon, mit seinem Sohn Basketball oder Baseball zu üben. Aber ich bin ein Versager auf sportlichem Gebiet, und mein Vater ist nicht der Typ, der sich vor seinen Freunden rühmen könnte: ‚Seht mal, mein Sohn, der Autor!'"

„Und wie fühlen Sie sich bei dieser Einstellung Ihres Vaters?" fragte ich.

Er brachte ein sprödes Lächeln zustande. „Ich nehme an, daß ich mit Witzen versuche, über meine Enttäuschung hinwegzukommen, daß ich nicht der Sohn bin, den mein Vater sich versprochen hat. Das ist nicht leicht. Ich fühle mich fehl am Platze, wie ein Versager. Diese negativen Gefühle stellen alles in den Schatten, was ich anfange. Aber ein Athlet zu sein – das liegt mir einfach nicht."

In den Monaten meiner Arbeit mit Mark wurde ihm allmählich klar, daß die fehlende Anerkennung seines Vaters ihm eine falsche Botschaft vermittelte: seine einzigartige Persönlichkeit sei fehlerhaft oder minderwertig. Dieser zerstörerische Gedanke hatte nichts mit der Wahrheit zu tun. Es konnte nicht darum gehen, daß Mark sich mehr anstrengen mußte, um den fehlgeleiteten Zielen seines Vaters für ihn gerecht zu werden. Vielmehr sollte er seinen ureigenen Fähigkeiten und Interessen treu bleiben. Neun Monate nach Beginn der Therapie wurde er zum Hauptstudium im Fach ‚Kreatives Schreiben' an einer namhaften Universität zugelassen. Dort wurde ihm Ermutigung und Bestätigung gleichermaßen von Mitstudenten und Professoren zuteil. Als er dann ohne Schuldgefühle und Bedauern seiner Begabung freien Lauf ließ, konnte er genießen und schätzenlernen, wie einmalig er war.

Marks Fall steht nicht isoliert da. Weil wir einzigartig sind, ist in gewisser Hinsicht jeder von uns allein, marschiert jeder nach einem anderen Rhythmus, antwortet einem inneren Ruf, den sonst niemand hört. Die gleichen Qualitäten, die uns einmalig und besonders gemacht haben, trennen uns tendenziell von unseren Mitmenschen und entfremden uns manchmal der eigenen Familie. Vielleicht fühlen wir uns nicht angenommen, oder wir werden wegen unserer Art, zu handeln oder die Dinge zu betrachten, kritisiert, wenn wir von der Norm abweichen.

Zu den bedeutsamen Ermutigungen, die uns die Bibel bietet, gehört die Unterschiedlichkeit der Männer, die Jesus als seine Jünger berufen hat – Jakobus und Johannes, die Donnersöhne; Petrus, der Impulsive; Andreas, der Freundliche;

Philippus, der Praktische; Nathanael, der Visionär; Matthäus, der Rechner. Ja, sogar Judas, der Geschäftsbegabte, der Jesus verriet. Jeder war einzigartig. Jesus stellte niemals Vergleiche an. Er behandelte jeden Jünger als Individuum und liebte sie, wie sie waren. Er respektierte ihre Unterschiedlichkeit.

Als Gott uns nach seinem Bilde schuf, formte er uns mit Absicht zu verschiedenen Persönlichkeiten aus. Für ihn sollte es keine armseligen Imitationen oder Kreationen aus der Plätzchenform geben, keine Nachdrucke, Replikate oder Reproduktionen. Jeder Mensch sollte ein Original sein, nur einmal in seiner Art vorhanden, und den Wert eines Originals, eines Kunstwerks haben, wie es nur der meisterliche Künstler schafft. Ist es da noch ein Wunder, daß er von uns erwartet, einander Ehre zu erweisen, wie es dem echten Werk gebührt – *seiner* Hände Werk?

Vor der Existenz der Psychologie, ja, der ganzen Welt, gab es in der Dreieinigkeit die Individualität. Vater, Sohn und Heiliger Geist sind drei unterschiedliche Persönlichkeiten mit verschiedenen Aufgaben und einmaligen Charakterzügen, und doch sind sie eins. Mit ihren Unterschieden bilden sie den einen Gott.

Die Grundlage der Selbstachtung

Für mich als Christ, dessen Beruf die Psychologie ist, liegt die Grundlage für eine gesunde Selbstachtung einzig in der Wahrheit, daß wir von Gott als einzigartige und wertvolle Individuen geschaffen wurden. Das war mir jedoch nicht immer so klar wie heute. Sieben Jahre Arbeit mit stationären Patienten in einer privaten psychiatrischen Klinik machten mir diese Tatsache überwältigend deutlich. In diesen frühen Jahren meiner Laufbahn stellte ich fest, daß die tägliche Arbeit mit den schwer gestörten Patienten ihren Tribut von mir forderte und meine Sicht von Dingen und Menschen ganz allgemein beeinflußte. Ich geriet unter den Einfluß einer Krankenhausmentalität, die sich in negativer Einstellung zu den Patienten ausdrückte – in der Haltung, sie würden immer seelisch krank bleiben; warum also sollte ich meine besten Kräfte für die Therapie vergeuden? Überhaupt, würden die gleichen Patienten nicht nächste Woche, im nächsten Monat oder Jahr wieder im Krankenhaus sein? Zu meinem Entsetzen stellte ich fest, daß die Patienten meinen Pessimismus spürten und sich selbst als hoffnungslose Fälle betrachteten. Sie gaben sich überzeugt, daß es nie eine Besserung geben könne. So entstand ein trauriger Teufelskreis.

Glücklicherweise war der leitende Psychiater meiner Abteilung ein gläubiger Mann, der beständig betonte, daß die Bibel in gesunde psychologische Prinzipien einbezogen werden solle.
Durch meine eigenen Studien und seine unablässige Beharrlichkeit fing ich an einzusehen, welcher einmalige Stellenwert dem Christentum bei der Arbeit mit diesen sehr kranken Menschen zukam. Am meisten beeindruckte mich die Wahrheit, daß in Gottes Augen diese kaputten, gestörten Menschen den gleichen Wert und die gleiche Einmaligkeit besitzen wie ich. Ich mußte meine Perspektive ändern und mich sowie die Patienten aus Gottes Sicht betrachten – nämlich durch seine liebenden, fürsorglichen Augen.

Gottes Perspektive bewirkt für den Christen im Berufsfeld der Psychiatrie einen Anhaltspunkt, den nichtchristliche Psychologen nicht haben. Die Evolutionstheorie mit ihrer Behauptung, wir hätten uns vom Unpersönlichen zum Persönlichen hin entwickelt, vom Nichts zum Etwas, bietet keine feste Grundlage für ureigene Werte. Gott andererseits teilt uns mit, daß wir einen Wert haben, der in unserer bloßen Existenz liegt, ganz unabhängig von unserer Leistung. Er hat uns nicht nur in seinem Bilde geschaffen, er hat durch seine unermeßliche Liebe auch unseren großen Wert für ihn bestätigt. Aus dieser Liebe heraus zahlte er den höchsten Preis für uns, indem er seinen geliebten Sohn am Kreuz sterben ließ, um uns vom Fluch der Sünde zu erlösen. Ich bin überzeugt, Gott möchte, daß wir Menschen wir selbst sind – einzigartige

Persönlichkeiten, wie er sie geschaffen hat. Er will, daß wir uns an unserer Individualität erfreuen, die in persönlicher Gemeinschaft mit ihm aufblüht und sprießt.

Ich wünsche mir, daß Sie nicht nur den Wert Ihres Kindes im Innern erkennen, sondern auch lernen, wie es genährt und umsorgt wird, damit es ein gesunder Teil Ihres Daseins als Erwachsener wird und eine Möglichkeit, die Beziehung zu Gott und zu denen, die Sie lieben, zu vertiefen.

Persönliche Anwendung

1. Kaufen Sie sich ein kleines Notizbuch und führen Sie einen Tag lang Tagebuch über Aktivitäten und Ausdrucksweisen Ihres Kindes im Innern, besonders über die unterschiedlichen Gefühle, die Sie erleben. Schreiben Sie auf, was die Gefühle ausgelöst hat, wie sie sich darstellen und was Sie damit anfangen. Welche Schlüsse ziehen Sie daraus über das Kind in Ihrem Innern?

2. Schreiben Sie auf ein Blatt Papier, auf welchem Gebiet Ihrem Gefühl nach Ihre Naturtalente liegen. Denken Sie an alles, was Ihnen leichtfällt. Vermeiden Sie Fertigkeiten, die Sie durch Ausbildung und Erziehung erlernt haben, wenn sie nicht zu Ihren Naturtalenten passen. Bitten Sie einen Freund, eine gleiche Liste über Sie anzufertigen, und dann vergleichen Sie.

3. Schreiben Sie in ein paar Sätzen auf, was an Ihnen einzigartig ist. Wodurch unterscheiden Sie sich von anderen? Bitten Sie einen Freund oder ihren Partner, Sie zu beschreiben, und vergleichen Sie dann. Überlegen Sie, wie diese gottgegebene Einzigartigkeit gefördert werden kann. Wie können Sie andere bestärken, ihre Einmaligkeit anzunehmen und darin zu wachsen?

Mißbrauch am Kind im Innern

Karen war eine eindrucksvolle Frau, groß und schlank und mit exotisch wirkendem olivfarbenem Teint. Ihr langes, lockiges braunes Haar paßte zu den großen braunen Augen, und die jugendliche Figur ließ keinen Gedanken daran aufkommen, daß ihre Kinder schon Teenager waren. Sie war begabt und intelligent, ging mit der Mode und wirkte wie eine ausdrucksfähige, selbstsichere Frau, deren Leben wohlgeordnet ist.

Als junges Mädchen war Karen geschlagen und sexuell mißbraucht worden. Unter der strahlenden, glatten Fassade steckte eine unsichere Frau, die zahllose flüchtige Beziehungen hinter sich hatte, eine stürmische Ehe, eine Scheidung und letzten Endes einen Selbstmordversuch. Doch bei den ersten Therapiesitzungen wollte sie seltsamerweise mit Einzelheiten ihrer Kindheitserfahrungen nicht herausrücken.

Dann, während einer Sitzung, brachte Karen ihre Geschichte mühselig und stockend hervor: „Ich stand da und sah meiner Mutter ins Gesicht. Es war wutverzerrt. Ich weiß noch, wie ihre Hand mit dem Messer auf mich zuschoß. Ich war starr vor Angst. Als nächstes erinnere ich mich an den stechenden Schmerz. Ich blickte hinunter und sah, wie das Blut aus einer klaffenden Wunde im linken Arm strömte. Das Blut lief überall hin. Meine Mutter geriet in Panik, rannte schreiend aus der Tür und ließ mich ganz allein. Auch ich schrie beim Anblick meines Blutes. Papa eilte herbei, und ich werde nie vergessen, was er sagte: ‚Du hast dich geschnitten! Das wollen wir mal schnell verbinden.' Hätten Sie das für möglich gehalten? Seine Frau rennt schreiend raus, seine Tochter steht in der Küche, und das Blut läuft aus dem Arm auf den ganzen Boden, und Papa meint bloß, wir sollten einen Verband anlegen!"

Karen hatte Monate gebraucht, bis sie den Mut fand, ihre leidvolle Geschichte auszuschütten; es dauerte viele weitere Monate, bis ich von all den verborgenen Schrecken ihrer frühen Kindheit erfuhr. Karen vertraute mir an, daß ihre Mutter nur begrenzt fähig war, dem Druck des Lebens standzuhalten, geschweige denn ihren Mutterpflichten nachzukommen; ihre Wut und Frustration ließ sie oft an Karen aus und schlug sie mit der Hand oder dem nächsten greifbaren Gegenstand. Da Karen den Ärger ihrer Mutter nicht verstehen konnte, steigerte sich in ihr das Gefühl, sie selbst sei irgendwie schlecht. Diese inneren Gefühle von „Schlechtigkeit" wurden immer dann intensiver, wenn die Mutter sie anfuhr: „Was glaubst du eigentlich, wer du bist, du undankbares Balg? Sei froh, daß du zu essen kriegst und ein Dach über dem Kopf hast! Was erwartest du denn sonst noch?"

„Mama hat immer damit gedroht, mich ins Waisenhaus zu schicken", sagte Karen, „und das hat mir einen Schreck eingejagt. Ich habe versucht, als Tochter so gut zu sein, wie es ging, aber es reichte nie." Sie wischte sich schnell eine Träne von der Wange. „Ich wollte ja nur Liebe und Zärtlichkeit, aber mit meiner Sehnsucht nach Nähe erlebte ich Alpträume."

Langsam und unter Schmerzen gab Karen von Sitzung zu Sitzung Einblick in die unsäglichen Erinnerungen an ihren Vater. „Wenn ich zurückblicke, erkenne ich, daß Papa ein sehr unglücklicher Mann war, und wahrscheinlich hatte ich das Gefühl, ich könnte ihn glücklich machen. Aber ich hätte mir nicht träumen lassen, daß damit vier Jahre sexuellem Mißbrauchs begannen. Papa spielte dieses ‚besondere' Spiel mit mir. Er verlangte mir das Versprechen ab, niemandem davon zu erzählen. Es würde nichts Besonderes mehr sein, meinte er, wenn jemand anderes Bescheid wüßte. Er fing damit an, mit seiner Hand an Stellen zu tasten, wo er es eigentlich nicht durfte. Allmählich kam er dann in mein Zimmer und legte sich zu mir. Er wollte, daß ich ihn berühre. Ich fürchtete mich, tat aber, was er verlangte. Schließlich versuchte er, seinen Finger in mich zu stecken. Ich kann mich nur noch an die Schmerzen erinnern ..."

Karen atmete tief und schaudernd durch. „Es wurde so schlimm, daß ich Angst hatte, mit ihm allein zu sein", sagte sie leise mit zitternder Stimme. „Jede Ausrede war mir recht, nicht nach Hause zu kommen. Ich konnte mir nicht vorstellen, daß es aufhören würde, aber dann war es soweit. Eines Tages kam meine Mutter unerwartet früh nach Hause und fand meinen Vater mit mir im Bett vor. Wir waren beide ausgezogen. Ich schämte mich so. Mama warf Papa hinaus und ließ sich später scheiden. Aber ich hatte das Gefühl, es wäre meine Schuld. Selbst heute noch fühle ich mich innerlich schmutzig, wenn ich an meinen Vater denke."

Karen wirkte körperlich angespannt, als die quälenden Erinnerungen sie überkamen. Sie ballte die Fäuste. Einem schnellen Wutausbruch folgte tiefe Verzweiflung. „Warum bloß?" schrie sie. „Warum hat mein Vater mir das angetan!"

Die therapeutische Arbeit dauerte mehr als ein Jahr, bis Karen sich erlaubte, den tiefen Schmerz zu empfinden, den das Kind in ihr verspürte. Früh im Leben hatte sie gelernt, die Gefühle abzublocken und ihren Intellekt zu nutzen, um sich vor weiterem Schmerz zu schützen. Aus tiefem Mißtrauen heraus hatte sie ein Überlegenheitsgefühl entwickelt, um sich vor engen Beziehungen zu hüten. Doch durch Gefühlslosigkeit und freizügige Sexualität setzte sie sich unbewußt der Ablehnung aus und mußte sämtliche schlechten Gefühle des Kindes im Innern aus der Vergangenheit noch einmal durchleben.

Nicht alle Angriffe auf das Kind im Innern sind so extrem und zerstörerisch wie in Karens Geschichte, doch Fälle körperlicher wie sexueller Mißhandlung erleben einen dramatischen Anstieg. Deshalb müssen wir uns die niederschmetternde Wirkung von Mißbrauch, besonders sexuellem, auf das Kind im Innern klarmachen. Aus Opfern solchen Mißbrauchs werden normalerweise Erwachsene, die mit einem Schaden behaftet sind, die um ihr Überleben kämpfen, aber emotional vom Kind im Innern völlig abgeschnitten sind. Obwohl das Kind im Innern nach Zuwendung, Versorgung und dem Recht auf Leben hungert, betrachten diese Erwachsenen ihr Inneres als schlecht, wertlos und unliebenswürdig. Sie finden, es habe nichts als ewige Verbannung in der eigenen, privaten Hölle verdient. Zu den traurigsten Konsequenzen des Mißbrauchs der Tochter durch den Vater gehören Entfremdung und Schädigung – ausgerechnet durch den Menschen, der ihr beistehen sollte.

Das Anpassungssyndrom

Dr. Roland Summit befaßt sich mit den innerlichen Erfahrungen des mißbrauchten Kindes – den Auswirkungen auf das Kind im Innern – sowie mit den äußeren Erfahrungen – den Wirkungen wichtiger Menschen im Leben des Kindes. Beides bezeichnet er als „Anpassungssyndrom bei sexuellem Mißbrauch des Kindes"[3]. Damit wir uns mit den Stadien vertraut machen können, die das Opfer des Mißbrauchs durchlebt, werden wir die fünf Merkmale des Anpassungssyndroms beleuchten.

1. Verschwiegenheit. Wenn ein Kind zum ersten Mal sexuell belästigt wird, wird es kaum jemandem davon erzählen, weil es sich schämt und schuldig fühlt und Ablehnung und Bestrafung durch die Mutter befürchtet. Dieses Gefühl wird verstärkt, wenn der, der es mißbraucht hat, sagt: „Wenn Mama das rauskriegt, muß ich weggehen. Unsere Familie geht kaputt, und ich darf dich nicht mehr sehen." Oder: „Mama ist dann bestimmt wütend auf dich. Sie hat dich dann nicht mehr lieb." Die bloße Tatsache, daß sexueller Mißbrauch vor der Mutter geheimgehalten wird, macht ihn zu etwas Gefährlichem und Schlechtem. Was für eine schwere Belastung für das kleine Mädchen (oder den Jungen), an der sie (er) ganz allein zu tragen hat! Diese Schuldgefühle und Ängste führen zu dem zweiten Merkmal.

2. Hilflosigkeit. Wie hilflos muß sich ein kleines Mädchen vorkommen, wenn sie merkt, daß ihr Vater oder ein anderer ihr vertrauter Mann sie überwältigt und ihr Vertrauen mißbraucht! Gefühle von Isolation, Schande und Schuld stürzen auf sie ein; zudem ist sie nicht in der Lage, sich das Verhalten ihres Vaters zu erklären.

Eine Patientin erzählte mir, daß sie bewegungslos im Bett lag, wenn ihr Stiefvater nachts in ihr Zimmer kam. Sie tat nichts zu ihrer Verteidigung. Diese Unfähigkeit zu schreien oder sich zu wehren ist schuld am größten Mißverständnis zwischen dem Kind und denen, an die es sich um Hilfe wendet. Leider liegt der Gedanke recht nahe: „Wenn sie wirklich mißbraucht worden wäre, hätte sie bestimmt etwas tun können, damit es aufhört." Daraus entsteht der nächste „logische" Schluß: „Irgendwie muß sie ihn dazu verführt haben."

Solche Urteile von anderen treiben das Kind in immer schlimmere Gefühle der eigenen Schlechtigkeit und Selbstverdammung, weil es nichts zum eigenen Schutz unternommen hat. Stellen Sie sich die überwältigende Unsicherheit und Enttäuschung vor, die ein Kind empfindet, wenn der persönliche Zufluchtsort, das eigene Zimmer, erobert wird. Damit kann es nicht umgehen. Jedes mißbrauchte Mädchen (oder Junge) braucht jemanden, der eingreift und die sexuelle Fallenstellerei beendet – das Kind selbst kann selten Schluß damit machen. Und es gibt sich immer mehr Schuld daran, nicht genug Kraft zu haben, den Mißbrauch zu beenden.

3. Anpassung an die Fallensituation. In diesem Stadium bewirkt die Hilflosigkeit des Opfers eine übertriebene Vorstellung von der eigenen Verantwortung für den Mißbrauch. Das Kind verachtet sich wegen seiner eigenen Schwäche. Gleichzeitig steht es vor einem großen gedanklichen Problem: „Entweder ist mein Vater schlecht, oder ich bin es." Der Gedanke, einen „bösen" Vater zu haben, der nicht für sein Kind sorgt, ist für die meisten Kinder zu niederschmetternd. Mit anderen Worten: sie können nicht bewußt die Realität akzeptieren, dann, wenn Papa wirklich „böse" ist, niemanden zu haben, auf den sie sich verlassen können, der sie annimmt.

Die einzige andere Möglichkeit für das Kind ist der Gedanke: „Ich bin schlecht, verdiene Strafe und bin es nicht wert, daß man für mich sorgt." Sich selbst zum Sündenbock zu stempeln ist ein fast universales Verhalten bei Opfern jeder Art elterlichen Mißbrauchs – diese Tatsache entspricht meiner Berufserfahrung wie der meiner Kollegen. Unserem erwachsenen Verstand mag das nicht einleuchten, aber nur deshalb, weil wir das Leben nicht aus der kindlichen Perspektive betrachten. Das Kind sagt sich: „Papa hat das getan, weil ich schlecht bin." Diese Vorstellung legt das Kind im Innern darauf fest, sich selbst zu verachten.

Mit der Schuldzuweisung auf sich selbst geht das Problem der Überverantwortlichkeit einher. Der Vater könnte dem Kind weismachen, er werde dessen Schwestern nicht mißbrauchen, so lange es ihn gewähren läßt. Vielleicht überzeugt er es auch, der Mißbrauch müsse weitergehen und ein Geheimnis bleiben, damit Mama nicht weggeht, Papa sich keine anderen Frauen suchen muß und das Zuhause erhalten bleibt. Damit wird dem Kind die unglaubliche Macht zuerteilt, die Familie zu zerstören – und die unmögliche Verantwortung, sie zu erhalten. Die Rollen werden auf tragische Weise umgekehrt: das Kind muß schützen, es selbst wird nicht geschützt. Wie kann es dabei überleben? Es gibt verschiedene Möglichkeiten:

▷ Wunschdenken und Rollenumkehrung. Eine Überlebensmöglichkeit bietet sich dem Kind durch das Erfinden einer Welt, die mit Gefährten belebt ist – einer Wunschwelt mit Menschen, die sich um einander kümmern. Das läßt sich am Spiel mit Puppen ablesen, wo das kleine Mädchen für seine Puppe zur liebevollen Mutter wird – ein Beispiel für Rollenumkehrung. Sie projiziert ihr eigenes bedürftiges Kind im Innern auf die Puppe und spielt die Mutter, die Schutz und Liebe gewährt – all das, was sie selbst braucht (natürlich verweist dieses Verhalten für sich genommen nicht notwendigerweise auf Kindesmißbrauch, denn die meisten Mädchen üben mit ihren Puppen Rollenspiele). Gibt es weitere Geschwister, besonders jüngere, könnte das mißbrauchte Kind sein eigenes bedürftiges Kind im Innern auf sie projizieren und zur hingebungsvollen Mutter für sie werden, wobei es völlig darin aufgeht, ihnen alles zu geben, was sie brauchen. Sich selbst und die eigenen Bedürfnisse läßt es ganz außer acht.

▷ Entwicklung mehrfacher Persönlichkeiten. Eine weitere Überlebenstechnik des mißbrauchten Kindes ist die Entwicklung mehrfacher Persönlichkeiten. Jede von ihnen repräsentiert einen anderen Bereich der gestörten Persönlichkeit des Kindes – das hilflose, das böse, das gute, das geliebte Kind. Obwohl mehrfache Persönlichkeiten relativ selten vorkommen, lassen sich die meisten Fälle auf das Trauma sexuellen Mißbrauchs in früher Kindheit zurückverfolgen.

▷ Abtrennung des Kindes im Innern. Das Ausschalten von Gefühlen, insbesondere eine Abtrennung des Kindes im Innern, stellt eine dritte Möglichkeit dar, das Trauma des Mißbrauchs zu bewältigen. So erklären sich die Schwierigkeiten, die Karen hatte, mir gegenüber ihre Gefühle auszudrücken. Selbst als sie über ihren Vater redete, konnte sie es nicht zulassen, die tiefen Emotionen aufleben zu lassen, die mit der Erinnerung an ihn verbunden sind.

▷ Selbstzerstörerische Ausbrüche. Was passiert, wenn das Kind sich keinen psychologischen Hafen zum Überleben schaffen kann? Wut und Hilflosigkeit schaffen sich Bahn in selbstzerstörerischen Ausbrüchen. Wenn das Kind älter wird, wird es sich vielleicht durch Schnitte verstümmeln. Eine Patientin schnitt sich in den Arm, als sie der Drang zu zerstörerischem Verhalten überkam. Manche Frauen schneiden sich in die Brust oder in andere Körperteile. Heranwachsende laufen oft von zu Hause weg. Selbsthaß treibt viele mißbrauchte Frauen in Promiskuität und letzten Endes in mehrfache Selbstmordversuche.

Überraschenderweise richtet sich die größte Wut mißbrauchter Mädchen meist gegen die Mutter. Das Mädchen hat das Gefühl, der Mißbrauch wäre nicht vorgekommen, wenn die

Mutter sich um den Vater gekümmert hätte. Wenn sie zur Überzeugung kommt, daß Mama schlichtweg alles egal ist, wird sie es unmöglich finden, der Mutter zu vertrauen oder eine enge Bindung zu ihr zu gewinnen; daher fühlt sie sich um so abhängiger von ihrem Vater. Das hält den Teufelskreis der Zerstörung in Gang.

Das Thema „Vertrauen" ist für Mädchen und erwachsene Frauen, die sexuell belästigt wurden, einer der wichtigsten Punkte. Sie finden es zu schmerzlich, jemandem zu vertrauen. Selbst wenn sie sich um Hilfe bemühen, werden sie Freunde oder Therapeuten strengen Prüfungen aussetzen, um zu erfahren, ob der Betreffende Vertrauen verdient. Leider verlieren viele – auch Therapeuten – die Geduld mit ihnen und verstärken damit unweigerlich das Mißbrauchssyndrom. Bewährte Liebe, Geduld und bedingungslose Annahme sind die Voraussetzungen, die dem mißbrauchten Kind im Innern ins Freie verhelfen, damit es genährt und versorgt werden kann. Damit leiten wir über zum vierten Merkmal:

4. Verspätete, umstrittene und nicht überzeugende Enthüllung. Fortgesetzter sexueller Mißbrauch wird meist nie aufgedeckt, zumindest nicht außerhalb der Familie. Wird der Fall enthüllt, dann im allgemeinen wegen eines so überwältigenden Konfliktes in der Familie, daß der Mißbrauch nicht mehr verborgen bleiben kann, oder weil ein Außenstehender Grund zur Annahme hat, daß Mißbrauch vorliegt. In dem Maße, wie die Öffentlichkeit aufmerksam wird, gibt es immer mehr Menschen, die mit den Symptomen sexueller Belästigung vertraut sind, daneben auch mit anderen Formen von Mißbrauch und Vernachlässigung.

Wenn ein Opfer den Mißbrauch offenbart, steht es oft vor unüberwindbaren Hindernissen, unter anderem der starken Wahrscheinlichkeit, auf Ungläubigkeit und Mißverständnisse zu stoßen. Ein junges Mädchen, das nach Jahren stummer Wut endlich offenbar macht, was geschehen ist, wird mit ziemlicher Sicherheit mißverstanden. Typisch sind dann Fragen wie: „Was beklagst du dich jetzt? Warum hast du nichts unternommen, als es passiert ist?" Oft wird ihre Geschichte nicht geglaubt. Deshalb wählen manche Jugendliche einen anderen Weg – ein willfähriges Verhalten, um jedem zu gefallen, das liebe, gehorsame Kind zu spielen, das nie einen Aufruhr verursacht.

5. Widerruf der Beschuldigung. Das letzte Merkmal des Anpassungssyndroms ist der Widerruf der Beschuldigung. Alles, was das Kind über die ihm aufgezwungene inzestuöse Beziehung sagt, wird es irgendwann wahrscheinlich leugnen. Warum? Weil das, was es offenbart, in der Familie solchen Aufruhr bewirkt, daß man Druck ausübt, es möge die Beschuldigung zurückziehen. Wahrscheinlich wird es einverstanden sein und erklären, daß es die Geschichte erfunden hat, weil es sauer auf Papa war, und daß es nicht so viel Ärger machen wollte.

Im allgemeinen ist man eher bereit, eine Lüge zu glauben, als die Behauptungen eines Kindes ernst zu nehmen, es sei sexuell mißbraucht worden. Wenn es also die Anschuldigung widerruft, bestätigt es die Erwartung der Erwachsenen, einem Kind könne man nicht glauben – und wieder einmal wurde das prekäre familiäre Gleichgewicht auf Kosten des Mädchens gerettet. Dabei lernt das Kind, den Mund zu halten; die Erwachsenen schalten ab, und Menschen, die Autorität haben, verstärken den Eindruck, daß sie einem rebellischen Kind nicht glauben, wenn es mit sexuellen Beschuldigungen den Ruf wohlmeinender Eltern schädigt. Wo bleibt das Kind dabei? In seiner eigenen privaten Hölle – einer Welt aus Selbsthaß und emotionaler Verarmung.

Vielleicht fragen Sie sich, ob sexueller Mißbrauch auch in Familien von bekennenden Christen vorkommt. Leider trifft es zu. Auch dort ist man vor sexuellem Mißbrauch nicht geschützt. Den Mißbrauch zu erkennen, ist schwierig, weil die Kirche interne Probleme ihrer Mitglieder, wenn sie keinen direkten „geistlichen" Bezug haben, meist nur langsam wahrnimmt und zögernd damit umgeht. Heutzutage gibt es jedoch zahlreiche evangelikale Kirchen, in denen die Existenz der tiefen Gefühls- und Verhaltensstörungen bei manchen Mitgliedern erkannt wird, und es werden wirksame Programme erarbeitet, um denen zu helfen, die es nötig haben.

Psychischer Mißbrauch

Psychischer oder emotionaler Mißbrauch kommt möglicherweise noch häufiger vor als Mißhandlung oder sexueller Mißbrauch, wirkt sicherlich subtiler und ist schwieriger festzustellen. Zu psychischem Mißbrauch gehört unter anderem, ein Kind zu demütigen oder herabzusetzen. Verbale Mißhandlungen umfassen das Anschreien eines Kindes, den Gebrauch von Schimpfwörtern oder Drohungen. Andere Formen emotionaler Mißhandlung sind ständiger Familienzwist, inkonsequentes Verhalten, bei dem das Kind nie weiß, woran es ist, und das Vermitteln zweideutiger Botschaften. Diese gemischten Signale bewirken gleichermaßen Abstoßung und Anziehung – mal ziehen die Eltern das Kind zu sich, mal weisen sie es ab. Das Kind fühlt sich frustriert und wird von widersprüchlichen Botschaften verwirrt: „Komm mal, Tom, erzähl mir was!" und „Verschwinde! Siehst du nicht, daß ich zu tun habe?" Oder ein Elternteil verprügelt in seinem Ärger das Kind, fühlt sich danach schuldig und verwöhnt es dann mit Zärtlichkeiten.

Psychischer Mißbrauch wird normalerweise stillschweigend ertragen und selten irgendwelchen Autoritäten zu Gehör gebracht. Erst in letzter Zeit ist sich die Gesellschaft dessen bewußt geworden, welch ungeheurer Schaden durch verbale, emotionale und psychische Angriffe zugefügt werden kann. Wenden wir uns kurz einer Fallstudie zu, die den grundlegenden Einfluß psychischen Mißbrauchs auf das Kind im Innern illustriert:

Dann und wann begegnet man jemandem, dessen Leistungen einem das Gefühl eigener Unzulänglichkeit vermitteln. Solche Personen beanspruchen unmittelbar Respekt und schüchtern ihr Gegenüber sogar ein wenig ein. Mit diesen

Gefühlen hatte ich zu tun, als ich Ken kennenlernte, einen großen, blonden fünfunddreißigjährigen Psychologen, der mit durchdringenden blauen Augen direkt in meine Seele zu blicken schien. Er war mir von einem gemeinsamen Freund überwiesen worden, der sich Gedanken darüber machte, Ken sei depressiv und ziehe sich von seinen Freunden zurück.

Offensichtlich war es ihm unangenehm, mich wegen einer Therapie aufzusuchen. „Es fällt mir schwer zuzugeben, daß ich mit meinen Problemen nicht selbst fertig werde", bekannte er mit tiefer, volltönender Stimme, die mühelos Achtung gebot. „Schließlich bin ich ja Psychologe."

Ja, richtig, Psychologe war er, aber traurig und deprimiert dazu! In den ersten Monaten unserer Zusammenarbeit erfuhr ich sehr viel über Kens Hintergrund. Er war in einer Kirche groß geworden, in der Gnade gepredigt, aber Gesetzlichkeit praktiziert wurde. Es wurde dort zwar gelehrt, daß man durch das Blut Christi gerettet war, aber Sicherheit bezog man aus den Ge- und Verboten. „Die meisten frühen Erinnerungen an meine Kirche haben mit Angst zu tun", erzählte Ken in einer der ersten Sitzungen. „Gott machte mir furchtbare Angst. Ich weiß gar nicht mehr, wie oft ich auf den Ruf reagiert habe, nach vorn zu kommen, wenn ich gerettet werden wollte. Mich erschreckte der Gedanke, daß ich nicht in den Himmel kommen würde, weil ich irgendwas falsch gemacht hatte."

Ein anderes Mal sprachen wir über Kens Familie, und er beschrieb die Beziehung zu seinem Vater. „Papa war ein sehr ungeduldiger Mann, der wenig Toleranz für mich aufbrachte, weil ich kein so ordentlicher Mensch war wie er. Man könnte sagen, daß ich das wandelnde Chaos war. Ich wußte, daß Papa unzufrieden mit mir war, und ich dachte immer: ‚Wenn ich ein besserer Sohn wäre, würde er mich mehr lieben.' Aber dazu kam es nicht. Ich wurde aus meinem Vater nicht klug. Bei der Arbeit war er immer so höflich zu den Kunden, aber zu Hause war er gereizt und extrem kritisch."

Ich redete Ken zu, ein paar Situationen zu beschreiben, in

denen er diese Spannungen mit seinem Vater verspürt hatte. „Ganz einfach", sagte er bitter. „Papa sah mir zwar beim Basketballspielen zu, aber nachher erläuterte er mir, was ich alles falsch gemacht hatte. Ich weiß noch, wie ich gedacht habe: *„Papa, ich möchte bloß einmal das Gefühl haben, ich hätte was richtig gemacht, und du wärst zufrieden!"*

Ein anderes Mal", fuhr Ken fort, „half Papa mir bei meinen Hausaufgaben für Mathe. Er erklärte mir etwas, und als ich es nicht gleich verstand, verlor er die Geduld. Natürlich kam ich mir dumm vor, und der Kopf war leer. Das ging manchmal stundenlang, bis ich nicht mehr konnte und vor purer Demütigung weinte. Lange Zeit fühlte ich mich wie der Allerdümmste in der ganzen Welt. Ich glaube, meinem Vater zu gefallen war einer der Gründe, warum ich einen Doktorgrad angestrebt habe. Leider starb mein Vater sechs Monate vorher."

„Und wie haben Sie es sich ausgemalt, wie es sein würde, wenn Ihr Vater noch am Leben und bei der Verleihung dabei gewesen wäre?" fragte ich.

Kens Blick verdüsterte sich. „Ich sehe mich auf dem Podium, die Urkunde in der Hand, und rufe meinem Vater zu: ,Siehst du, ich bin nicht dumm! Ich bin klug! Wirst du mich jetzt lieben?'"

Mit Tränen in den Augen und einem Zittern in der Stimme fuhr er fort. „Dann sehe ich mich auf meinen Vater zulaufen, wir umarmen uns, weinen beide, und er sagt mir, wie stolz er auf mich ist und wie sehr ... wie sehr er mich liebt!"

Kens Problem bestand nicht darin, daß er und sein Vater einander nicht liebten. In Wirklichkeit hatten sie einander wahrscheinlich sehr lieb. Vom Gehirn oder Verstand her wußte Ken, daß es so war. Doch der kleine Junge in Ken bekam nie das Gefühl, daß er den Erwartungen des Vater gerecht wurde. Seit seiner Kindheit entwickelte sich ein tiefliegendes Minderwertigkeitsgefühl, das er vor sich und anderen zu verstecken suchte. Trotz Kens Naturtalenten und seiner Intelligenz war er als Erwachsener in hohem Grade von der Motivation getrieben, seinem Vater, sich selbst und der Welt zu beweisen, daß er kein Versager sei. Leider konnte das „minderwertige" Kind im Innern nicht die Früchte seiner harten Arbeit genießen. Immer mußte noch mehr Arbeit, mehr Leistung erbracht, mehr Anerkennung erlangt werden – ein unaufhörliches Streben nach Vervollkommnung.

Kens Beziehung zur Mutter stand im scharfen Kontrast zu der zum Vater. „Mama war das genaue Gegenteil von Papa", erklärte er. „Bei jedem Erfolg in der Schule oder beim Sport überschlug Mama sich dabei, mir zu sagen, wie großartig ich sei. Sie schickte meinen Verwandten sogar Artikel über meine sportlichen Erfolge. Bestimmt fehlte es ihnen gerade noch, zu lesen, was ich beim Football und Basketball brachte. Sie war so stolz ... zu stolz."

Bei einer Sitzung erzählte mir Ken von seiner Furcht, Frauen zu nahe an sich heranzulassen. „Mir ist aufgefallen, daß Frauen sich von mir angezogen fühlen", sagte er, „besonders Frauen, die dem Mann immer helfen wollen – eben der mütterliche Typ. Und je mehr ich mich zurückhalte, desto mehr versuchen sie, an mich heranzukommen."

Ich fragte Ken: „Können Sie sich vorstellen, daß die Frauen auf etwas reagieren, was von Ihnen vermittelt wird – auch wenn Sie immer Abstand wahren?"

Er zuckte die Schultern. „Ich weiß nicht, was Sie meinen."

„Es gibt da anscheinend einen kleinen Jungen in Ihnen, der sehr bedürftig ist und hungrig nach Liebe, Unterstützung und Bestärkung. Ich spüre diesen kleinen Jungen oft, wenn wir unsere Sitzungen haben, aber ich merke, daß er fortläuft, wenn ich ihm Aufmerksamkeit schenke – als ob er Angst hätte, entdeckt zu werden."

Ken schwieg ein paar Minuten lang. Dann gestand er mir mit zitternder Stimme die ungeheure Leere und Traurigkeit ein, die er trotz alles Erreichten so oft im Leben gefühlt habe. Er gab zu, daß er Intellekt und Leistung eingesetzt habe, um Menschen einzuschüchtern und sie auf Abstand zu halten. Schließlich sprach er von seiner Mutter. „Es kam mir so vor, als seien meine Leistungen für Mama wichtiger als für mich. Sie hatte meinen Erfolg nötig, damit sie mit ihrem begabten Sohn angeben konnte. Vielleicht hätte mir das gefallen sollen, aber es brachte mir nichts. Ihre Besessenheit von meinem Erfolg setzte mich genauso unter Druck wie die Kritisiererei meines Vaters. Ich hatte trotzdem nicht das Gefühl, um meiner selbst willen angenommen zu werden. Ich mußte mich trotzdem anstrengen."

„Haben Sie mit Ihrer Mutter schon mal über ihre Gefühle gesprochen?" fragte ich.

Kens Mund wurde schmal, und seine Stirn legte sich in ärgerliche Falten. „Aber sicher! Oft. Sie hat mir aber nie zugehört, oder zumindest hat sie nie darauf gehört, was ich eigentlich sagen wollte. Wenn ich sie darauf ansprach, schaute sie verletzt drein und machte mir Vorwürfe, ein gedankenloser, undankbarer Sohn zu sein!" Ken seufzte tief auf. „Dann war Papa wieder wütend, weil ich Mama geärgert hatte, und bestrafte mich. Ich blieb allein mit meiner Wut und den Schuldgefühlen, ganz frustriert. Ich glaubte allmählich, daß sie recht hätten – ich war der undankbare, unaufmerksame Sohn. Ich fühlte mich ertappt, fühlte mich schuldig, weil ich etwas für mich selbst haben wollte, ein eigenes Leben. Es gab keinen Ausweg."

„Was haben Sie dann getan, Ken?" hakte ich nach. „Sie müssen doch einen Ausweg gefunden haben. Wie sind Sie mit den Verletzungen und Enttäuschungen umgegangen?"

Ken lächelte nachdenklich. „Sie wissen, wie ich damit fertig geworden bin. Wir beide sind Psychologen. Wir kennen uns mit der Sprache aus. Ich kann Ihnen auf intellektueller Ebene sagen, was ich getan habe, aber emotional kann ich damit nicht umgehen. Man könnte sagen, daß ich das Problem erkenne, aber es nicht so ganz in den Griff bekomme."

„Okay. Sagen Sie es einfach, Ken, auf irgendeine Art, die Ihnen nicht so peinlich ist."

Er nickte. „Ich habe eine Mauer um mich aufgebaut, damit meine Mutter, mein Vater und alle anderen draußen bleiben mußten. Wie heißt es doch – ‚Niemand ist eine Insel'? Na ja, ich nehme an, ich war dazu verurteilt, eine Insel zu sein. Ich weigerte mich, jemanden zu brauchen. Ich dachte mir, eine Mauer zu bauen ist die einzige Möglichkeit, mich vor der Kritik meines Vaters und dem Besitzanspruch meiner Mutter zu schützen."

„Eine Mauer, damit die anderen draußen bleiben, Ken?" fragte ich nachdenklich. „Oder ein Gefängnis emotionaler Isolation, das Ihnen zur Falle geworden ist?"

Ken war in Gedanken. „Wahrscheinlich wirkte sie auf beide Weisen."

„Und was ist mit Ihrem bedürftigen, emotional hungernden Kind im Innern, Ken? Wie wollen Sie es nähren, wenn Sie niemandem Zugang zur anderen Seite der Mauer gewähren?"

Ken nahm sich Zeit, mir in die Augen zu sehen. „Ich glaube, deshalb bin ich hier."

Nach einiger Zeit war Ken in der Lage, emotional zu verstehen, welchen Preis er für seine Angst vor Nähe zahlte. Sein Gefühl, nicht geliebt zu werden, hatte ein unbewußtes Verlustgefühl bewirkt, das sich in anhaltender Depression niederschlug. Allmählich erkannte er, daß er sein eigenes bedürftiges Kind im Innern auf seine Patienten projiziert hatte, um sich so aus zweiter Hand Nahrung zuzuführen. Seine Mühe aber blieb vergeblich, bis er bereit war, auf die Bedürfnisse des Kindes im Innern direkt statt nur indirekt einzugehen. Im Laufe der Wochen fing Ken an, sein bedürftiges Kind im Innern zu enthüllen – erst mir gegenüber, dann anderen, denen er nahe sein wollte. Je offener er sich mitteilte, desto größer war die Bestätigung, die er empfing. Seine Depression schwand dahin, als das Kind in ihm Gefühle von Liebe und bedingungsloser Annahme erfuhr.

Emotionale Mißhandlung im christlichen Zuhause

Fälle von emotionaler Mißhandlung in „guten, rechtschaffenen christlichen Familien" sind nicht so ungewöhnlich. Leider kommen solche Fälle zwangsläufig nicht ans Tageslicht. Diese Art von Mißhandlung macht sich nur dadurch nach außen hin bemerkbar, daß dem Opfer ein starkes Gefühl der Unzulänglichkeit in der persönlichen Beziehung zu Gott zu eigen ist. Emotional mißhandelte Menschen können fieberhaft daran arbeiten, „gute" Christen zu werden, aber ihr Hauptmotiv sind Schuldgefühle. Sie meinen, nie genug tun zu können, um Gott, der Kirche, der Familie oder der Gesellschaft zu gefallen. Solche Christen empfinden keine Freude; sie hören Worte der Liebe, können sie aber nicht persönlich nachempfinden. Wenn der Pastor von Christi bedingungsloser Liebe predigt, werden diese lieben Brüder und Schwestern nie tief angesprochen, weil ihr Kind im Innern verschlossen bleibt und die Worte nicht hören kann.

Emotional mißhandelte Christen erleben Unbeweglichkeit, Depression und sogar völlige Verzweiflung. Wenn sie beim Versuch, Gott zu gefallen, keinen Frieden finden, machen sie vielleicht Schluß mit dem Streben nach dem Guten und fangen an, nur noch für ihr Vergnügen zu leben, was bloß zu schlimmerer Verzweiflung führt. Daraus entwickelt sich eine „tödliche Falle", denn wenn der Geist Gottes in uns wohnt, können wir beim Sündigen niemals Frieden haben.

Gibt es Hoffnung? Ja! Wir können Gottes bedingungslose Liebe erfahren, wenn wir zu ihm als unserem liebenden, fürsorglichen himmlischen Vater kommen und uns dabei nicht die strengen, kritischen inneren Eltern vorstellen. Vielleicht stellt sich Ihnen die Frage, was ich damit meine: Gott als kritische innere Eltern. Damit die Vorstellung deutlich wird, müssen wir uns zunächst mit den eigenen kritischen Eltern im Innern befassen.

Die kritischen Eltern im Innern

Wir haben uns ausführlich mit dem *Kind im Innern* befaßt – dem bedürftigen, verletzlichen, fühlenden und kreativen Bereich in Ihnen, der Ihr wahres Selbst darstellt. Was aber meinen wir nun mit den *kritischen Eltern im Innern?* Vielleicht fragen Sie sich, ob wir uns über Persönlichkeitsspaltung oder

Schizophrenie unterhalten. Ganz und gar nicht! Vielleicht denken Sie auch, daß es etwas eng wird bei der Vorstellung vom Kind sowie von Eltern im Innern einer einzigen Persönlichkeit. Doch haben Sie Nachsicht mit mir, und ich glaube, Sie werden verstehen, wie ich es meine.

Von Kindheit an erschaffen wir unbewußt unsichtbare Eltern in unserer Persönlichkeit, und zwar auf der Grundlage unserer frühesten Wahrnehmung der wirklichen Eltern. Als Kinder beobachten und verinnerlichen wir die Art, in der die Eltern mit uns umgehen – was sie sagen, wie sie sich in unserer Gegenwart verhalten, wie sie uns behandeln. Ein vielschichtiges Bild unserer Eltern, wie mangelhaft oder ungenau unsere Erkenntnisse auch gewesen sein mögen, ist das Modell der inneren Eltern, die wir uns selbst schaffen. Diese inneren Eltern mögen sowohl positive wie auch negative Züge haben; sie können bestätigend oder destruktiv wirken. Bei allen aber, die in irgendeiner Weise emotional mißhandelt worden sind, sind die inneren Eltern zwangsläufig kritisch und destruktiv. Mit anderen Worten, wenn unsere wirklichen Eltern uns in negativer oder harter Weise behandelten, dann haben wir im Innern kritische Eltern, die bis ins Erwachsenendasein damit fortfahren, unser Kind im Innern mit harter, kritischer Einstellung zu behandeln.

Die von den inneren Eltern vermittelte Botschaft läuft automatisch, wie eine Tonbandcassette, im Verstand ab. Wenn wir auf Situationen stoßen, die ähnlich sind wie Dinge in der Vergangenheit, durch die wir die Kritik unserer Eltern provoziert haben, fängt das Band an, sich abzuspulen. Stellen Sie sich zum Beispiel vor, Sie kippen eine Milchtüte um, und die Milch ergießt sich über Tisch und Boden. Im Kopf vernehmen Sie das Band mit der kritischen Elternstimme: „Du ungeschickter Idiot, kannst Du denn gar nichts richtig machen?" Oder Sie versagen bei einer Arbeit in der Schule. Das Band spult ab: „Junge, mach dir klar, daß du dumm bist. Du schaffst es nie." Oder Sie bekommen die Stelle nicht, um die Sie sich beworben haben. Und wieder das Band: „Wie bist du bloß auf die Idee gekommen, daß du den Job kriegen könntest? Hätte dir jeder sagen können, daß es bei dir nicht reicht."

Wenn diese Bänder einmal bespielt sind, können sie nicht wieder gelöscht werden. Stellen Sie es sich einmal so vor: Wenn Sie zu Hause einen Anrufbeantworter haben, nehmen Sie eine Nachricht auf, die jedesmal abläuft, wenn Ihre Nummer gewählt wird. Wenn das Telefon klingelt, ist die immer gleiche Nachricht zu hören: „Hallo, Hans und Maria sind im Augenblick beschäftigt, aber wenn Sie Name und Telefonnummer hinterlassen ..."

Sie können bei sich zu Hause anrufen, so oft Sie wollen, und Sie werden die ewig gleiche Nachricht hören. Sie ändert sich nicht, es sei denn, Sie nehmen eine andere Nachricht auf.

Genauso verhält es sich mit den Aufnahmen der kritischen inneren Eltern. Muß Ihr Kind im Innern deshalb ewig darunter leiden? Nein, nicht unbedingt. Sie können den kritischen Eltern fürsorgliche Eltern an die Seite setzen, die Ihnen, statt Sie zu entmutigen, Mut machen (was im vorletzten Kapitel dieses Buches ausgeführt wird). Dabei ist es wichtig zu beachten, daß die Botschaft der kritischen inneren Eltern von Irrtümern und Verzerrungen strotzt. Sie müssen lernen, die schlechten Bänder abzustellen oder sie zu ignorieren, wenn sie im Kopf abgespult werden.

Damit Sie Ihre eigene innere Welt besser verstehen – eine Welt, in der sowohl Kind als auch Eltern verborgen sind –, würde ich Sie gern auf eine Phantasiereise mitnehmen. Ich möchte, daß Sie das Leben so sehen wie das kleine Kind, das Sie einmal waren. Lehnen Sie sich zurück, entspannen Sie sich und stellen Sie sich die Erfahrungen vor, die ich beschreibe.

Stellen Sie sich zunächst vor, Sie seien der kleine Fötus im Mutterleib. Sie sind etwa neun Monate alt. Alles ist wie für Sie geschaffen – Service rund um die Uhr, nur das Fenster zur Außenwelt fehlt. Sie sind zufrieden – kein Hunger nagt, keine Eltern stellen Forderungen, keine Brüder oder Schwestern ärgern Sie, außer natürlich, Sie sind ein Zwilling. Niemand nervt. Sie können jederzeit an Ihrem Daumen lutschen. Niemand kann Ihnen Gemeinheiten sagen oder antun; nichts stört Sie, wenn Mama nicht gerade laute Musik mag, scharf Gewürztes ißt oder Blähungen hat. Im Grunde schweben Sie in vollkommenem Frieden in Ihrem eigenen kleinen Universum – Sie selbst sind der Mittelpunkt darin!

Doch stellen Sie sich auf das erste Trauma ein: die Geburt. Sie haben überhaupt keine Wahl, ob Sie herauskommen wollen. Wie unfair! Als nächstes spüren Sie, wie Mama Sie aus Ihrem Reich hinauspreßt. Schlimmer noch: da es keine Tür gibt, haben Sie das Gefühl, wie aus einem Schornstein hinausgequetscht zu werden (auf natürlichem Wege), es sei denn, jemand deckt das Dach ab und zieht Sie auf diesem Wege hinaus (der Kaiserschnitt).

Zum ersten Male haben Sie es mit der kalten, rauhen Welt zu tun, ganz allein und hilflos, völlig von den Eltern abhängig und angewiesen auf ihren Schutz, Ernährung, Liebe und Fürsorge. In dieser Situation können Sie nichts als schreien, zappeln, trinken und die Windeln vollmachen, nicht unbedingt in dieser Reihenfolge.

Diese Welt, in die Sie jetzt eingeführt werden, ist eine widersprüchliche Umgebung, voll von erschreckenden Geräuschen, seltsamen Anblicken, grellen Farben, unbekannten Menschen. Dazu kommen Dunkelheit, nagender Hunger, nasse Windeln und die Berührung von völlig Fremden. Sie werden reichlich Hilfe brauchen, damit Sie sich in dieser neuen Welt zurechtfinden können. Sie müssen sich darauf verlassen, daß Mama und Papa Ihnen alles beibringen – in der Hoffnung, daß sie ihre Sache gut machen, denn erst, wenn Sie viel älter sind, können Sie sich selbst davon überzeugen. Tatsächlich trauen Sie Ihren Eltern vorbehaltlos – was bleibt Ihnen denn sonst übrig?

Beim Älterwerden entwickelt sich ein geistiges Bild Ihrer Persönlichkeit durch die Aktionen und Reaktionen von Eltern und anderen wichtigen Erwachsenen in Ihrem Leben. Natürlich machen Sie vieles, worauf sie zu reagieren haben – Milch verschütten, die Gummiente in die Toilette stopfen und das Badezimmer überschwemmen, den Geburtstagskuchen im Gesicht verschmieren, mitten in der Nacht durch anhaltendes Weinen jedermann wachhalten ... Die Liste ließe sich endlos fortsetzen.

Leider brauchen Mama und Papa keine Reihe von psychologischen Tests zu durchlaufen, um nachzuweisen, ob sie als Eltern qualifiziert genug sind. Sie lernen auf der Universität der Erfahrung und aus ihrer eigenen Erziehung. Sie werden Sie wahrscheinlich so behandeln, wie sie von ihren Eltern behandelt worden sind, und Sie werden glauben, es sei Ihr Fehler, wenn die Eltern Ihnen mit Ungeduld, Ärger und einer kritischen Haltung kommen. Immerhin sind Sie der Mittelpunkt Ihrer eigenen Welt und für alles, was passiert, verantwortlich. Sie sind viel zu jung, um zu erkennen, daß Mama und Papa ihre eigenen gewichtigen Probleme in die Familie einbringen.

Beim Heranwachsen in diesen eindrucksvollen ersten Jahren bildet sich in Ihnen nicht nur ein klarer Eindruck von Ihnen selbst und dem Kind im Innern, sondern auch von den inneren Eltern, und damit haben Sie Ihr ganzes Leben lang zu tun. Je mehr Ihre Erfahrungen mit den wirklichen Eltern von Kritik und Mißhandlung geprägt sind, desto kritischer und quälender werden die inneren Eltern sein. Umgekehrt gilt, je liebevoller Sie Ihre Eltern erfahren haben, desto liebevoller und fürsorglicher werden die inneren Eltern sein.

Daß wir verstehen, wie sich diese inneren Eltern entwickeln, ist entscheidend für unser Verständnis dafür, warum wir uns als Erwachsene immer noch selbst quälen und zulassen, daß auch andere uns mißbrauchen. Bei manchen von uns sind die inneren Eltern sehr kritisch und beschimpfen uns: „Warum kannst du nicht mal was Richtiges zustande bringen? Warum schneidest du dir nicht mal eine Scheibe von deinem Bruder oder deiner Schwester ab? Du wirst nie zu etwas kommen ... Du bist dumm, häßlich, dick ... Du bist nicht liebenswert."

Wenn das Kind im Innern mit dieser verborgenen Tyrannei und emotionalen Mißhandlung konfrontiert wird, zieht es sich zurück, versteckt sich. Wenn das geschieht, ereignet sich ein entscheidender Wandel unserer Persönlichkeit. Diese Veränderung ist Thema des nächsten Kapitels.

Zum Nachdenken

1. Waren Sie das Opfer von sexuellem Mißbrauch oder von körperlichen und emotionalen Mißhandlungen? Wenn ja, wie würden Sie Ihre inneren Eltern beschreiben? Mit welchen kritischen Botschaften Ihrer inneren Eltern haben Sie zu tun, wenn Sie über sich nachdenken? Wie fühlt sich das Kind im Innern dabei? Was halten Ihre kritischen inneren Eltern davon, wenn Sie Hilfe suchen? (Wenn Sie Opfer von sexuellem Mißbrauch oder Mißhandlungen waren, rate ich Ihnen dringend, sich nach Hilfe umzuschauen, die mit biblischen Maßstäben vereinbar ist. Es gibt eine Reihe von Gruppen für Opfer von Mißbrauch. Eine individuelle Therapie durch ausgebildete Experten mit einschlägiger Erfahrung kann auch sehr hilfreich sein. Bedenken Sie, daß Sie sich nicht selbst heilen können. Sie brauchen Hilfe von außen.)

2. War es Ihnen möglich, sich mit den Gefühlen der Menschen zu identifizieren, deren Geschichte hier vorgestellt wurde? Wenn ja, in welcher Hinsicht?

3. Schreiben Sie auf, welche Gefühle Ihr Kind im Innern in folgenden Situationen hat:
▷ Jemand macht Ihnen ein Kompliment.
▷ Jemand, den Sie mögen, ärgert sich über Sie.
▷ Jemand, den Sie lieben, verletzt Ihre Gefühle.
▷ Sie begegnen zum ersten Mal jemandem, den Sie mögen.
▷ Sie umarmen jemanden, den Sie mögen, oder Sie werden von jemandem umarmt, den Sie mögen.

4. Schreiben Sie zu den gleichen fünf Situationen auf, was Ihre inneren Eltern Ihnen sagen.

5. Welche Schlüsse ziehen Sie aus diesen Übungen im Hinblick auf Ihr Kind im Innern und die inneren Eltern?

Wir tragen viele Masken

Im Jahre 1974 schrieb ich mich an der *Rosemead School of Psychology* ein, um in klinischer Psychologie zu promovieren, und sehr bald fühlte ich mich wie der Klassenopa. Während die meisten Kommilitonen Mitte zwanzig waren, war ich schon sechsunddreißig und hatte seit 1965 in einer Privatpraxis in der Ehe-, Familien- und Kinderberatung gearbeitet, dazu seit zwölf Jahren als Psychologiedozent im College unseres Ortes. Jetzt also ließ ich mich auf eine vierjährige Vollzeitausbildung ein, mit deren Abschluß, der Promotion, ich vierzig sein würde.

Abgesehen von der Frage, wie ich mit Kommilitonen zurechtkommen würde, die so viel jünger waren, hatte ich auch noch bei einer bitteren Last zu tragen, meinem früheren Versagen im Studium. Mehrere Jahre vorher hatte ich mich für die Promotion an einer bekannten Universität immatrikulieren lassen. Damals war ich überzeugt, so ein Doktortitel würde ein für allemal beweisen, daß ich nicht dumm sei – eine Einstellung, gegen die ich mich immer wieder gesträubt hatte. Ich war dankbar, daß mein Studienabschlußexamen bei der Zulassung nicht wesentlich war, da mir die schwachen Noten peinlich waren. Zum Glück hatte ich gute Noten bei den Kursen bekommen, die ich für die Zulassungsprüfungen zur Promotion brauchte. Bei den Prüfungen selbst ging auch alles ziemlich glatt, so gut, daß ich bestand. Aber beim entscheidenden Gespräch über die Zulassung zum Promotionsstudium hieß es, ich hätte mein Studienabschlußexamen zu wiederholen, bevor ich berücksichtigt werden könnte, da meine Noten verbesserungswürdig seien.

Ich fühlte mich wie vor den Kopf geschlagen und gedemütigt. Meine guten Noten und Prüfungsergebnisse waren unter den Tisch gefallen! Trotz aller Entmutigung wiederholte ich das Examen – und was geschah? Ich hatte mich verschlechtert! Mir wurde gesagt, ich dürfte es noch einmal probieren, so oft, wie ich wollte, aber nun hatte ich Angst, ich würde so schlecht abschneiden, daß ich zum Abgehen gezwungen würde. Ich kam mir wie ein Versager vor, und schlimmer noch, meine Angst, als Dummkopf zu gelten, war scheinbar bestätigt worden. Mit meinem derart zerstörten Selbstvertrauen entschloß ich mich, auszusteigen und meine Hoffnung auf die Promotion fahren zu lassen.

Die Jahre nach dieser traumatischen Erfahrung waren gekennzeichnet durch emotionale Höhen und Tiefen, tiefer Unzufriedenheit mit mir selbst und Krisen in der Ehe. In diesen Zeiten emotionaler und geistlicher Stürme gewöhnte ich mich an manche Maske für mein geistliches und persönliches Leben, aber hinter jeder Maske steckte die Angst. Ich hatte zuviel Angst vor Gott, um meine wahren Gedanken und Gefühle auszudrücken. Sollte ich es wagen, würde er mich vom Himmel her fertigmachen und auf den Müllhaufen der Geschichte werfen. Obwohl ich vor langer Zeit Christus als Erlöser angenommen hatte, war mir seine eigentliche Liebe zu mir kaum klargeworden. Tatsächlich fürchtete ich im Stillen, daß mein Glaube ohne Substanz war, daß ich mir Gottes Existenz nur vormachte. Doch überraschenderweise sollte ich in diesen dunklen Zeiten seine Liebe stärker erfahren als bei meinen Bemühungen, als „guter Christ" zu leben.

Ich empfehle niemandem, Gottes Liebe und Gnade in der Auflehnung zu suchen. Für mich aber – aufgewachsen in einer extrem konservativen Kirche, in der mich meine unbequemen Fragen verdächtig erscheinen ließen – führte dieser Weg zum Ziel. Während dieser beunruhigenden Phase meines Lebens stellte ich alles in Frage – meinen Glauben, meine eigene Persönlichkeit, meine Ehe, meinen Beruf. Vor mir gabelte sich der Weg; jede Entscheidung in der Gegenwart mußte tiefgreifende Auswirkungen auf meine Zukunft bringen. Auf meiner verzweifelten Suche nach Antworten las ich einige Bücher von Francis Schaeffer, und durch seine Schriften sprach Gott in mein bedürftiges Herz hinein.

Dazu faszinierte mich das *L'Abri Fellowship Center* in der

Schweiz (L'Abri: frz. „Zufluchtsort"). Dieses Zentrum, von den Schaeffers aufgebaut, stellt sich in den Dienst von Menschen, die Antworten auf die schwierigen Fragen des Lebens suchen, besonders auf die praktischen und intellektuellen Fragen zum Christentum. Meine Tante, die dort einige Jahre gelebt hatte, berichtete mir sehr eindrucksvoll darüber. Selbst in meiner Verwirrung fühlte ich im Innersten, daß ich dort hingehörte. Ich schrieb an Dr. Schaeffer und erzählte von meinen Konflikten und der drängenden Not, Antworten zu finden. Dr. Schaeffers Antwort war ein Geschenk des Himmels. Er schrieb, ich könne sofort kommen.

Auf diese Worte hatte ich gewartet. Ich ließ mich von meiner Arbeit als Lehrer beurlauben, lieh mir etwas Geld und machte mich mit Frau und Sohn nach Europa auf. Wir ließen uns in einem versteckten kleinen Schweizer Bergdorf nieder und waren die nächsten drei Monate in einer Hütte am Hang zu Hause. Der Blick auf die erhabenen, zerklüfteten Berge und tiefen grünen Täler war atemberaubend. Wir kannten niemanden, und niemand kannte uns; wir waren Fremde in einem fremden Land. Meine Frau Kathy und ich saßen ohne Fernseher, Radio und mit einem stummen Telefon im Zimmer und starrten einander an wie völlig Fremde. Ohne äußerliche Ablenkung, soviel erkannte ich, würden meine Familie und ich uns zum ersten Male wirklich kennenlernen. Aber was hatten wir einander ohne die üblichen, vertraut gewordenen Masken zu sagen?

In diesem Augenblick wurde mir die nächste Maske entrissen. In den Vereinigten Staaten war ich Lehrer und Therapeut, in der Gesellschaft wohlbekannt; hier war ich ein Student wie alle anderen, der vier Stunden täglich lernte und zwanzig Stunden wöchentlich arbeitete. Wer war ich eigentlich ohne meine Zeugnisse? Das wußte ich nicht, und die unbehaglichen Gefühle bei dieser Frage paßten mir nicht.

Monatelang kämpfte ich um meine Identität. Als Ergebnis dieses Kampfes beschloß ich, eine Arbeit über das Thema „Selbstbildnis aus biblischer Perspektive" zu schreiben. In diesen Tagen mit ernsthaftem Gebet, Studium und Selbstprüfung mußte ich mir klarmachen, wer ich als Christ war. Ich mußte mir Gewißheit verschaffen, daß meine persönliche Beziehung zu Gott echt und lebendig war. Außerdem genoß ich das Vorrecht, daß Dr. Schaeffer sich Zeit für mich persönlich nahm und mir zuredete, meine Promotion anzugehen. Ich wußte, daß er recht hatte.

Fast unmerklich änderte sich mein Leben. Ich war froh und beglückt, daß ich zu meiner Frau und meinem Sohn enge Gemeinschaft bekam. Meine Beziehung zu Christus gründete nun auf einem festen Fundament von Wissen und Glauben. Mehr und mehr erkannte ich die Gültigkeit eines intelligenten Glaubens, der durchdacht und klar belegt werden kann.

Haltet den Herrn, den Christus, in euren Herzen heilig. Seid aber jederzeit bereit zur Verantwortung jedem gegenüber, der Rechenschaft von euch über die Hoffnung in euch fordert, aber mit Sanftmut und Ehrerbietung (1. Petrus 3,15).

Als ich in die Staaten zurückkehrte, wurde mein Wunsch immer stärker, die Promotion anzugehen. Ich brauchte mehr Ausbildung sowohl in Psychologie als auch in der Bibel, einen Lehrgang, der mir außerdem als Persönlichkeit etwas bringen mußte. Zum ersten Mal war ich wirklich lernbereit und eifrig.

Eben dann bewarb ich mich bei der *Rosemead School of Psychology* (die später zu einer Fakultät der *Biola University* in La Mirada, Kalifornien, wurde). Ich wurde immatrikuliert und machte in den nächsten vier Jahren viele anspannende Erfahrungen, persönlicher und beruflicher Art.

Zu diesen Erfahrungen gehörte die persönliche Therapie, die von allen Doktoranden des Kurses verlangt wurde. Da ich mich für eine starke Persönlichkeit hielt, besonders im sprachlichen Bereich, suchte ich mir meinen Therapeuten sorgfältig aus. Ich wußte, daß ich zwei Jahre Therapie verschwenden würde, wenn der Therapeut mich nur auf intellektuellem Gebiet fordern sollte. Trotzdem war ich kein sehr bereitwilliger Patient, vor allem anfangs nicht. Ich versuchte, den Therapeuten zu durchschauen und ihn zum Reden zu bringen. Damit kam ich nicht durch. Er schlug die Couch zur Behandlung vor. Das lehnte ich ab. Die Vorstellung, mich auf der Couch zu räkeln und meine innersten Gedanken preiszugeben, war zu bedrohlich. Erst dabei erkannte ich, wieviel Angst ich vor einer Selbstpreisgabe hatte.

Trotz meines Widerstandes war Dr. M. sehr geduldig mit mir. In den ersten sechs Therapiemonaten kam in mir die Vorstellung eines traurigen kleinen Jungen auf, der in einem dunklen Zimmer mit Betonwänden saß, ganz ähnlich einem unterirdischen Bunker. Der Junge lehnte sich an die Wand und hatte den Kopf in den Händen vergraben. Der Raum hatte eine schwere Stahltür, aber kein Fenster. Auf die Frage des Therapeuten hin merkte ich, daß ich der Junge war, und ich weiß noch, wie ängstlich und ärgerlich ich darüber wurde, daß der Therapeut versuchte, mein schützendes Versteck zu betreten. Schließlich gab ich zu, daß das Kind in mir sich verletzt, allein und ängstlich fühlte. Der einzige Ort, an dem ich mich sicher fühlte, war mein steriles Betonzimmer.

Dabei wurde ich gewahr, wie abgeschnitten ich von meinem Kind im Innern war und wie sehr ich mich eigentlich mein Leben lang unglücklich und ungeschützt gefühlt hatte. Auf seine kluge und einfühlsame Art legte Dr. M. langsam die vielen Versuche dar, mit denen ich das verängstigte Kind in meinem Innern schützen wollte. Ich fand das ganz und gar nicht gut. Im Verlauf der Therapie öffnete sich in meiner Phantasiewelt die große Stahltür, zuerst nur einen kleinen Spalt. In meiner ersten Reaktion darauf wollte ich die Tür zustoßen, doch das war nur ein Scheinversuch. Vielleicht wollte ich unbewußt, daß Dr. M. meinen dunklen Betonraum betrat. Ich hatte es satt, allein zu sein und brauchte jemanden, der sich die Mühe gab, mir aus dem Zimmer hinauszuhelfen. Ich wußte, daß ich es nicht allein schaffte.

Wie ein Schlag traf mich die Einsicht, daß ich überzeugt war, daß nicht einmal Jesus bei mir in diesem Zimmer war. Ich verspürte seine Gegenwart, seine Liebe nicht, weil ich von meinen Gefühlen wie abgeschnitten war. Diese erschreckende Erkenntnis half mir einzusehen, warum mein Wandel mit dem Herrn so oft der Nähe entbehrte, die ich brauchte. Ich war gläubig, ließ mich aber mehr vom Kopf als vom Herzen leiten, mehr von Furcht als von Liebe, und lange hatte ich nicht gewußt, was mir fehlte. Mit Dr. M.s Hilfe begriff ich, daß nur Liebe Stahltüren öffnen und das gefangene, hungrige Kind im Innern ans Tageslicht führen und ihm die Pflege gewähren kann, die zu Wachstum führt.

Mit diesem Bewußtsein ergaben sich neue Einsichten in Jesu Wirkung auf das einfache Volk seiner Tage. Sie erkannten das Echte, als sie es erfuhren; sie wußten, daß Jesus sie liebte. Sie konnten sich so geben, wie sie waren und ihm offen und ehrlich entgegentreten. Sie wußten, daß er sie annahm und bedingungslos liebte. Es machte ihnen nichts aus, daß die Pharisäer und sogenannten führenden Geistlichen nur Spott und Verachtung für sie übrig hatten. Schließlich trugen die Selbstgerechten Masken und hüllten sich selbstgefällig in ihre guten Werke ein, doch ihre Seelen waren leere Grabhöhlen. Nie hatten sie die Wärme und das Wunder von Jesu Liebe verspürt. Im Grunde war Jesu bedingungslose Liebe ein kostbares Geschenk, daß ich erst jetzt allmählich kennenlernte.

Masken als Versteck

Ich habe meine eigene Geschichte erzählt, damit Sie erkennen, daß es in diesem Buch nicht um bloße akademische Übungen und beliebige psychologische Prinzipien geht. Ich stand genau da, wo viele meiner Leser jetzt stehen. Ich habe mich mit dem Kind im Innern abgemüht und selbst Masken getragen, um mich zu schützen. Manchmal tue ich das immer noch. Ich habe emotionale Sperren oder Mauern aufgebaut, die mich gefangen gehalten haben. Doch Gott hat mich einige wichtige Prinzipien gelehrt – durch Erfahrung, Therapie und sein Wort –, wodurch mir die Befreiung des Kindes im Innern aus jenem dunklen Betonraum möglich wurde.

Wenn Sie sich mit einem selbstauferlegten Gefängnis abquälen, so glaube ich, daß Gott Sie befreien möchte. Ich möchte Ihnen helfen, Ihre vielen Masken abzulegen und Ihr Kind im Innern dazu einzuladen, ans Tageslicht zu kommen und echte Gefühle zu erfahren, damit Sie Ihre gottgegebenen Talente freudig ausüben und sich als die einzigartige Person lieben und annehmen können, als die Gott Sie geschaffen hat. Doch bevor Sie das Kind im Innern befreien können, müssen Sie sein Versteck ausfindig machen.

Bei mir wurde das Kind im Innern sichtbar im verschlossenen Betonraum. Viele meiner Patienten haben sich ähnliche Orte vorgestellt. Eine Frau beschrieb eine dunkle Kammer als ihr Versteck. Solche Kammern kommen häufig vor. Andere sprechen von dunklen Räumen, Kellern, Dachstuben und anderen einsamen Plätzen. Wie kommt es, daß wir das Kind im Innern beständig abgeschieden halten? Ein Grund dafür ist unsere Angst vor den inneren Eltern.

Im zweiten Kapitel haben wir gelernt, daß die inneren Eltern Teil unserer Persönlichkeit sind, hergeleitet aus unserer Wahrnehmung dessen, was die wirklichen Eltern uns gesagt und wie sie an uns gehandelt haben. In der selbstbezogenen Welt unserer Kindheit jedoch haben wir oft verzerrt, wie wir die wirklichen Eltern erfuhren. Denken Sie an das Beispiel aus dem ersten Kapitel vom kleinen Jungen, dem die Mutter den Keks wegnahm, damit er sich nicht den Appetit auf das Mittagessen verdarb? Statt der Mama zu danken, daß sie sich um seine Eßgewohnheiten kümmert, weint und schreit der Kleine, stampft mit den Füßen und sagt: „Ich hasse dich!" Die Wut, seine Wünsche durchkreuzt zu sehen, lassen ihn das Handeln seiner Mutter verzerren und übertreiben; statt die Klugheit der Mutter zu erkennen, verurteilt er sie als grausam und nachtragend. Sicherlich eine unzutreffende Erkenntnis, trotzdem aber sehr real für den Kleinen.

Unter normalen Erziehungsumständen bilden sich die inneren Eltern mit einigen Verzerrungen aus, doch sind diese nicht so gravierend, daß Ihr Kind im Innern Schaden nimmt oder eingeschüchtert wird. Aber anhaltend streßerfüllte Situationen wirken sich anders aus. Da das kleine Kind alles auf sich bezieht, nimmt es alle Ereignisse in seiner Welt so wahr, als hätten sie mit ihm zu tun oder seien von ihm verursacht. Das ist die Erklärung dafür, warum es sich bei einer Scheidung oder Kindesmißbrauch die Schuld zuschreibt und denkt: „Wäre ich ein artigeres Kind gewesen, hätte man mich nicht verlassen oder mißbraucht." Wenn emotionale und körperliche Mißhandlung oder sexueller Mißbrauch vorliegt, werden die Eltern als verletzend und kritisch wahrgenommen, und damit werden die inneren Eltern grausam, sadistisch und richtend. Gegenstand dieser gemeinen und kritischen Einstellung ist das Kind im Innern.

Falls es in der frühen Kindheit häufig zu Verletzung und Leid gekommen ist, spitzt sich die Situation auf einen Punkt zu, an dem wir das sensible Kind im Innern aus dem Selbsterhaltungstrieb heraus irgendwo an einem sicheren Ort verstecken. Damit sagen wir gleichsam: *„Das war Schmerz genug. Jetzt darf mir niemand mehr weh tun."* Wir schließen also das verletzliche Kind im Innern an einem geschützten, aber einsamen Ort ein; an seiner Stelle taucht ein unechtes Kind auf – das heißt, *ein angepaßtes, eher annehmbares Selbst,* das wir der Welt im allgemeinen präsentieren. Dieses anständige, künstliche und beispielhafte Selbst versteckt das echte Kind im Innern. Eben diese umgearbeitete, umgeformte, geschliffene, getünchte, sterile Version unserer selbst stellt unsere Maske dar. Nehmen wir ein paar dieser Masken unter die Lupe.

Die Maske der Unabhängigkeit

Die Maske der Unabhängigkeit läßt sich kurz darstellen als die Haltung: „Ich habe niemanden nötig." Dahinter steckt der Macher (ob Mann oder Frau) der es für ein Zeichen von Schwäche hält, um Hilfe zu bitten oder Verletzlichkeit zuzugeben. Solche Menschen mühen sich in der Regel lieber allein ab, als auf jemanden zuzugehen und Beistand oder Trost zu erbitten.

Die Maske der Unabhängigkeit gehörte zu meinen Lieblingsmasken. Als Kathy und ich heirateten, entschlossen wir uns zu einer Hochzeitsreise ins schöne Carmel in Kalifornien. Die Hochzeitsnacht aber sollten wir in einem Hotel verbringen, das Kathys Vater uns gebucht hatte. „Ich habe tolle Beziehungen", hatte er erzählt. „Ich sorge dafür, daß ihr ein phantastisches Zimmer bekommt!"

Todmüde kamen wir also am Hotelparkplatz an, stiegen aus und machten uns auf den Weg zum Empfang. Ich versuchte, möglichst nicht wie ein Frischvermählter auszuschauen, trat vertrauensvoll auf den Portier zu und trug mich ein. Er sah mich an und fragte: „Ist die Frau hinter Ihnen eine Freundin?" Diese Frau war zufällig seit sechs Stunden meine Ehefrau! Anscheinend hatte ich vergessen, sie mit einzutragen. „Nein, keine Freundin", murmelte ich verlegen. „Sie ist meine Frau."

Ganz schön gedemütigt stiegen Kathy und ich in den Aufzug. Als wir auf unserer Etage anlangten und den dunklen, öden Korridor hinuntersahen, vergingen uns die Phantasien von der Luxushochzeitssuite. Ich fragte mich spontan, ob wir in einem gesperrten Trakt gelandet waren. Unsere Hoffnungen sanken fast auf den Nullpunkt, als wir das enge Zimmer mit vergilbter Tapete und Sperrmüllmöbeln betraten. Mein erster Gedanke war, daß Kathys Vater mich wohl haßte oder seine gerühmte Beziehung sich als der Hausmeister entpuppte. In dieser Sardinenbüchse herrschten mindestens 30 Grad. Richtig geraten – keine Klimaanlage! An Liebe war in dieser Nacht nicht zu denken; statt dessen schwitzten wir zusammen!

Carmel entschädigte uns für diese bedrückende erste Nacht; es war einfach schön. Am zweiten Tag unserer Hochzeitsreise aber spazierte ich allein durch Carmels malerische Straßen und bummelte von Geschäft zu Geschäft, als mir ein ganz seltsamer Gedanke kam. Mir war, als hörte ich mich sagen: „Wenn Kathy sterben würde, käme ich sehr gut zurecht." Nun ist das kaum ein Gedanke, mit dem man seine frisch Angetraute überfällt, es sei denn, man strebe die kürzeste Ehe der Welt an. Doch dieser paradoxe Gedanke spiegelte meine Lebensweise wider. Wenn ich zu etwas Lust hatte, machte ich es oft allein. Selten teilte ich anderen mit, was ich fühlte. Eigentlich glaubte ich ehrlich, daß ich niemanden brauchte. Ich führte ein Leben als Einzelgänger.

In Wahrheit war meine unabhängige Einstellung die Maske, die mich von anderen und ihrer Hilfe isolierte. Ich glaubte, auf andere angewiesen zu sein sei der erste Schritt zur Kränkung und Demütigung – und das würde ich nicht zulassen. Meine Pseudounabhängigkeit schützte das Kind im Innern vor Verletzung und Leid.

Vielleicht fragen Sie sich, warum ich überhaupt heiratete. Tatsächlich versuchte das Kind im Innern in seiner Schwäche, die Einsamkeit hinter der Stahltür meines Betonraumes zum Ausdruck zu bringen. Das unechte Kind oder meine Maske der Unabhängigkeit versuchte, die leise, schwache Stimme zum Verstummen zu bringen, indem es mich überzeugte, ich sei trotz der Ehe im Grunde nicht emotional oder auf andere Art abhängig von meiner Frau. Ich lebte in einer Welt von Selbstbetrug. Offensichtlich liebte ich Kathy sehr und war von ihr abhängig, wollte aber diese Abhängigkeit nicht zugeben. Natürlich brauchte ich Liebe und Fürsorge, und zwar reichlich, doch nie hätte ich es mir oder sonst jemandem eingestanden.

Die nächsten Jahre unserer Ehe blieb ich emotional unterkühlt. Nur dann und wann kam das Kind im Innern an die Oberfläche. Erst in den letzten zehn Jahren unserer Ehe habe ich erkannt, wie sehr ich es nötig habe, meine Gefühle auszudrücken und meiner Frau und anderen das kleine Kind im Innern zu zeigen. Beim Älterwerden ernüchtert man. Man wird gezwungen, eine Perspektive ins Leben zu bringen und sich zu überlegen, was wirklich wichtig ist. Ich erinnere mich, gedacht zu haben: „Wenn ich an meiner Pseudounabhängigkeit nichts tue, werde ich ein sehr einsamer alter Mann."

Nach meinem Eindruck tragen viele Männer diese Maske der Pseudounabhängigkeit. Sie kann sich als Supermachogehabe auswirken. Man verbringt seine Zeit mit „den Jungs" bei unzähligen Sportarten, kommt aber emotional niemandem nahe, nicht einmal seinen Freunden. Der gleiche Mann verhält sich wahrscheinlich sehr herrschsüchtig gegen seine Frau. Er will, daß sein Essen auf dem Tisch steht, wenn er nach Hause kommt; er will sie neben sich haben, wenn er fernsieht; er wird richtig sauer, wenn sie ein Buch liest, statt sich sein Lieblingsprogramm anzusehen. Wo er von ihr abhängig ist, bleibt ein Staatsgeheimnis. Sein Kind im Innern braucht Aufmerksamkeit und Fürsorge, doch weil er dieses Kind nicht anerkennt, kann er seine emotionalen Bedürfnisse nicht direkt und offen zur Sprache bringen.

Normalerweise ist die Frau des Pseudounabhängigen eine sehr fürsorgliche Frau, die trotz der Maske das Kind im Innern erkennt und es zu retten versucht. Diesem Männertyp droht oft ein furchtbarer emotionaler Absturz, wenn seine Frau sich scheiden läßt oder stirbt. In solchen Situationen wird die eigentliche Abhängigkeit und Bedürftigkeit des Kindes in seinem Innern offensichtlich.

Ein mürrischer alter Herr, der mich zur Beratung aufsuchte, hatte kürzlich bei einem Autounfall seine Frau verloren. Aus unseren Gesprächen entnahm ich, daß er als Ehemann grob, beherrschend und unsensibel war, der seiner Frau wenig Zärtlichkeit zeigte, außer wenn sie miteinander schliefen. Er erwartete von seiner Frau, immer für ihn da zu sein, ihn zu bedienen und auf alle seine Bedürfnisse einzugehen; doch nun war sie nicht mehr da. Ihr Tod hatte ihn hart getroffen, und nun war er mit seiner tiefen Reue, mit Schuldgefühlen und Gewissensbissen allein. Lange brauchte er, seinen Verlust zu betrauern und seinen Kummer zu verarbeiten. Langsam sah er ein, wie sehr er sie emotional brauchte und wie wenig er ihr von sich selbst gegeben hatte. Jetzt war es zu spät. Tod und Scheidung sind eine schlimme Art und Weise, die tiefen Bedürfnisse des Kindes im Innern zu erkennen.

Meine Herren, Ihre Frauen haben es nötig, Ihre wirklichen Gefühle zu sehen und zu wissen, wo Sie emotional „lebendig" sind. So geht es auch Ihren Kindern. Das größte Geschenk, das Sie Ihren Lieben machen können, ist der Einblick zum Kind im Innern – in den tief verborgenen Bereich in Ihnen, der bestimmt, wer Sie innerlich sind, was Sie von denen brauchen, die Sie lieben, und wie Sie sich wirklich fühlen. Echte Nähe können Sie erst dann erfahren, wenn Sie Ihre wahren Gefühle mitteilen. Wenn Sie mit diesem Lebensbereich freigebig sind, werden Ihre Angehörigen es Ihnen hundertfach mit Zuneigung erstatten und damit das Kind im Innern nähren. Der Apostel Paulus betonte in seinem Brief an die Galater das Prinzip, nach dem wir reichlich das ernten, was wir säen:

Irrt euch nicht, Gott läßt sich nicht verspotten! Denn was ein Mensch sät, das wird er auch ernten. Denn wer auf sein Fleisch sät, wird vom Fleisch Verderben ernten; wer aber auf den Geist sät, wird vom Geist ewiges Leben ernten. Laßt uns aber im Gutestun nicht müde werden, denn zur bestimmten Zeit werden wir ernten, wenn wir nicht ermatten (Galater 6,7-9).

In diesen Versen hatte Paulus die Judaisten im Auge, die falsche Lehren verbreiteten. Es war ihm wichtig, daß die galatischen Christen sich nicht von diesen falschen Lehren einnehmen ließen. Die Worte des Paulus legen ein Prinzip dar, das in allen Lebensbereichen gilt. Die Judaisten könnten hier für die Maske oder das falsche Selbst stehen, das wir anderen präsentieren, besonders denen, die wir lieben. Dieses falsche Gesicht verbirgt oder verzerrt die Wahrheit über uns; wenn wir mit diesem unechten Ich säen, ernten wir Verderben für unsere persönlichen Beziehungen. Wenn wir jedoch unser wahres Ich säen, das innere Wesen oder das Kind im Innern, dann ernten wir bei anderen Liebe, Fürsorge und Nähe. Verlieren Sie nicht die Motivation, Ihr wahres Ich zu zeigen, denn wenn Sie damit durchhalten, ernten Sie die Belohnung.

Vielleicht kennen Sie das Lied *Cat's in the Cradle*, eine bittersüße Geschichte über zerstörte Familienbeziehungen. Es geht um einen Vater, der sich nie Zeit für sein Kind nimmt, der immer nur verspricht: *Eines Tages* ... Doch dieser Tag kommt niemals. Der Vater ist immer zu beschäftigt mit seinen eigenen Interessen, um auf sein Kind einzugehen. Doch irgendwann erntet der Vater, was er gesät hat. Das Lied schließt damit, daß der Vater alt wird und seinen Sohn um sich haben will. Sie haben es erraten: Sein Sohn würde sich ganz gern um seinen alten Papa kümmern, hat aber keine Zeit dazu – „vielleicht bald mal, Papa, vielleicht bald." Papa kennt den Spruch allzu gut; er hat ihn selbst geprägt.

Falls Sie glauben, daß die Vorstellung vom Kind im Innern nur für die Menschen des 20. Jahrhunderts gilt, gehen Sie mit mir eine anrührende Geschichte durch, in der Jesus die Maske der Unabhängigkeit aufdeckte und zum Kind im Innern sprach. Es ging um eine Frau, die für die Juden eine Außenseiterin war. Der Vorfall ist in Johannes 4 zu finden. Jesus war auf seiner Reise nach Galiläa müde geworden. Er kam zum Jakobsbrunnen in Samaria und machte dort eine Pause, während die Jünger etwas zu essen besorgten. In der Hitze war man vom Reisen müde geworden, und es tat gut, sich hinzusetzen, auszuruhen und sich mit einem Becher kalten Wassers zu erfrischen. Es gab bloß ein Problem – der Brunnen war dreißig Meter tief, und Jesus hatte nichts dabei, um das Wasser hochzuholen. Doch da geschah es – durch Gottes Vorsorge –, daß eine Samariterin sich zum Wasserholen zum Brunnen begab.

Jüdische Rabbis grüßten in der Öffentlichkeit keine Frau, geschweige denn eine Samariterin mit anrüchigem Lebensstil. Versetzen Sie sich angesichts der Maske der Unabhängigkeit in die Frau. Sie war oft verheiratet gewesen und konnte wahrscheinlich keine wirkliche Nähe zu einem Mann gewinnen. Auch in den Augen anderer Frauen war sie eine Ausgestoßene. Sie hatte diese Maske der Unabhängigkeit zweifellos deshalb aufgesetzt, um das verletzliche Kind im Innern vor weiteren Wunden zu schützen. Als Jesus sie um Wasser bittet, hört man förmlich die Abwehrhaltung in der Antwort: „Wie bittest du, der du ein Jude bist, von mir zu trinken, die ich eine samaritische Frau bin?"

Bestimmt sagte sie sich: „Ich habe mich hier um mich selbst zu kümmern. Die Menschen wollen nichts mit mir zu tun haben und ich nichts mit ihnen. Außerdem will er mich wahrscheinlich nur benutzen wie die anderen Männer, die ich kennengelernt habe."

Doch Jesus sah sie nicht als *Samariterin*. Er sah einen Menschen mit traurigem und verletztem Kind im Innern, der sich nach echter Nähe und dauerhafter Liebe, Wärme und Fürsorge sehnte. Er sprach zu ihr vom lebendigen Wasser, das nie ausgeht. Jesus wußte, daß das Kind im Innern dieser Frau die Liebe ihres Schöpfers erfahren mußte, die einzige Liebe, die dauerhafte geistliche Nahrung verspricht.

Wie drückte er nun diese Liebe aus? Indem er es wagte, mit ihr zu reden und die jüdischen Sitten außer acht zu lassen, indem er ihr zu verstehen gab, daß er ihre schmutzige Vergangenheit kannte, ohne sie zu verurteilen, und indem er es nicht zuließ, daß sie in eine nutzlose Diskussion über religiöse Unterschiede auswich, um der Wahrheit über Jesus und ihrem Bedürfnis nach geistlicher Wiedergeburt aus dem Wege zu gehen.

Jesus berührte das Kind im Innern dieser Frau, veränderte ihr Leben und führte danach die Menschen einer ganzen Stadt zu Gott. Nicht anders, als er die Frau am Brunnen direkt ansprach – dort am verborgenen Ort, wo sie eigentlich innerlich lebte –, so möchte er auch Ihrem bedürftigen Kind im Innern in Sanftmut helfen.

Die Maske der Anpassung

Die Maske der Anpassung sagt: „Ich will alles für dich sein, was du von mir verlangst." Wer so immer den Menschen gefallen will, meidet den leisesten Wellenschlag, weil er Konflikte haßt; er ist ruhig, zustimmend und will um fast jeden

Preis akzeptiert werden; er läßt seine eigenen Hoffnungen und Träume fahren, um anderen als Fußabtreter zu dienen. Indem er anderen immer nachgibt, hofft er, sich wohl zu fühlen. Statt dessen schwindet die eigene Individualität dahin.

Wenn das Kind im Innern von den inneren kritischen Eltern geängstigt und eingeschüchtert wird, ist das Ergebnis Anpassung. Wenn man Maßstäben nicht gerecht wird, die Vollkommenheit verlangen, können die inneren Eltern mit Liebesentzug, Demütigung, Herabsetzung oder anderen Formen von Abwertung drohen, damit man nicht aus der Reihe tanzt.

Beth trug die Maske der Anpassung. Steif und korrekt saß sie auf der Couch in meinem Büro. Das Makeup war makellos, jedes Haar lag am Platz und die Hände formell auf dem Schoß. Sie erinnerte mich an eine Schaufensterpuppe – eine Beobachtung, die ich ihr natürlich vorenthielt. Ich spürte, daß korrekte Haltung und künstliches Lächeln verdeckten, was an Angst und Depression versteckt war.

„Was führt Sie in meine Sprechstunde?" fragte ich.

Sie seufzte und schüttelte den Kopf. „Ich bin einfach so energielos. Schon das Aufstehen fällt mir schwer, und beim Gedanken an die Arbeit würde ich am liebsten die Decke über die Ohren ziehen und nicht mehr aufwachen."

Das klang nach versteckten Selbstmordabsichten, und ich fragte Beth, ob sie schon einmal daran gedacht hatte, sich das Leben zu nehmen.

„Ja", gab sie zu, „besonders in letzter Zeit. Ich fühle mich zu Hause und auf der Arbeit wie in der Falle. Manchmal bin ich so verzweifelt, daß ich glaube, der einzige Ausweg wäre Selbstmord. Aber das kann ich nicht. Ich würde meinen Angehörigen weh tun und ... ich würde Gott enttäuschen. Am liebsten würde ich zu Bett gehen und nicht mehr aufwachen."

In den folgenden Sitzungen lernte ich Beth und ihren Hintergrund kennen. Ich entdeckte sehr kritische innere Eltern, die Beths Kind im Innern völlig eingeschüchtert hatten. Als Verteidigungsmaßnahme zog sie die Maske der Anpassung über und hoffte, daß sie sich wohler fühlen würde, wenn sie täte, was jeder von ihr verlangte. Sie wollte es wirklich allen recht machen und um jeden Preis den Frieden bewahren und fühlte sich unglaublich unwohl, wenn man auch nur die geringste Enttäuschung über sie zeigte.

„Meine Mutter brauchte mir nur einen tadelnden Blick zuzuwerfen, und mir wurde ganz elend", vertraute Beth mir an. „Bei meinem Bruder aber war das anders. Ihn ließ Mamas Schimpfen einfach kalt. Dem mußte man schon mit dem Gürtel kommen."

Offensichtlich war Beth zu Hause ein vorbildliches Kind gewesen und als Schülerin das, worum jeder Lehrer betet. Ihre Eltern dachten, aus ihr könnte eine gute Krankenschwester werden; weil sie ihnen keine Enttäuschung bereiten wollte, ließ sie sich dazu ausbilden und landete in einem großen städtischen Krankenhaus.

„Hat die Arbeit Ihnen Freude gemacht?" fragte ich.

„Nein", sagte sie rasch. „Ich wußte schon in der Schule, daß ich nicht dafür geschaffen bin, aber ich wollte meinen Eltern einfach keinen Kummer machen."

„Sagen Sie, Beth, hatten Sie als junges Mädchen keinen Traum, was sie werden wollten?"

Sie strahlte auf. „O ja! Ich wollte immer Ballettänzerin werden. Ich liebe Ballett und Ausdruckstanz. Nur dabei verspüre ich die Freiheit, ich selbst zu sein." Schon während dieser Worte merkte ich, wie das Kind im Innern erwachte und sich begeisterte. Aber nur diesen Augenblick lang erlaubte sie sich das Hochgefühl, bis die inneren Eltern auftraten und das „dumme Gerede" verstummen ließen.

Ich ging auf diesen abrupten Stimmungswandel von Begeisterung zu Traurigkeit ein. „Ich habe den Eindruck, Sie haben irgendwann gehört, Ballett sei albern und eine Zeitverschwendung."

Die Antwort überraschte mich nicht. „Meine Eltern meinten, Ballett sei zu frivol oder eine bloße Freizeitbeschäftigung, jedenfalls nichts, wovon man leben könne."

„Und wie fühlten Sie sich bei dieser Einstellung?"

„Vermutlich ärgerte ich mich darüber. Ich liebe Ballett.

Dabei fühle ich mich so lebendig. Aber ich glaubte, ich müsse wegen meiner Eltern Krankenschwester werden."

Kein Wunder, daß Beth im Konflikt lebte. Als sehr kreative Frau, die von Natur aus Körperbeherrschung, Rhythmusgefühl und Musikalität besaß, fand sie, daß beim Ballett ihr Naturtalent zur Geltung kam. Doch das Kind im Innern war so unterdrückt, daß sie unfähig war, diese gottgegebenen Talente zum Ausdruck zu bringen. Mit der Überzeugung, ihre wahren Gefühle und Wünsche seien nicht akzeptabel, legte Beth die Maske der Anpassung an, so daß Mama und Papa sie nicht ablehnten.

Wir alle brauchen emotionale Zuwendung, genau wie Beth. Wir erlangen sie entweder dadurch, daß wir uns geben, wie wir sind, und feststellen, daß andere freundlich auf uns reagieren – oder dadurch, daß wir nicht wir selbst sind, durch Anpassung, um die notwendigen Streicheleinheiten zu bekommen.

Beths Maske der Anpassung wirkte sich stark auf ihr Gottesbild aus. Ihrer Meinung nach trug er dieselben Züge wie ihre kritischen inneren Eltern; das heißt, er war streng, richtend, einschüchternd und verlangte Vollkommenheit – Eigenschaften, denen Beth mit äußerlicher Anpassung an seinen Willen entgegenkam, doch nicht mit echtem Gehorsam, der aus dem Herzen kommt. Das trat während einer Therapiesitzung zutage, als sie mir sagte: „Ich hatte immer einen Schrecken vor Gott. Ich weiß noch, wie ich als Kind in der Kirche saß und Angst hatte, nicht in den Himmel zu kommen. Ich kämpfte gegen den Drang an, zum Altar zu gehen, wenn der Pastor dazu einlud, nach vorn zu kommen und den Herrn anzunehmen. Das tat ich immer wieder, aber ich war nicht davon überzeugt, daß ich angenommen war. Meine Eltern, die Sonntagsschullehrer und selbst der Jugendpastor versicherten mir, daß ich wirklich Gottes Kind sei, wenn ich Jesus glaubte und vertraute, und daß ich in den Himmel kommen würde. Aber warum hatte ich solche Angst vor Gott, wenn das stimmte?"

Beth ließ ein echtes Lächeln aufblitzen. „Erst als ich in der

Therapie war, erkannte ich, daß der Gott, den ich zu kennen glaubte, eigentlich mein eigenes inneres, kritisches Elternbild war. Ich konnte diese inneren Eltern nie zufriedenstellen, wie sehr ich mich auch anzupassen versuchte, und genauso fühlte ich mich unfähig, Gott zu gefallen. Ich erkenne erst jetzt allmählich, daß der Gott der Bibel mich liebt und so annimmt, wie ich bin. Wenn es mir gelingt, diese Wahrheit in mich aufzunehmen, spüre ich tiefe Dankbarkeit und bin begeistert über mein Leben in Gemeinschaft mit Gott."

Nach und nach lernte Beth den Unterschied zwischen Anpassung und echtem Gehorsam Gott gegenüber kennen. Der Gehorsam brachte sie zu einem beständigeren Wandel mit Gott, der dem Herzen entsprang, oder, genauer gesagt, dem Kind im Innern, das sich um seiner selbst willen geliebt und geschätzt fühlte. Ungehorsam bewirkte, daß sie den Verlust dieses Gefühls von Liebe und Wertschätzung erfuhr, weil eine Schranke, die Sünde, ihre Gemeinschaft mit dem liebevollen himmlischen Vater blockierte. Wegen ihrer Liebe zu Gott, die wiederum ihrem Kind im Innern entsprang, sehnte sie sich danach, diese enge Gemeinschaft mit ihm wiederzuerlangen. Also bekannte sie ihre Sünden und bat um Vergebung. Als sie die reinigende Kraft seiner Vergebung erfuhr, merkte sie, daß die Gemeinschaft mit Gott stärker, zufriedenstellender und enger wurde.

Andererseits sah Beth ein, daß ihre Anpassung sich aus der Furcht vor Ablehnung, Mißbilligung und Demütigung des Kindes im Innern ergab. Dadurch sah sie Gott als strengen und kritischen Vater, gegen den ihr Groll allmählich wuchs, und deshalb verfiel sie in ein Syndrom, das auf die Reue gleich die Wiederholung der Sünde folgen ließ. Ständig beging sie Taten, von denen sie annahm, daß sie Gott nicht gefielen; sie fühlte sich schuldig und tat Buße, aber fast sofort darauf wiederholte sie ihr schlechtes Tun.

Ein solcher Kreislauf kann jahrelang andauern. Was geschieht hier eigentlich? Im Grunde tun wir nicht wirklich Buße für unser Verhalten, wenn wir aus Anpassung heraus handeln; das Herz ist nicht voller Kummer, weil wir dem geliebten Retter gegenüber ungehorsam waren. Unser verborgenes Motiv ist vielmehr Ärger über Gott, der uns zur Auflehnung aufstachelt. Und doch fürchten wir seine Vergeltung und tun also schnell Buße, bevor wir „vom Blitz getroffen" werden. Nur wenn die Liebe Gottes dem Kind im Innern helfen kann, werden Angst und Ärger weggenommen, wird der Kreislauf aus Buße und Wiederholung der Sünde aufgehalten.

Die Maske der Abhängigkeit

Ein Mensch, der eine Maske der Abhängigkeit trägt, gibt anscheinend das Versprechen: „Ich tue alles, was du von mir verlangst, solange du dich um mich kümmerst." Letzten Endes verzichtet er auf seine Rechte, Freiheiten – sogar auf seine Persönlichkeit, alles im Austausch für Sicherheit und Schutz. Er wird fast alles mitmachen, um die Anforderungen und Verantwortung der Erwachsenenwelt zu umgehen. Der Wunsch, daß man sich um ihn kümmert, darf ihn getrost die eigene Entwicklung als Person kosten.

Eine meiner Patientinnen mit der Maske der Abhängigkeit war Cindy, eine zierliche Blondine, deren konservative Kleidung irgendwie dem kurzen, glatten Haar und den hellblauen Augen entsprach. Ihr Mann, Bill, wollte eine Ehetherapie, weil Cindy kaum noch sprach und wenig sexuelles Interesse zeigte. Während der ersten Sitzung saß Cindy still neben ihrem Mann und überließ ihm ganz das Wort. Wenn ich versuchte, eine Frage an Cindy zu richten, schaute sie zu Bill, als suche sie seine Zustimmung, und fing dann versuchsweise an zu reden. Doch unweigerlich unterbrach Bill sie und führte den Gedanken zu Ende.

Als unsere Sitzung sich dem Ende näherte, gab ich Bill zu verstehen, daß er doch wohl recht häufig für seine Frau spreche. Er verteidigte sich rasch damit, daß er behauptete, Cindy habe sowieso nie besonders viel zu sagen, und wenn er nicht spreche, würde niemand etwas sagen.

Ich hatte aber meine eigene Meinung über Cindys Zurückhaltung. Meiner Erfahrung nach braucht man nur echtes Interesse an Menschen zu zeigen und daran, was sie zu sagen haben, damit sie reden. Ich lud also Cindy ein, zur nächsten Sitzung allein zu erscheinen. Sie war einverstanden. Was für ein Kontrast! Zuerst allerdings kam sie zögernd ins Büro und blieb mitten im Raum stehen, bis ich ihr einen Platz anbot. Sie wirkte nervös und blickte wie ein verirrtes Schoßhündchen, als wisse sie nicht, was sie ohne ihr Herrchen, ihren Mann, anfangen solle.

Ich fing mit den Worten an: „Cindy, in der ersten Sitzung habe ich viel über Ihren Mann erfahren, aber jetzt bin ich wirklich neugierig auf Sie. Aus Ihrem Mienenspiel habe ich geschlossen, daß Sie Gefühle haben, die Sie noch nie in Worte gekleidet haben."

Mehr Ermunterung brauchte Cindy nicht. Die nächste Dreiviertelstunde sprach sie über sich und ihre Beziehung zu Bill. Sie kam aus einem unglücklichen Elternhaus, in dem der Vater die Familie dominierte und terrorisierte. Die Mutter war zu schwach, um sich gegen ihn zu behaupten; also gab es niemanden, der seinen beherrschenden Einfluß ausglich. Mit achtzehn traf Cindy Bill auf einem Schulball und fühlte sich sofort von ihm angezogen. Im Laufe des nächsten Jahres lief sie von zu Hause fort und heiratete ihn. Erst dachte sie, Bill sei das ganze Gegenteil ihres Vaters, doch allmählich erkannte sie, daß sich die beiden Männer sehr ähnelten. Sie merkte, daß sie von Bill ebenso abhängig wurde wie zuvor von ihrem Vater.

Bill war stark, wußte immer, was zu tun war, und kannte sich bei fast jedem Thema gut aus. Cindy war damit zufrieden, daß er sich um sie kümmerte, solange sie das abhängige kleine Mädchen war, daß er ihr sagte, was sie denken und tun solle, ihr die Kleidung aussuchte und ganz allgemein ihre Lebensführung übernahm. Sie konnte eine Art Liebe und Sicherheit dafür genießen, daß sie eine Nichtperson blieb. Doch Cindys Kind im Innern war so unterdrückt und überwältigt, daß ihr keine Vitalität oder Freude an ihrer Existenz mehr blieb. Auch am Tag unseres Gespräches spürte ich, wie das Kind im Innern hinauswollte, aber aus Angst in der Falle verharrte.

Die Ehetherapie erwies sich für Cindy und Bill als sehr schwierig. Während der frühen Behandlungsphase schuf die Beratung nur stärkere Konflikte. Eigentlich ist das ein normaler Vorgang, denn wenn der eine anfängt, sich zu ändern, wird auch Druck auf den anderen ausgeübt, sich zu ändern. Veränderungen erzeugen Angst und Ungewißheit. Während Cindy sich öffnete und ihre Gedanken und Gefühle preisgab und ihre eigenen Talente und Fähigkeiten erkannte, wurde Bills Sicherheitsgefühl erschüttert. Je mehr sie zuließ, daß sich das Kind im Innern ausdrückte, desto mehr erkannte er, daß seine Kontrolle über sie schwand.

Bill stand vor der Entscheidung, entweder Cindy sich ausdrücken zu lassen und die Beziehung auf einer reiferen Grundlage neu aufzubauen oder sie einzuschüchtern und sie in die Rolle der unterwürfigen Frau zu zwingen, die er geheiratet hatte. Zunächst tat Bill, was jeder von uns tun könnte – er versuchte, die alte Art der Beziehung zu erhalten. Doch mit viel Hilfe und Verständnis verzichtete er auf sein Bedürfnis, Cindy zu beherrschen, und stellte fest, daß ihre Beziehung sich in dem Maß festigte, wie sie als Persönlichkeit wuchs und weniger abhängig wurde. Zuweilen schritt er ein und versuchte zu dominieren, doch im Verlauf der Monate fühlte er sich wohler dabei, lieber seine Gefühle mit Cindy zu besprechen, als seine Angst und Unsicherheit hinter der Dominanz zu verstecken.

Auch für Cindy war der Übergang schwer. Sie mußte erwachsen werden und von ihrer Überabhängigkeit lassen. Sie konnte diesen Wesenszug nicht mehr verwenden, um die Ängste davor zu meiden, ein fehlbarer Mensch in einer komplexen Welt zu sein, in der es Konflikte, Drucksituationen und tägliche Krisen gibt. Sie hatte einen hohen Preis für ihre Abhängigkeit von Bill gezahlt – die Freiheit, ihr Kind im Innern zu genießen, und die Lebenskraft, ein unabhängiger Mensch mit eigenen Rechten zu sein.

Mit einer Mischung aus Tränen, Ärger, Frustration und Engagement für ihre Ehe fingen Cindy und Bill an, eine Beziehung aufzubauen, die beiden Partnern zugestand, sie selbst zu sein. Sie schufen sich eine Atmosphäre, in der das Kind in beiden die Freiheit hatte, sich offen und direkt auszudrükken. Cindy redete häufiger mit Bill, weil er ihre Gedanken, Gefühle und Ideen mehr respektierte. Ihr sexuelles Interesse nahm zu, weil sie das Gefühl bekam, daß Bill sie um ihrer selbst willen schätzte; und deshalb spürte sie auch mehr Liebe für ihn.

Hat die Maske der Abhängigkeit auch Einfluß auf unser Verhältnis zu Gott? Die Antwort: ein klares Ja! In Cindys Fall war das Verhältnis zu Gott – dem zu Vater und Ehemann ganz ähnlich – von Gefühlen der Angst und Einschüchterung bestimmt. Sie wollte auf infantile Weise, daß Gott sich um sie kümmerte, damit sie sich nicht wie sonst ein Erwachsener in einer Welt zurechtfinden mußte, die ihr Entscheidungen, Konfliktlösungen, Verletzbarkeit und Risiken abverlangte. Vielleicht fragen Sie sich jetzt: „Hat Gott denn nicht versprochen, sich um uns zu kümmern?" Ja, gewiß. Vielleicht drückt es niemand besser aus als der Psalmist:

Auch wenn ich wandere im Tal des Todesschattens, fürchte ich kein Unheil, denn du bist bei mir; dein Stecken und dein Stab, sie trösten mich (Psalm 23,4).

Fällt Ihnen auf, daß es heißt „im Tal" und nicht über, unter dem Tal oder um das Tal herum? Der Trost, den Gott uns gibt, kommt in unseren Todesschatten hinein, ob es sich um Krankheit handelt, einen schweren Verlust, Gefühlsschwankungen, finanzielle Schwierigkeiten oder Beziehungsprobleme mit Ehepartner, Kindern, Freunden oder Verwandten. Die Maske der Abhängigkeit stellt den Versuch dar, unser verängstigtes Kind im Innern vor den normalen Gefahren des Lebens zu schützen, indem wir den Kopf in den Sand stecken und Gott bitten, uns alles Schlechte vom Leibe zu halten. Nur wenn wir aufrichtig vor unseren himmlischen

Vater kommen und ihm die Ängste, Sorgen, Enttäuschungen und Frustrationen des Kindes im Innern bringen, werden wir uns hinreichend genährt, gekräftigt und befähigt fühlen, in den Stürmen des Lebens zu wachsen.

Die Maske der Leistung

Wer die Maske der Leistung trägt, gibt durch sein Handeln zu verstehen: „Ich werde hart arbeiten. Dann wirst du mich mögen." Doch diese Arbeitssüchtigen gehen gewöhnlich so sehr darin auf, unmögliche Ziele erreichen zu wollen, daß sie sich zwangsläufig auf den Pfad der Selbstzerstörung begeben. Die Menschen, die sie lieben und am meisten beeindrucken wollen, lassen sie meist am Wegesrande liegen; sie werden vergessen und verlassen.

Tim war der Prototyp des Arbeitssüchtigen, sozusagen der Grundtyp A. Ob es um Geld, Ansehen, Einfluß oder Macht ging – er hatte alles. Doch die Zeit für den Termin unserer ersten Therapiesitzung einzuplanen war eine schiere Herausforderung. Während dieser Sitzung kam er mir wie eine Zeitbombe vor, die kurz vor der Explosion in tausend Stücke stand. Er saß gespannt auf der Sesselkante, als ob er augenblicklich aufspringen wollte. Seine Gesichtsmuskeln waren gestrafft, und er sprach abgehackt, blieb oft im halben Satz stecken, als kämen zahlreiche Gedanken gleichzeitig. Oft irrte sein Blick zur Uhr ab.

Nach ein paar Sitzungen war es offensichtlich, daß Tim ein Typ war, der aus einer Freizeitbeschäftigung eine Erfahrung machen konnte, die ihn ganz beanspruchte und unter Druck setzte. Als er von seiner jüngsten Entdeckung redete, dem Squashspiel, beklagte er sich: „Ich kann niemand auftreiben, der mit mir spielen will. Meine Freunde finden, ich spiele zu intensiv, und sie mögen es nicht, wenn ich nach einem verpaßten Ball oder verlorenen Spiel sauer bin."

Tims Intensität lag bei allem, was er tat, auf der Hand. Seine Familie bekam es genauso wie Freunde und Geschäftspartner zu spüren. Sie wollten ihm nicht zu nahe kommen, weil sie fürchteten, von ihm gedemütigt zu werden, wenn er in seiner Ungeduld seine scharfe Zunge nicht zügeln konnte.

Tims geistliches Leben wurde von seiner Sucht nach Leistung beeinträchtigt. Er hatte Schwierigkeiten, Gott zu vertrauen. Es kam ihm viel leichter vor, nach eigenen Spielregeln den „geistlichen Ball" zu führen. Tim bekannte sich als gläubiger Christ und konnte dem Verstand nach wirklich glauben. Doch sein Kind im Innern, das von Angst und Ärger eingeschlossen und von der Maske der Leistung unterdrückt wurde, ließ nicht zu, daß er die Liebe Gottes in seinen Gefühlen erfuhr. Er konnte nicht glauben, daß Gott oder sonst jemand diese verschreckte, unzulängliche Person tief drinnen lieben konnte. Bei seinem Erfolgsdrang also begrub er das Kind im Innern in einem Turm von Leistungen; dabei geriet er immer tiefer in die Schlucht der Selbstzerstörung.

Schauen wir uns Tims Symptome einmal näher an. Sein leistungsorientiertes Verhalten wies alle klassischen Merkmale eines Arbeitssüchtigen auf.

▷ Erstens fiel das Bedürfnis auf, mehr als andere zu schaffen. Ich stellte fest, daß Tims Leistungsbedürfnis sich aus einem schwachen Selbstbewußtsein herleitete, das er durch Überkompensation zu verdecken versuchte. Er sagte gleichsam: „Wer könnte mir Unzulänglichkeiten nachsagen? Schaut doch, wieviel ich geleistet habe!" Problematisch daran war, daß Tims hohe Leistungsmaßstäbe von den kritischen inneren Eltern vorgegeben waren, die ihm beständig seine Unzulänglichkeit vorwarfen. Tim versuchte durch das Vorgeben unerreichbarer Ziele andauernd zu beweisen, daß seine inneren Eltern unrecht hätten. Weil er aber niemals alles schaffen konnte, entkam er auch niemals dem nagenden Gefühl der Unzulänglichkeit.

▷ Ein zweiter Hinweis war Tims Tendenz, in seinen Beziehungen zu anderen stark zu dominieren, sowohl bei seiner Familie als auch bei Geschäftspartnern. Das ließ sich an allem ablesen, was er anfing; vom Tischtennisspielen bis hin

zum Geschäftsabschluß verhielt er sich rücksichtslos. Er ließ sich von niemandem unterkriegen, weil in diesem Fall sein Kind im Innern nagende Gefühle der Unzulänglichkeit hätte ertragen müssen.
▷ Ein dritter Hinweis war Tims unterschwelliger Ärger selbst bei trivialen Vorfällen. Seine Sicherung brannte schon durch, wenn er an der Ampel warten mußte, zu langsam bedient oder beim Handballspiel besiegt wurde. Tims verdeckte Feindseligkeit drückte sich in seinem Vokabular aus, denn er hielt sich an Ausdrücke, die andere abwerteten, wie: „Das ist doch dumm ... lächerlich. Er ist idiotisch ... ein Blödmann."
▷ Ein viertes Symptom für Tims Arbeitssucht war sein Bedürfnis, alles eilig zu erledigen. Um tagtäglich möglichst viel schaffen zu können, schrieb er schneller, redete, las, aß und fuhr er schneller. Neben seinem Drang zur Eile versuchte er zusätzlich, zwei oder drei Dinge gleichzeitig zu erledigen. Morgens rasierte er sich und las dabei einen Artikel im Wirtschaftsmagazin; er telefonierte und machte sich dabei Notizen zum nächsten gemeinsamen Geschäftsabschluß. Auf der Fahrt zur Arbeit traf er über das Autotelefon Verabredungen und hörte vergeblich Kassetten mit Ratschlägen, wie man entspannt. Für Leute wie Tim wurden Fast-Food-Restaurants geschaffen: In einen Kasten hinein sprechen, sich einen Hamburger greifen, ihn unterwegs hinunterschlingen und sich nach einem gewaltigen Rülpser sicher zu sein, keine Sekunde verloren zu haben.
▷ Das letzte von Tims klassischen Symptomen war der ständige Trieb, sich selbst zu zerstören. Die Qualität seiner Arbeit litt, weil er mit seiner Hektik selbst nicht zurechtkam. Er erkältete sich schnell und hatte wochenlang damit zu tun; er merkte, wie seine Energie nachließ, was ihn zu noch härterer Arbeit antrieb, und damit machte er alles um so schlimmer. Als es um seinen Termin bei mir ging, war er deprimiert und klagte über Brustschmerzen. Seine Karriere war gefährdet. Gefühlsmäßig und körperlich stand Tim kurz vor dem Zusammenbruch.

Ich drängte Tim, wegen der Brustschmerzen seinen Hausarzt aufzusuchen. Er wehrte ab, weil er angeblich keine Zeit habe, im Wartezimmer zu sitzen, doch schließlich ging er trotzdem. Er war nicht gerade erfreut zu hören, daß seine Schmerzen mit dem Streß zu tun hatten. Er stand vor der Wahl, seinen Lebensstil nachhaltig zu ändern oder die Konsequenzen zu ziehen, körperlich und gefühlsmäßig.

Die Therapie bot Tim zum ersten Mal die echte Chance, einem anderen das Kind im Innern zu zeigen. Zuvor war er immer so beschäftigt gewesen, sich unerreichbare Ziele zu setzen, daß seine Bekannten keine Ahnung von seinen inneren Bedürfnissen und Verletzlichkeiten hatten. Langsam fing Tim an, mir zu vertrauen und mir zu offenbaren, was in ihm steckte. Zeitweise machte er echte Fortschritte. Leider wurde er befördert, was ihm eine rege Reisetätigkeit auferlegte. Deshalb brach er die Therapie ab. Tim wird nur allzuleicht in seinen destruktiven Lebensstil zurückfallen, wenn er sein Leben nicht ernsthaft so ändert, daß sein Kind im Innern an die richtige Stelle rückt. Als ich Tim zum letzten Mal traf, hetzte er sich immer noch ab.

Die vier Masken, mit denen wir uns befaßt haben, sind nur ein paar von vielen, mit denen man verdecken kann, wer man innerlich wirklich ist. Denken Sie über sich und die Menschen nach, die Sie lieben. Fallen Ihnen noch andere Masken ein, hinter denen Sie sich verstecken? Bedenken sie dabei, daß als Maske jedes Verhalten gelten kann, das Ihre wirklichen Gefühle, Naturtalente und Ihre einzigartige Individualität verbirgt. Hinter allen Masken steckt ein verletztes, verärgertes und bedürftiges Kind im Innern. Es ist tragisch, daß man glaubt, die Maske könne das Ich schützen, während man in Wirklichkeit davon abgehalten wird, echte Nähe zu anderen und Gott zu erfahren.

Zum Nachdenken

1. Nehmen Sie sich ein Blatt Papier und schreiben Sie darauf folgende Satzanfänge, die Sie danach mit den *allerersten* Gedanken fortsetzen, die Ihnen in den Sinn kommen.
   ▷ Ich trage am häufigsten die Maske ...
   ▷ Wenn jemand, den ich mag, fragt: „Wie geht es dir?", antworte ich ...
   ▷ Wenn ich Angst habe, dann ...
   ▷ Wenn ich verlegen bin, dann ...
   ▷ Wenn ich mich verletzt fühle, dann ...
   ▷ Wenn ich mich ärgere, dann ...
   ▷ Ich fühle mich von anderen akzeptiert, wenn ich ...
   ▷ Man wird von anderen gemocht, wenn man ...
   ▷ Um geliebt zu werden, würde ich normalerweise ...
   ▷ Gott ist mit mir zufrieden, wenn ich ...

2. Gehen Sie noch einmal Ihre Ergänzungen durch. Welche Einsichten gewinnen Sie über die Masken, die Sie tragen?

3. Lesen Sie Kapitel 16 im Johannesevangelium sorgfältig durch und antworten Sie dann auf folgende Fragen:
   ▷ Haben Sie entdeckt, ob die Jünger Masken trugen, um die Gefühle des Kindes im Innern zu verbergen? Welche Masken waren das?
   ▷ Warum machten Jesu Worte die Jünger so traurig?
   ▷ In welcher Hinsicht trugen sie eine Maske der Abhängigkeit?
   ▷ Welche Gefühle wurden von der Abhängigkeit verdeckt?
   ▷ Können Sie sich mit der Trauer der Jünger identifizieren? Wenn ja, welche persönlichen Erfahrungen ruft diese Begebenheit in Ihnen hervor?

Nicht allein, aber einsam

Haben Sie sich schon einmal in einem Raum voller Menschen unendlich einsam gefühlt? Waren Sie schon einmal nervös, wenn Sie mit jemandem am Tisch saßen, den sie mochten, weil Sie Angst hatten, daß Ihnen der Gesprächsstoff ausgehen könnte? Sind Sie schon einmal allein die Einkaufsstraße oder den Strand entlanggegangen und haben andere beobachtet, wie sie nur miteinander beschäftigt waren, und dabei eine tiefe Leere und das Verlangen verspürt, einem anderen Menschen nahe zu sein?

Der Sozialpsychologe Philip Zimbardo berichtet von einem gutaussehenden, erfolgreichen jungen Fernsehdirektor, der um Hilfe bat, weil er nicht in der Lage war, über die fünfte Verabredung hinaus mit einer Frau eine Beziehung aufrechtzuerhalten. Die ersten fünf Treffen war er erfrischend unterhaltsam, weil er das Gespräch eingeübt hatte, um der Dame zu imponieren. Doch als sein Drehbuch nichts mehr hergab und er sich selbst zeigen mußte, versagte er.

Leider ist er nicht der einzige. Viele Menschen haben nie gelernt, einander nahezukommen, eine enge Beziehung zu anderen aufzubauen, ihnen Einblicke in Vergangenheit, Ängste, Frustrationen und Zukunftspläne zu gewähren – kurz gesagt, das private Ich hinter der gesellschaftlichen Maske zu enthüllen. Solche Enthüllungen setzen Vertrauen voraus, das wiederum durch das Einander-Mitteilen genährt wird; dieses Vertrauen verleiht engen Beziehungen Substanz und Bedeutung.[4]

Viele Autoren haben gemeint, daß Einsamkeit zum emotionalen Hauptproblem der Achtziger geworden ist. Auf Grund meiner Erfahrungen als Psychologe und Lehrer bin ich geneigt, dem zuzustimmen. Anscheinend erfahren die Menschen von heute eine engere Verbindung mit ihren Computern, Fernsehgeräten, elektronischen Spielen, Hobbys und Lieblingsbeschäftigungen als mit den Menschen in ihrem Leben.

Die Kirche ist nicht immun gegen dieses Problem. In bibelgläubigen Kirchen gibt es viele einsame Menschen; sie bekommen hervorragende Lehrinhalte zu Gehör, fühlen sich aber inmitten der Gemeinde isoliert und allein. Der Apostel Paulus erklärte in seinem Brief an die Korinther über geistliche Gaben und die Kirche:

... damit keine Spaltung im Leib sei, sondern die Glieder dieselbe Sorge füreinander hätten. Und wenn ein Glied leidet, so leiden alle Glieder mit; oder wenn ein Glied verherrlicht wird, so freuen sich alle Glieder mit (1. Korinther 12,25-26).

Wüßte irgend jemand in Ihrer Kirche Bescheid, wenn Sie leiden würden? Würden Sie sich sicher genug fühlen, Ihre Bedürfnisse, Verletzungen und Anliegen mitzuteilen? Normalerweise gehen wir nicht weiter, als mitzuteilen, daß es da ein „unausgesprochenes Gebetsanliegen" gibt. Ganz im Ernst, könnte ein unausgesprochenes Gebetsanliegen Sie sehr beeindrucken? Man weiß ja nicht, wie man für solche vagen Allgemeinheiten beten kann, noch fühlt man sich mit den Betreffenden persönlich verbunden, weil sie eigentlich Fremde bleiben. Könnten solche „unausgesprochenen Anliegen" nicht ein Symptom für die mangelnde Nähe unter bibelgläubigen Christen sein? Wenn Gott jemals schlummern sollte – was er nicht tut –, dann während der Gebetsstunden. Ich glaube, der Mangel an Nähe in den sozialen und persönlichen Bereichen des Lebens erfaßt mittlerweile auch unsere Gemeinschaft mit anderen Christen. Traurig, aber wahr!

Seit ich erwachsen bin, habe ich in der Sonntagsschule unterrichtet, und es ist mir immer sehr wichtig gewesen, in den Klassen eine Atmosphäre zu schaffen, in der man genug Sicherheit verspürte, sich persönlich mitzuteilen. Erst dann können wir am Leben anderer teilhaben und damit Jesu Gebot erfüllen, einander zu lieben, indem wir des anderen Last tragen. Wie jedenfalls kann ich Ihre Last tragen, wenn ich nicht weiß, worin sie besteht, und Sie sich zu unsicher fühlen, sie mir anzuvertrauen?

Ich erinnere mich an eine Klasse von vierzig- bis sechzigjährigen Ehepaaren. Als ich damit anfing, waren die Gebetszeiten kurz und sehr unpersönlich. Der Vorsitzende stand vorher auf und ließ Gebetsanliegen vorschlagen. Irgend jemand schlug vor, an die Regierung zu denken, das Abwasserproblem, Tante Mathildas Hämorrhoiden und eine Flut anderer unpersönlicher Themen. Ich will nicht behaupten, daß Tante Mathildas Problem ihr keinen Kummer machte, doch ich kannte die liebe Mathilda nicht; sie gehörte nicht zu meiner Klasse; ich konnte mich nicht in ihr Leben einmischen. Aber zu den Menschen dort im Klassenzimmer wollte ich eine Beziehung bekommen.

Ich weiß noch, wie ich mir überlegte, wie viele in dieser Klasse an einem emotionalen Leid trugen. Manche darunter hatten Eheprobleme; manche waren einsam und verängstigt; andere machten sich schwere Sorgen um ihre erwachsenen Kinder, aber niemand sprach von seinem eigenen Leben und seinen Anliegen.

Damals hatte ich es selbst sehr nötig, daß man für mich betete. Ich war auf der Uni, arbeitete an meiner Promotion und gleichzeitig für meinen Lebensunterhalt; außerdem versuchte ich, Ehemann und Vater zu sein, dabei aber meine Privatpraxis aufrechtzuerhalten. Oft hatte ich das Gefühl, daß mir die Verantwortungsbereiche über den Kopf wuchsen.

Ich erkannte, daß die Teilnehmer dieser Klasse nicht gewohnt waren, über persönliche Anliegen zu reden. Sie waren darauf fixiert, daß persönliche Anliegen Privatsache seien. Ich fing an, diese Einstellung langsam und geduldig zu verändern, indem ich ihnen meine Probleme offenbarte. Ich habe gelernt, daß man durch sein Vorbild ein gewünschtes Verhalten herbeiführen kann, besonders bei Menschen, die nicht gewöhnt sind, über ihr Privatleben zu reden.

Oft fühlte ich mich quälend ausgeliefert, weil ich merkte, daß die Teilnehmer mit meinen Problemen nichts anfangen konnten. Doch ich stand zu meinem Vorhaben, eine Atmosphäre der Nähe zu schaffen, und hielt das Risiko aus, abgelehnt zu werden. Langsam und manchmal zögernd fingen die Menschen an, ihre Schwierigkeiten zu nennen. Sie öffneten die wunden Herzen und vertrauten einander Verletzungen, Hoffnungen und Enttäuschungen an. Im Lauf des Jahres hatte sich die Atmosphäre in der Klasse von kühler Unpersönlichkeit hin zu echter Wärme und Mitgefühl verändert. Es war Lohn genug mitzuerleben, wie Menschen ehrlich über ihre Sorgen redeten und sich nach dem Unterricht unterhielten, um zu erfahren, ob die Gebete erhört worden waren. Mir persönlich machten sie viel Mut und beteten so für mich, daß ich die Kraft hatte, mit meinen Tätigkeiten weiterzumachen. Es gab Sonntage, an denen der ganze Unterricht aus Gebetsanliegen und wirklichem Fürbittegebet bestand. Oftmals war ich von der Ernsthaftigkeit und Aufrichtigkeit der Teilnehmer zu Tränen gerührt, wenn sie füreinander beteten.

Bei der Klasse, die ich zur Zeit unterrichte, gehe ich genauso vor. Ich bin überzeugt, daß die Kirche uns allen Zuflucht bieten sollte, vielleicht aber besonders denen, die früh im Leben durch Mißbrauch oder Liebesentzug Schaden erlitten haben. Wenn wir allerdings im kirchlichen Bereich unsere Masken aufbehalten, bleiben wir auch dort einsam. Das hat Gott sich anders für uns vorgestellt. Für viele kann eine liebevolle und fürsorgliche Kirchengemeinde zum ersten Ort werden, wo sie genug Sicherheit verspüren, die Maske abzulegen und sich zur Nähe hin zu entwickeln. Einfach so passiert das aber nicht. Es gibt Prinzipien und Übungen, die Nähe und Beziehungen entstehen lassen. Betrachten wir einige Möglichkeiten, wie sich in Privatleben und Kirche Nähe entwickeln läßt.

Einander kennen heißt einander lieben

Beim Lesen dieser Überschrift könnte jemand sagen: „Sie spinnen! Wenn Sie wirklich wüßten, was in mir steckt, würden Sie mich wahrscheinlich in die Wüste schicken." Diese

Art Kommentar ist typisch für die kritischen inneren Eltern, die wir oft auf andere projizieren. Mit anderen Worten, wenn ich mich nicht selbst liebe (mein Kind im Innern), wird auch sonst keiner mich lieben. Sie werden sich erinnern, daß die Maske zum einen dem Kind im Innern Schutz bietet, zum andern aber als Mittel dient, sich von anderen Bestätigung zu holen. Die Bestätigung aber durch die Maske kann das Kind im Innern nicht nähren; vielmehr verstärkt sie nur die Haltbarkeit der Maske und läßt die Einsamkeit andauern. Das Kind im Innern wird nur dann genährt, wenn man es den andern direkt zeigt, wie es ist. Doch kommt man dabei nicht um das Risiko herum, sich preiszugeben.

Als Oberstufenschüler und Student gehörte Sport zu meinen Masken. Ich war bis zu einem gewissen Grad erfolgreich beim Wasser- und beim Basketball. Auf diese Anerkennung und Bestätigung war ich dringend angewiesen, konnte aber nie genug bekommen. Ich mußte immer besser als die anderen sein, um mir mein Wertgefühl zu erhalten. Gleichzeitig saß tief in mir ein Gefühl von Minderwertigkeit, das mich daran hinderte, mein volles Potential einzusetzen. Ich meinte immer, nicht gut genug zu sein. Dieser Kampf zwischen dem Kind im Innern und den inneren Eltern konnte mich manchmal richtig lähmen. Meine Identität bildete sich um mein gewünschtes Dasein als gefeierter Athlet statt um die Person herum, die ich innerlich eigentlich war.

Eine Maske, die ich später trug, war meine Identität als Psychologielehrer und dann als Psychologe. Meinen ersten Unterrichtseinsatz hatte ich in einem College. Da war ich also frisch von der Universität gekommen und unterrichtete von heute auf morgen jüngere und ältere Schüler, sogar Erwachsene. Was waren das für Ängste! In meiner Sorge, man könnte dahinterkommen, wie wenig ich wußte, machte ich mir eine Fülle von Notizen, um nicht ohne Lehrstoff dazustehen. Damit wollte ich ausschließen, daß man Zeit für Fragen hätte, auf die ich keine Antwort wußte. Innerlich fühlte ich mich immer mehr wie ein Hochstapler. Ich meinte, in diesem

Beruf nichts zu suchen zu haben, weil ich nicht geschickt genug war. Egal was ich unternahm, quälte mich dieses Gefühl der Unzulänglichkeit, aber ich durfte niemandem zeigen, wie ich mich fühlte.

Sie fragen sich vielleicht, wie ich bei dieser Einstellung vorankam. Gott gebrauchte meine natürlichen Talente und Intelligenz trotz des starken Unzulänglichkeitsgefühls. Aber statt mich an den Talenten zu freuen, die Gott mir verliehen hatte, und sie zu schätzen, setzte ich mich ständig herab und konzentrierte mich auf meine Unsicherheit. Erst durch meine eigene Therapie und die Liebe für mich wichtiger Menschen fing ich an zu glauben, daß das Kind in mir es wert war, von anderen gekannt und geliebt zu werden. Dieser Prozeß hätte nicht einsetzen können ohne meine Bereitschaft, das Kind im Innern zu zeigen und gegen die destruktiven Botschaften der kritischen inneren Eltern anzugehen. Damit wird die Wichtigkeit des Kennenlernens deutlich, denn ohne Kennenlernen kann es keine Nähe geben. Und zwar geht es um das Kennenlernen durch Selbstenthüllung.

Die Enthüllung des Kindes im Innern

Bei dieser Enthüllung teilt man Gedanken und Gefühle mit, die man im selben Augenblick innerlich verspürt. Dazu möchte ich zwei Beispiele geben.

In diesem Augenblick *denke* ich daran, wie sehr ich mit dem Schreiben dieses Buches im Rückstand bin. Ich habe in dieser Woche so viel zu tun, daß ich mir nicht vorstellen kann, alles zu schaffen. Es wird nicht einfach sein, mich an den Computer zu setzen und an diesem Kapitel zu arbeiten, besonders nicht nach meinem entspannten Wochenende. Ich würde lieber auf meinem Boot sein und den Sonnenuntergang genießen, die kühle Meeresbrise und die salzige Luft.

Nun zur zweiten Enthüllung. In diesem Augenblick *fühle* ich mich besorgt. Ich muß mit diesem Buch vorankommen, und alles scheint so langsam zu gehen. Es bedrückt mich, daß ich selbst manches von dem ablehne, worüber ich schreibe. Gerade jetzt bin ich für meine eigenen Gefühle nicht sehr offen. Ich frage mich, ob ich irgend etwas in mir meide, weil ich mich nicht damit befassen will. Außerdem bin ich jetzt auch traurig. Meine Frau und ich waren an diesem Wochenende einander so nahe und entspannt, aber morgen geht es wieder an die Arbeit – zehn Termine mit Patienten, manche sehr schwierig. Nicht genug Zeit für meine Bedürfnisse. Das Wochenende ist zu kurz ... keine Lust zur Arbeit ... ich brauche mehr emotionale Nahrung für mein bedürftiges Kind im Innern.

Welche Enthüllung gibt Ihnen den tieferen Einblick in meine Persönlichkeit, wenn Sie die beiden lesen und vergleichen? Welche gibt Ihnen den besseren Einblick in mein inneres Selbst, mein Kind im Innern? Bei welcher lernen Sie mich besser kennen? Die zweite, meinen Sie? Sie haben recht. Wo liegt der Unterschied? Wenn Sie genau hinschauen, sagt die erste Enthüllung nichts über meine inneren Gefühle. Ich habe eher gesagt, was ich denke. Die zweite Enthüllung legte vier Gefühle offen: Sorge, Bedrückung, Traurigkeit und Sehnsucht (nach dem entspannten Wochenende!); dazu kommt die Einsicht, wie bedürftig ich bin. Bei meiner Definition der Enthüllung des Selbst betone ich die Gefühle vor den Gedanken, weil die Gefühle den gegenwärtigen Zustand des Kindes im Innern angeben, und eben durch das Kind im Innern entwickeln wir Nähe zu anderen und sie zu uns.

Ein weiterer Aspekt der Selbstenthüllung ist die Rolle der eigenen Vergangenheit. Wußten Sie, daß man die gegenwärtigen Gefühle geschickt verbergen und Nähe vermeiden kann, wenn man sich auf Verletzungen und schmerzliche Erfahrungen der Vergangenheit konzentriert?

Was ich hier betonen möchte, ist die Gefahr, daß eine Vertiefung in die Vergangenheit – auch die jüngste Vergangenheit – die gegenwärtigen Gefühle verdunkeln kann. Mit diesem Problem habe ich bei meinen Patienten oft zu tun. Oft geben sie mir einen minutiösen Bericht der vergangenen

Woche oder versuchen dort weiterzuerzählen, wo wir bei der letzten Sitzung aufgehört haben. Wenn ich das zuließe, könnten sie die Praxis verlassen, ohne sich den Gefühlen des Augenblicks zu stellen. Wenn ich merke, daß so etwas passiert, sage ich meist folgendes: „Mary, im Moment gehen meine Gedanken spazieren. Das bedeutet gewöhnlich, daß ich Ihre Worte höre, aber merke, daß Ihre Gefühle ganz woanders sind." Meistens habe ich recht, und Mary kann jetzt über die unangenehmen Gefühle reden, die verborgen lagen.

Vielleicht fragen Sie sich, ob die Vergangenheit bei einer intensiven Selbstenthüllung überhaupt eine Rolle spielt. Ja, soweit sie zur Klärung dessen beiträgt, was Sie gegenwärtig fühlen. Dazu ein Beispiel: Stellen Sie sich vor, Sie knüpfen eine enge Beziehung zu jemandem an, und Sie beide finden, daß Sie einander sehr lieben. Eines Tages aber ruft die betreffende Person ohne Vorwarnung oder Erklärung nicht mehr an und meidet jeden Kontakt mit Ihnen. Sie fühlen sich sehr verletzt, wütend und verwirrt und fragen sich, ob Sie etwas Falsches gesagt oder die Beziehung falsch eingeschätzt haben. Dann endlich entschließen Sie sich, diese Person anzusprechen, und allmählich kommt die Wahrheit heraus: „Ja, ich liebe dich sehr, aber vor ein paar Jahren wurde ich in einer Beziehung sehr verletzt. Ich bin wegen einer anderen Person verlassen worden. Ich habe mir geschworen, mich nie wieder verletzen zu lassen. Aus Angst vor so einer Verletzung habe ich die Beziehung zu dir abgebrochen."

Bei einer so offenen Enthüllung können beide anfangen, sich um die innersten Bedürfnisse zu kümmern und die Beziehung auf viel festerer Grundlage aufzubauen. Dieses Beispiel zeigt, wie die Vergangenheit helfen kann, gegenwärtige Gefühle zu klären. Die Offenlegung aller verletzenden Erfahrungen der Vergangenheit jedoch ohne Bezug zu Ihren gegenwärtigen Gefühlen gehört nicht im engeren Sinne zur Enthüllung des Selbst.

Denken Sie einmal darüber nach, wie oft Menschen, die für Sie wichtig sind, Sie gefragt haben, wie es Ihnen geht, und Sie „Gut!" gesagt haben, als es Ihnen nicht gut ging. Bei allen engeren Freundschaften wechseln unsere Gefühle ständig. Doch allzu oft haben mir Eheleute gesagt, sie wüßten nie, was in ihrem Partner vorgeht. Besonders Ehefrauen geht es mit ihren Männern so. Wir Männer sind mit der Vorstellung aufgewachsen, daß Männer zäh sein sollten – ein starker, schweigsamer Typ – und daß es ein Zeichen von Schwäche ist, Gefühle zu zeigen.

Selten habe ich erlebt, daß mein Vater warme, zärtliche Gefühle zeigte. Ich habe ihn wütend und ungeduldig erlebt, aber selten weinend. Neulich gab mir meine Mutter einen Brief, den ich vor Jahren meinem Vater geschrieben und in dem ich ihm erzählt hatte, daß ich vierzig Jahre alt werden mußte, bevor ich ihn sagen hörte, daß er mich liebe oder brauche. Natürlich konnte ich aus seiner Fürsorge für mich und seinem Interesse für meine Tätigkeiten schließen, daß er mich liebte. Aber es dauerte vierzig Jahre, bis ich die Worte hörte: „Mein Sohn, ich liebe dich." Die längste Zeit meiner Kindheit hatte ich das Gefühl, für Vater sei ich eine wahre Enttäuschung. Ich hatte es so nötig, *die Worte zu hören,* daß er etwas für mich übrig hatte. Als ich älter wurde, sah ich ein, warum es Vater so schwer fiel, seine Gefühle zu zeigen, denn sein Vater war auch ein ernster, schweigsamer Mann gewesen, der seinem Sohn nie Einblick in die innersten Gefühle gab. Ich frage mich oft, wie unsere Beziehung ausgesehen hätte, wenn wir frei genug gewesen wären, einander unsere Gefühle einzugestehen.

Nicht nur die Beziehungen in Familien und unter Freunden werden beeinträchtigt, wenn es an Selbstenthüllung fehlt, sondern entscheidender noch, unsere Beziehung zu Gott. Wenn es uns schwer fällt, anderen zu sagen, was wir empfinden, haben wir in unseren Gebeten wahrscheinlich das gleiche Problem. Ich muß feststellen, daß ich beim Gebet dazu neige, für die „richtigen" Dinge zu beten. Aber mit Gott über meine Gefühlen zu reden, das ist schwierig. Interessiert er sich eigentlich dafür? Kennt er sie nicht schon längst? Ja, er kennt sie, aber es ist wichtig, daß wir sie vor ihm aussprechen, denn das kommt uns zugute. Unsere Fähigkeit, ihm zu sagen, wie wir uns fühlen, offenbart die Art von Beziehung, die wir zu ihm haben. Er ist unser gütiger, liebevoller himmlischer Vater. Er möchte, daß wir mit unserem Kind im Innern zu ihm kommen und vor ihm das Herz ausschütten.

Laßt uns nun mit Freimütigkeit hinzutreten zum Thron der Gnade, damit wir Barmherzigkeit empfangen und Gnade finden zur rechtzeitigen Hilfe (Hebräer 4,16).

Was für eine Einladung! Gottes Gnade und Barmherzigkeit sind genau das, was wir brauchen, wenn wir uns traurig, einsam, verängstigt, ärgerlich, enttäuscht oder angespannt fühlen. Stellen Sie sich die Nähe, dieses Privileg einer solchen Vater-Kind-Beziehung vor! Gott selbst lädt dazu ein, uns ihm in aller Zuversicht und Intimität anzuvertrauen, wann immer wir es nötig haben.

Je mehr wir enthüllen, desto mehr werden wir geliebt

Vielleicht wenden Sie ein: „Ich bringe mich doch nicht freiwillig in eine Situation der Verwundbarkeit, wo ich für alle zur Zielscheibe werde. Ich brauche meine Masken. Niemand darf *mein* Kind im Innern angreifen. Damit kann ich nicht umgehen. Einsamkeit ist mir lieber, als abgelehnt zu werden."

Diese defensive Denkweise spiegelt oft schmerzliche Erfahrungen der Vergangenheit wider. Wenn wir aber unser Selbst enthüllen – das heißt, anderen unser inneres Selbst offenbaren –, reagieren sie normalerweise mit Zuneigung und Zuwendung.

Fachleute auf diesem Gebiet, besonders Pastoren, Psychologen und Psychotherapeuten, haben oft große Schwierigkeiten, ihren Kollegen gegenüber offen zu sein. Daß wir in ihren Augen nicht inkompetent erscheinen wollen, ist Teil des Problems. Wir setzen voraus, daß die anderen alles richtig machen; sie machen nie Fehler und handeln nie so, wie es sich in ihrem Beruf nicht gehört.

In unserem Beratungszentrum nehmen wir uns Zeit für die Mitarbeiter, um über persönliche oder berufliche Probleme und Gefühle zu reden. Das eine Mal kämpfte ich mit meinen Gefühlen für eine Patientin, die ich seit geraumer Zeit in der Beratung hatte. Ich mochte sie und befürchtete, daß meine Gefühle zum Teil sexueller Art waren. Ich fühlte mich schuldig und fragte mich, wie ich ihr helfen konnte, wenn ich doch von meinen eigenen zwiespältigen Gefühlen genarrt wurde. Es fiel mir schwer, meinen Kollegen von diesem Problem zu berichten, aber ich wußte, daß meine Wirksamkeit als Therapeut geschwächt wurde, wenn ich nichts sagte. Voller Angst und Nervosität bekannte ich, wie ich mich fühlte. Mir war klar, daß ich die Ablehnung oder Mißbilligung der Kollegen riskierte.

Zu meiner Überraschung erwies sich diese Sitzung als hilfreich für meine Partner und mich. Ich erkannte, daß es sich bei den von mir als sexuell bezeichneten Gefühlen in Wirklichkeit um Beschützergefühle handelte. Ich wollte die Patientin vor Leid und Mißhandlung bewahren und ihr Kind im Innern trösten, damit sie keinen Schmerz mehr erdulden mußte. Diese Einsicht hätte ich vielleicht nicht erlangt, wenn ich nicht mit meinen Kollegen über das Problem gesprochen und ihr Feedback erhalten hätte. Hinterher hat mir mancher gesagt, er sei mir nähergekommen, weil ich es riskiert hätte, meine Gefühle mitzuteilen. Ich hätte gezeigt, daß ich ihnen vertraue und ihre Meinung schätze.

In zahlreichen Situationen habe ich festgestellt, wie meine Selbstenthüllung ein Gefühl von Nähe und Mitgefühl bei den leidenden Menschen in meiner Sonntagsschulklasse bewirkte, wenn wir zusammen beteten. Dasselbe geschah zu Hause bei Ehepaaren, wenn sie es riskierten, einander ihre Verletzungen einzugestehen, und in Familien, wo Eltern ihren Kindern gegenüber Fehler eingestanden haben. Hin und wieder mag sich jemand unwohl fühlen, wenn ich mein Selbst enthülle, aber meist sind die Reaktionen positiv und das Risiko der Preisgabe sehr wohl wert. Damit leite ich zum nächsten Bereich über, wo sich Selbstenthüllung lohnt.

Je mehr wir uns öffnen, desto mehr öffnen sich die anderen

Wenn wir miteinander kommunizieren, stellen wir unterschwellig Grundregeln auf, die dem anderen zeigen, wie weit die Selbstenthüllung gehen darf. Terry und ihr Mann Cliff kamen in meine Praxis, weil Terry meinte: „Wir reden einfach nicht miteinander. Statt uns über ein Thema richtig auszusprechen, streiten wir uns bloß." Terry war eine gescheite Frau, die sich auszudrücken wußte; doch in Gegenwart ihres Mannes verhielt sie sich schüchtern und vorsichtig und wählte ihre Worte so sorgfältig, daß sie ihrem Mann keinen Anlaß zu einer wütenden Beschimpfung bieten konnte. Cliff war ein schwer arbeitender Mann, der sich keinen Leichtsinn leistete. Auf das Baugeschäft, das er von ganz unten aufgebaut hatte, war er stolz. Für Cliff gab es im Leben nur Schwarz oder Weiß; Grau existierte einfach nicht. Seine Eltern hatten nie über Gefühle geredet, nur über harte Arbeit und Verantwortung. Cliff wußte nicht, wie er Terry seine Gefühle hätte enthüllen können, und verhielt sich also defensiv, wenn sie versuchte, sich ihm auf persönlicher Ebene mitzuteilen. Es sah ganz so aus, als betrachtete Cliff ihre Selbstenthüllung als persönlichen Angriff gegen ihn. Unterschwellig teilte er ihr mit: „Sag mir nicht, wie du dich fühlst. Gib dich mit allem so zufrieden, wie es ist." So dauerte es nicht lange, bis Terry den „Bereich Gefühlsmitteilungen" dichtmachte und sich allmählich isoliert fühlte und auf Cliff ärgerlich wurde.

Bei der Arbeit mit Cliff kam es mir oft vor, als balancierte ich auf einer schmalen Grenze zwischen Hilfestellung, damit er seine Gefühle verstehen lernte, und dem Erzeugen von Frustration angesichts seiner Verständnislosigkeit. Ich konnte Cliff helfen, indem ich ihm von meinen persönlichen Schwierigkeiten erzählte, gewisse Gefühle bei mir zu erkennen. Cliff reagierte mit allmählicher Mitteilungsfreudigkeit. Er gab einige Emotionen preis, die seit Jahren begraben lagen. Meine Selbstenthüllung erlaubte es seinem Kind im Innern, über Gefühle zu reden. Wieder bewährte sich der Grundsatz, daß wir mit dem Vorbild eigener Selbstenthüllung anderen Mut machen, sich auf gleicher Ebene mitzuteilen.

Betrachten wir einen weiteren Nutzen der Selbstenthüllung.

Je mehr Selbstenthüllung, desto authentischer die Persönlichkeit

Authentisch bedeutet „etwas Echtes, das Eigentliche, glaubwürdig und vertrauenswürdig". Haben Sie einmal einen Kinderchor im Gottesdienst beobachtet? Das ist Authentizität. Ein Junge bohrt sich in der Nase, ein Mädchen lupft das Röckchen, um die Socken hochzuziehen, ein Junge starrt ins Blaue, der Welt völlig entrückt, ein Mädchen winkt fröhlich seinen Eltern zu. Kleine Kinder können nicht anders als authentisch sein. Noch haben sie nicht gelernt, Masken zu tragen. Sie sagen einem direkt, was sie denken und fühlen. Von ihnen können wir einiges Wertvolle lernen.

Wenn Sie zulassen, daß Ihr Kind im Innern im Alltag stärker sichtbar wird, werden Ihre Beziehungen davon gekennzeichnet sein, daß Sie über Gefühle und Gedanken reden können. Sie werden Ihre besonderen Talente erkennen und sich daran freuen. Sie werden dankbar für die einzigartige Persönlichkeit, mit der Gott Sie ausgestattet hat. Und Sie werden nie den Wunsch haben, jemand anderes zu sein als Sie selbst. Damit nähren Sie das Kind im Innern. Mit dem Wunsch, zu der Person zu werden, die Sie eigentlich sind, wird Ihre Sprache sich so wandeln, daß sie die Enthüllung des Selbst fördert. Anderen wird mehr und mehr verdeutlicht, wer und wie Sie sind. Langsam lassen Sie die Maske fallen, die das wahre Selbst, das Kind im Innern, verbirgt.

Können Sie sich eine Ehe vorstellen, wo Sie keine Maske vor Partner und Kindern mehr anlegen müssen, wo Sie um Ihrer selbst willen geliebt werden, auch in schwierigen Umständen? Können Sie sich eine Kirche vorstellen, in der den Christen Mut gemacht wird, authentisch zu sein, deren Motto lautet: „Wir laden alle zum Gottesdienst ein, die echt sein wollen"? Können Sie sich eine Beziehung zu Gott ohne Oberflächlichkeit und Übertreibung vorstellen, wo man sich nichts vormacht und statt dessen erfüllt ist von seiner Annahme, Nähe und Liebe? Eine solche Gemeinschaft ersehnt Gott sich mit Ihnen. Tatsächlich hat sich Jesus ja ständig gegen die Heuchelei der Religiösen gewandt und die Sünder getröstet. Authentische Menschen erfreuten sich an seiner Gegenwart, weil er authentisch mit ihnen umging. Wirkliche Selbstenthüllung bewirkt Authentizität in persönlichen Beziehungen. Nur auf diese Weise können Sie wissen, daß Sie um Ihrer selbst willen geliebt werden.

Feedback – die Resonanz auf mein Verhalten bei anderen

Bisher haben wir Möglichkeiten aufgezeigt, enge Beziehungen zu anderen aufzubauen, um nicht einsam zu bleiben. Wir haben gelernt, daß die Enthüllung unserer gegenwärtigen Gefühle untrennbarer Bestandteil einer engen Beziehung ist. Es gibt jedoch noch zwei wichtige Aspekte unserer Beziehungen, die neben Selbstenthüllung und Nähe zu berücksichtigen sind. Es geht um Feedback und Selbsterkenntnis. Vielleicht die beste Illustration für das Zusammenwirken von Feedback und Selbsterkenntnis mit Selbstenthüllung und Intimität bietet folgendes Diagramm, das auf dem *Johari Window*[5] (im folgenden „Johari-Fenster") aufbaut:

	Mir bekannt	Mir unbekannt
Anderen bekannt	ÖFFENTLICHER BEREICH mir und anderen bekannte Informationen	BLINDBEREICH mir unbekannte, aber anderen bekannte Informationen
Anderen unbekannt	VERBORGENER BEREICH was ich über mich weiß, aber andere nicht wissen	UNBEKANNTER BEREICH was weder ich noch andere über mich wissen

Eine gründliche Untersuchung verschiedener Bereiche im obigen Diagramm wird Ihnen sicherlich wertvolle Einsichten vermitteln, die Ihnen helfen, zu anderen und zu Gott Beziehungen mit Nähe zu entwickeln.

Der öffentliche Bereich. Betrachten wir den ersten Ausschnitt, der aus Informationen besteht, die sowohl mir als auch anderen bekannt sind. Nehmen wir an, wir beide begegneten uns bei einer Veranstaltung. Ich weiß nichts über Sie und Sie nichts über mich. Für uns beide ist der öffentliche Bereich winzig. Es gibt keine Nähe, weil zwischen uns kein verfügbares Wissen vorliegt. Nähe entsteht auf der Grundlage dieses Wissens, was ebenso für eine Beziehung zu Gott wie unter Menschen gilt. Nähe ist keine reine Gefühlssache. Auch wenn ich einen sehr attraktiven Menschen sehe und mich angezogen fühle, weiß ich doch nichts über ihn. Ich habe nur ein Gefühl oder eine Reaktion, und das ist nicht genug für echte Nähe.

ÖB	BB
VB	UB

Der verborgene Bereich. Wenn wir eine enge Beziehung anstreben, müssen wir einander Gedanken und Gefühle mitteilen. Wir müssen die Größe des öffentlichen Bereiches ausdehnen. Das heißt, der verborgene Bereich muß kleiner werden. Wir müssen einander Gedanken und Gefühle enthüllen. Sie brauchen nicht zu raten, was ich fühle und denke, und ich brauche nicht zu raten, was Sie denken und fühlen. Wir müssen es einander direkt sagen.

Denken Sie einen Augenblick darüber nach. Wer von denen, die zur Zeit in Ihrem Leben eine Rolle spielen, weiß, was Sie wirklich denken und fühlen? Oder haben die wichtigen Menschen in Ihrem Leben den Eindruck, Sie seien absolut geheimnisvoll? Lassen sie manchmal solche Aussprüche fallen: „Ich weiß nie, was du eigentlich denkst", oder: „Ich glaube, daß ich dich kenne, aber sicher bin ich mir da nie"? Lehnen Sie es ab, von sich zu reden, erwarten dann aber, daß andere Ihre Gedanken lesen und die Gefühle erraten? Wenn das auf Sie zutrifft, dann wissen Sie, was es heißt, einsam zu sein. Sie können mit der Familie oder Freunden im gleichen Zimmer sitzen und sich gleichzeitig isoliert fühlen, weil Ihr Kind im Innern nicht an Ihrem Leben teilhaben darf – oder am Leben der anderen. Gedanken und Gefühle mitzuteilen ist das Baumaterial für enge Beziehungen.

Haben Sie schon einmal darüber nachgedacht, daß eine enge Beziehung zu Gott auf dem gleichen Prinzip beruht? Wenn Gott sich uns nicht mitteilen würde, könnten wir nie eine enge Beziehung mit ihm pflegen. „Augenblick mal", sagen Sie, „Gott kommt doch nicht einfach zu uns ins Zimmer und fängt an, sein Selbst zu enthüllen, oder?" Das muß er nicht tun, denn in der Bibel hat er uns die Enthüllung seines Selbst gegeben. Als Jesus die religiösen Leitfiguren seiner Zeit ansprach, sagte er:

Ihr erforscht die Schriften, denn ihr meint, in ihnen ewiges Leben zu haben, und sie sind es, die von mir zeugen; und ihr wollt nicht zu mir kommen, damit ihr Leben habt (Johannes 5,39-40).

Damit sagte er, daß die bloße Kenntnis der Schrift (der Bibel) nicht ausreicht, um sich der persönlichen Beziehung zu Gott sicher zu sein; vielmehr enthüllt die Schrift, wer Jesus ist – wahrer Gott in menschlicher Gestalt. Diese Kenntnis, wer Jesus ist und was er für uns getan hat, öffnet uns die Tür, *ihn persönlich anzunehmen* und Zutritt zum ewigen Leben im Himmel zu erlangen. Bliebe es uns überlassen, wie könnten wir den Gott des Universums jemals in persönlicher Weise kennenlernen? Sicherlich könnten wir durch alles, was er geschaffen hat, einiges über seine Größe erfahren; doch damit wir ihn persönlich kennenlernen, muß er sich uns offenbaren – sein Selbst enthüllen –, und zwar in einer Sprache, die wir verstehen können.

Genau das hat er in seinem heiligen Wort getan. Es gibt einen verborgenen Teil Gottes, den er uns nach seinem Entschluß mitgeteilt hat. Der Apostel Paulus spricht vom Geheimnis des Evangeliums (Epheser 1,9; 6,19). Die Information aus seinem verborgenen Bereich, die Gott uns über sich selbst gegeben hat, gehört jetzt zum öffentlichen Bereich. Durch seine Selbstenthüllung haben wir das Vorrecht und die Chance, Gott und seinen Sohn Jesus Christus in liebevoller Nähe kennenzulernen.

Fahren wir auf unserer Reise von der Einsamkeit zur Nähe fort und benützen dabei das Johari-Fenster. Bisher haben wir feststellen können, daß Nähe sich auf Kenntnis von Gedanken und Gefühlen gründet. Diese Kenntnis stammt aus dem verborgenen Bereich, der für das steht, was ich über mich weiß und mitzuteilen bereit bin. Indem ich mich enthülle, wächst der öffentliche Bereich im gleichen Maße, wie der verborgene Bereich schwindet.

Eine wichtige Rolle bei der Enthüllung spielt das Feedback. Feedback geben bedeutet, daß ich andere wissen lasse, wie ich sie sehe und erfahre, und es ist wesentlich für gesunde Beziehungen. Zweck ist der Aufbau und die Erweiterung von Beziehungen, indem man Informationen über sich selbst präzisiert sowie über andere, die man schätzt.

Als Fred und Betty wegen einer Eheberatung zu mir kamen, war Fred ein nervöser Geschäftsmann. Er hatte mit seiner Firma in der Garage angefangen und daraus ein sehr gewinnträchtiges Unternehmen gemacht. Er war fordernd, hart und ohne viel Toleranz für Irrtümer. Er war sich selbst, seiner Familie und seinen Angestellten gegenüber unnachgiebig. Betty war der typische Vertreter eines Menschen, der Frieden um jeden Preis will. Ihre Hauptarbeit war das Schlichten von Freds Streitereien. Ihr höchstes Lebensziel bestand darin, Fred nicht aufzuregen, was sie allerdings regelmäßig fertigbrachte. Wenn sie in unseren gemeinsamen Sitzungen mit Fred redete, klang es, als ginge sie auf Zehenspitzen durch ein Minenfeld. Fred aber hatte nicht bemerkt, daß Betty sein Verhalten satt hatte und bereits mit einem Fuß aus der Ehe ausgebrochen war.

Von Anfang an war klar, daß Fred keine Ahnung hatte, wie Betty sich fühlte, und Betty wußte kaum etwas von Freds Gedanken und Gefühlen. Ich konnte Fred nicht mit dem Routinespruch kommen, daß „der Schlüssel zu guten Beziehungen das Gespräch über Gefühle und Gedanken" sei, ohne gleich ins falsche Fahrwasser zu kommen. Ich entschloß mich also, mir beide einzeln in einer Sitzung vorzunehmen und sie ungestört über ihren familiären Hintergrund reden zu lassen. Damit kam der Ball ins Rollen. Als Fred über seine leidvollen Erfahrungen redete, kamen schon einige Gefühle zum Vorschein. Für kurze Zeit kam sein Kind im Innern ans Tageslicht – gewiß nicht lange, aber es war immerhin ein Anfang.

Im Verlauf einiger Zeit legte Fred seine Schutzmaske allmählich ab, und Betty konnte es sich erlauben, ihm etwas Feedback über sich selbst und ihre Beziehung zu vermitteln. Fred war schockiert, von Bettys Gefühlen für ihre Ehe zu erfahren, da er angenommen hatte, alles sei in Ordnung. Allmählich konnte Betty Fred einsehen helfen, wie beherrschend und unvernünftig er war. Sie entdeckte überrascht, daß er sensibler und verletzlicher war, als sie je gemerkt hatte. Fred und Betty waren nun nicht nur in der Lage, mehr über ihr Selbst zu enthüllen und damit den öffentlichen Bereich zu erweitern, sondern bei ihren Enthüllungen gaben sie einander auch wertvolles Feedback, das ihnen beiden eine genauere Erkenntnis über den anderen erlaubte.

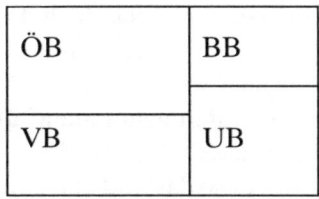

Der Blindbereich. Zu den wesentlichen Vorteilen des Feedbacks gehört das Sichtbarmachen unserer Blindbereiche, der Züge unseres Wesens, von denen wir am liebsten nichts wissen würden. Der Blindbereich ist eine Art Geheimschrank, in dem wir alles aufbewahren, das wir ungern an uns haben. Er steht für die vielen Geheimnisse, die unser Kind im Innern vor den kritischen inneren Eltern zu verstecken versucht. Im Beispiel von Fred und Betty war Fred einfach blind für seine Herrschsucht und dafür, wie negativ sein beherrschendes Verhalten sich auf Betty und die Kinder auswirkte. Ohne seine Offenheit für Bettys Feedback wäre die Ehe vielleicht zu Bruch gegangen. Es war nicht einfach für Fred zuzugeben, daß er herrschsüchtig und unsensibel war, aber seine Bereitschaft, sich ehrlich zu betrachten, half ihm bei der Bewältigung des Problems.

Wir alle brauchen liebevolles Feedback. Vor Jahren half mir mein Sohn Jeff, etwas nicht sehr Anziehendes in mir zu erkennen. Bei einem Halloweenabend (amerikanisches Fest, vergleichbar mit unserem Fasching – Anm. d. Übersetzers) brachte er eine große braune Tüte mit, randvoll mit Süßigkeiten gefüllt. Als er am nächsten Tag in der Schule war, ging ich in sein Zimmer und suchte mir ein paar leckere Häppchen aus. Schließlich waren Süßigkeiten ja schlecht für seine Gesundheit und ließen die Zähne faulen; als Vater mit Verantwortung ersparte ich ihm damit diese bösen Unannehmlichkeiten.

Nun kam Jeff nachmittags nach Hause und stürzte sich gleich auf diese große braune Tüte. Woher sollte ich wissen, daß er sich an jedes Stück in der Tüte erinnerte und daß ich gerade seine Lieblingsstücke genascht hatte? Jeff war wütend – richtig sauer. Ich hatte seine Süßigkeiten gegessen, aber schlimmer noch, ich war in seinem Zimmer gewesen und hatte mir etwas von ihm genommen, ohne ihn um Erlaubnis zu bitten. Ich hatte seine Rechte als Mitglied des Haushalts verletzt. Wie er so dastand und mich anstarrte, versuchte ich mein verantwortungsloses Verhalten zu verteidigen: „Hör mal zu, Junge. Ich bin dein Vater, mir gehört dieses Haus, und ich habe ein Recht darauf, in dein Zimmer zu gehen. Nebenbei, in dieser Tüte sind mehr Süßigkeiten, als du in einem Jahr schaffst!"

Meine Argumente wirkten lahm, weil ich wußte, daß Jeff recht hatte. Ich war unsensibel in bezug auf seinen Besitz gewesen. Sein Feedback öffnete mir die Augen für meinen Egoismus und mangelnden Respekt für sein Eigentum. Weil er gegen meinen Blindbereich angegangen war, hatte ich etwas sehr Wichtiges über mich gelernt. Bis heute habe ich es nicht mehr versäumt, um Erlaubnis zu bitten, wenn ich etwas von ihm brauchte, und ich weiß, daß er meinen Respekt vor seinen Sachen zu schätzen weiß.

Wenn ich Feedback über meinen Blindbereich erhalte, verbunden mit liebevoller Anteilnahme, wird meine Selbsterkenntnis anwachsen. Ich sah mich durch das Feedback meines Sohnes in hellerem Licht. Und Fred konnte sein wahres Selbst schließlich besser erkennen, weil er Bettys Feedback erhielt.

Können Sie sich eine Wohnung ohne Spiegel vorstellen? Natürlich könnte man darin leben. Doch würden Sie ohne Feedback (einen Spiegel) wissen, wie Sie wirklich aussehen? Sie wären blind für den eigenen Anblick. Sie hätten keine Ahnung von der Erscheinung, die andere sähen, wenn sie einen Blick auf Sie werfen würden. In guten Freundschaften sind Selbstenthüllung und Feedback in ähnlicher Weise notwendig.

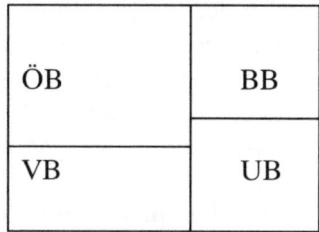

Eine enge Beziehung zu Gott

Erkennen Sie bereits, wie sich diese Grundsätze auf Ihre Beziehung zu Gott anwenden lassen? In seinem Wort teilt Gott uns mit, wie sehr er uns liebt, uns umhegt und für uns sorgt. Er zeigt uns auch unsere Blindbereiche – durch Feedback. Der Autor des Hebräerbriefes spricht von der Macht des Wortes Gottes, Wahrheit ans Tageslicht zu bringen:

Denn das Wort Gottes ist lebendig und wirksam und schärfer als jedes zweischneidige Schwert und durchdringend bis zur Scheidung von Seele und Geist, sowohl der Gelenke als auch des Markes, und ein Richter der Gedanken und Gesinnungen des Herzens; und kein Geschöpf ist vor ihm unsichtbar, sondern alles bloß und aufgedeckt vor den Augen dessen, mit dem wir es zu tun haben (Hebräer 4,12-13).

Eine beunruhigende Stelle. In gewisser Hinsicht stehen wir nackt vor Gott. Alles, was wir darstellen, denken und fühlen, liegt offen vor ihm. Doch wenn wir zu seinem Volk gehören, spüren wir den Trost, den wir in unserem Herrn Jesus Christus haben:

Da wir nun einen großen Hohenpriester haben, der durch die Himmel gegangen ist, Jesus, den Sohn Gottes, so laßt uns das Bekenntnis festhalten! Denn wir haben nicht einen Hohenpriester, der nicht Mitleid haben könnte mit unseren Schwachheiten, sondern der in allem in gleicher Weise wie wir versucht worden ist, doch ohne Sünde. Laßt uns nun mit Freimütigkeit hinzutreten zum Thron der Gnade, damit wir Barmherzigkeit empfangen und Gnade finden zur rechtzeitigen Hilfe (Hebräer 4,14-16).

Gott möchte, daß wir uns im Spiegel seines Wortes betrachten. Zuweilen offenbart er die Sünde in unserem Leben, damit wir alles Nötige daransetzen, uns zu korrigieren und die Gemeinschaft mit ihm wieder aufzunehmen. Doch in seinem Wort versichert er uns auch, wie wertvoll wir ihm sind, nicht, weil wir den Wert in uns selbst besäßen, sondern weil er ihn jedem einzelnen von uns als Geschöpfen nach seinem Bilde verliehen hat. Wenn wir Gott ausklammern würden, gründete sich unser Wert als menschliches Wesen auf das, was wir zustande bringen. Damit wären manche wertvoller als die andern. Doch in Gottes Augen sind wir alle wertvoll.

Wie kommen wir also zur engen Beziehung zu Gott? Wir lernen Gott durch sein Wort, die Bibel, kennen. Beim Lesen der Schrift gewinnen wir Kenntnis von Gott und seinem Sohn, Jesus Christus; wir werden uns bewußt, welchen hohen Preis Jesus durch seinen Tod und die Auferstehung für uns bezahlt hat. Daraufhin nehmen wir Christus durch einen Akt unseres Willens als unseren persönlichen Herrn, Erlöser und Freund an. Unsere Antwort auf Gottes Liebe ist die Bereitschaft, ihm unsere Gedanken und Gefühle im Gebet mitzuteilen. Das läßt unseren versteckten Bereich schwinden und stärkt unsere enge Gemeinschaft mit Gott. Und wenn wir dann die Bibel lesen und beten, vergrößert sich der öffentliche Bereich, das Wissen über Gott. Sein Wort gibt uns ein Feedback, das uns unsere Blindheit überwinden hilft. Als Ergebnis sehen wir uns deutlicher so, wie er uns sieht. Und wenn dieser Vorgang sich in ständiger Gemeinschaft fortsetzt, entsteht Nähe.

Wie Licht ins Dunkel fällt, so läßt diese Nähe die Einsamkeit schwinden. Doch Nähe kann nicht entstehen, wenn das Kind im Innern unbeteiligt bleibt. Um das Kind im Innern zu enthüllen, muß man allmählich alle schützenden Masken ablegen.

Zum Nachdenken

1. Denken Sie an den Menschen, dem Sie am nächsten stehen. Zeichnen Sie das Johari-Fenster, das Ihre Beziehung beschreibt.
▷ Wie groß ist Ihr öffentlicher Bereich?
▷ Wie groß ist Ihr verborgener Bereich?
▷ Wie groß ist Ihr Blindbereich?

2. Bitten Sie den Menschen, der Ihnen am nächsten steht, sein Johari-Fenster Ihrer Beziehung zu zeichnen.
▷ Wie groß ist sein öffentlicher Bereich?
▷ Wie groß ist sein verborgener Bereich?
▷ Wie groß ist sein Blindbereich?

3. Was ist Ihrer Meinung nach der Grund dafür, wenn sich herausstellt, daß die beiden Johari-Fenster sich unterscheiden?

4. Zählen Sie vier oder fünf Gründe auf, warum es Ihnen

schwerfällt, Ihr Selbst zu enthüllen, das heißt, Informationen über sich aus dem versteckten Bereich zu offenbaren.

5. Wie offen sind Sie für Feedback? Fragen Sie einen engen persönlichen Freund danach.

6. Zeichnen Sie ein großes Johari-Fenster Ihrer Beziehung zu Gott. Tragen Sie eine Woche lang alles im öffentlichen Bereich ein, was Sie ihm im Gebet mitgeteilt haben. Tragen Sie außerdem ein, was Sie beim Bibellesen über ihn erkannt haben.
▷ Tragen Sie in den Blindbereich ein, was Gott Ihnen in seinem Wort offenbart hat.
▷ Beschreiben Sie am Ende der Woche in ein paar Sätzen, wie sich Ihr Gefühl der Nähe zu ihm verändert hat.
▷ Was hat die Veränderung bewirkt?

Warum Ehen so oft scheitern

Ich ging die alphabetisch geordneten Namensschilder durch: Dr. Ben Jones, Kardiologe ... Dr. Harold Krager, Anwalt ... Da stand es – Dr. Mary Lane, Ehe-, Familien- und Erziehungsberatung. Mir drehte sich der Magen um, als ich zum Aufzug trat und einstieg. Die Zahlen leuchteten auf beim zweiten, beim dritten und schließlich, als er anhielt, beim vierten Stock. Hier war es. Zögernd stieg ich aus und ging zur Tür mit der Aufschrift BERATUNGSCENTER SÜD. Hoffentlich war niemand im Wartezimmer. Pech gehabt. Da saßen noch zwei auf einer Couch, mit gehörigem Abstand. Offensichtlich wollten sie nichts miteinander zu tun haben.

Das Wartezimmer war hübsch eingerichtet und bot eine gemütliche Atmosphäre, die mir das Unbehagen etwas nahm. Meine Augen blieben an einem großen Aquarium hängen, in dem sich leuchtend bunte tropische Fische tummelten. Ich nahm Platz und starrte die Fische lange und bohrend an. Ob die wohl auch Eheprobleme hatten? Ich fand, es sei besser, mich auf die Fische zu konzentrieren, als eine Unterhaltung mit den beiden anzufangen, die sich musterten, zweifellos mit Mordgedanken. Was sollte man auch zu jemandem sagen, der auf seinen Termin bei der Therapeutin wartet? „Wie geht's? Wie läuft's bei Ihnen? Was ist mit Ihnen passiert?"

Schließlich erschien Kathy, meine Frau. Sie hatte eine falsche Wegbeschreibung bekommen – von wem wohl? Genau – von mir. In meiner Nervosität hatte ich einen Fehler gemacht. Warum nicht? Schließlich waren wir zum ersten Mal bei einer Eheberatung angemeldet.

Ja, ich als Psychologe war auf Eheberatung angewiesen. Es ist viel einfacher, anderen bei der Lösung ihrer Eheprobleme zu helfen, als die eigenen in den Griff zu kriegen.

Oberflächlich betrachtet führten meine Frau und ich eine sehr gute Ehe. Man respektierte uns in der christlichen Gemeinschaft, und oft hielten wir gemeinsam Vorträge bei Konferenzen für Ehepaare. In unserem jeweiligen Bereich waren wir erfolgreich. Kathy hatte neun Jahre lang Bibelunterricht erteilt und machte ihre Sache hervorragend. Sie war eine leistungsfähige Immobilienmaklerin und leitete einen kirchlichen Frauenbibelkreis. Ich besaß eine gutgehende Praxis als Psychologe und unterrichtete in meinem Fach seit fünfundzwanzig Jahren am College unseres Ortes. Seit ebenso vielen Jahren gab ich Sonntagsschulunterricht. Wie sollte es da zu Eheproblemen kommen?

Es kam dazu. Nach dreißig Ehejahren hatten wir Probleme. Keine großen, aber zahlreiche kleine, die sich zu einem großen summierten. Die kleinen Probleme machten uns zu schaffen, weil sie so leicht zu verdrängen waren und man hoffen konnte, sie würden sich von selbst erledigen. Das aber geschah nicht.

All das spitzte sich an einem Abend zu, als Kathy mir nicht ihre Enttäuschung verhehlen konnte, daß ich ihr zu wenig Aufmerksamkeit schenkte. Wir waren jeder in seiner Welt so beschäftigt, daß man leicht die Bedürfnisse des anderen übersah. Für mich war die Arbeit eine bequeme Möglichkeit, meine wachsende Unzufriedenheit mit Kathy zu betäuben. Wir haben ganz unterschiedliche Persönlichkeiten, und wenn wir versuchen, miteinander zu reden, meinen wir manchmal, der andere verstehe uns nicht. An diesem einen Abend war der gegenseitige Mangel an Verständnis so offensichtlich, daß mir klar wurde, wie wenig mir die Ausbildung als Psychologe helfen konnte. Ich war zu sehr in meine Gefühlen verstrickt, um klar sehen zu können. Ich brauchte Hilfe. Wir beide brauchten einen Außenstehenden, der uns helfen konnte, wieder verständnisvoll miteinander zu reden.

Jetzt saßen wir also in Dr. Lanes Wartezimmer und verbargen unseren Schmerz und die Nervosität hinter unserem Schweigen. Schließlich öffnete sich die innere Praxistür, und eine attraktive Frau mittleren Alters mit grauem Haar erschien. Sie sah uns mit warmherzigen braunen Augen an und lächelte ansteckend. „Hallo, sind Sie die Dickinsons? Ich bin Dr. Lane. Kommen Sie bitte mit in die Praxis."

Dr. Lanes freundliche Art beruhigte mich. Im Verlauf der Sitzung fiel es mir leichter, mit ihr zu reden, als ich gedacht hatte. Und was in den folgenden Wochen durchdrang, veränderte den Kurs unserer Ehe merklich zu einer offeneren und gefühlvolleren Kommunikation miteinander. Wir entdeckten entscheidende Stellen an der Wurzel unserer Unzufriedenheit, die bei uns beiden mit dem Kind im Innern zu tun hatte. Im wesentlichen hatten Kathy und ich die Gefühle, Naturtalente und einzigartigen Züge des Kindes in uns außer acht gelassen. Die emotionale Unterernährung in unserer Ehe hatte uns veranlaßt, Schranken zu errichten, mit denen wir uns vor Verletzungen schützen wollten. Die Beratung führte uns hin zu einer Veränderung unserer Beziehung, die Schranken fallen zu lassen und der Ehe neues Leben einzuhauchen.

Achten Sie auf die Gefühle des Kindes im Innern

Wenn Sie verheiratet sind oder eine enge Beziehung zu jemandem haben, können Sie die Gefühle des Kindes im Innern nicht außer acht lassen. Während unserer zweiten Sitzung bei Dr. Lane stellte sie nach den ersten Höflichkeitsbekundungen Kathy eine Frage: „Welches Tier, meinen Sie, beschreibt Sie in Ihrer Beziehung zu Dick am besten?"

Kathy dachte einen Augenblick nach und sagte dann: „Eine Katze."

Dann fragte Dr. Lane: „Kathy, welches Tier beschreibt Ihrer Meinung nach am besten Dick?"

Wieder dachte meine Frau einen Moment nach und erwiderte: „Ein Hamster."

Das machte mich ärgerlich. Ich dachte: „Wie erniedrigend! Hamster sind häßliche, kleine Biester. Außerdem haben sie in den Krallen einer Katze keine große Zukunft." Ich erinnerte mich an Jasper, den Hamster, den Jeff hatte, als er klein war. Oft hatte Jeff ihn in sein Plastikschwimmbecken zu einer Bootsfahrt mitgenommen. Leider war das Plastikboot nicht seefest und sank häufig, was beiden, Jeff und dem Hamster, sehr mißfiel. Die Rettungsaktion verlief oft in dieser Reihenfolge: Jeff entriß die arme durchnäßte Kreatur den Klauen des Todes, nahm ihn mit ins Badezimmer und trocknete ihn auf höchster Stufe mit dem Föhn. Jasper war dabei vor Angst wie versteinert. Der Tod wäre ihm sicher lieber gewesen.

Dort in Dr. Lanes Büro war mir klar, daß Kathy nicht so negativ von dem Tier dachte, das sie für mich ausgesucht hatte. Trotzdem fühlte ich mich gedemütigt.

Dann wandte sich Dr. Lane an mich und fragte, welches Tier ich aussuche, um mich zu beschreiben.

„Einen Teddybär", sagte ich sofort. Für mich sind Teddybären groß und stark, aber doch gut zu umarmen und liebenswert.

„Und was ist mit Kathy? Wie würden Sie sie beschreiben?"

Erst dachte ich an kein Tier, sondern an eine Porzellanpuppe, die auf dem Regal steht und bewundert wird. Porzellanpuppen sind zerbrechlich und müssen sorgsam behandelt werden, damit sie nicht in Scherben gehen.

„Wenn ich ein Tier aussuchen soll, dann würde ich sagen, ich sehe sie als eine Katze", sagte ich schließlich.

„Warum?"

„Weil Katzen Aufmerksamkeit verlangen, bewundert werden müssen und irgendwie zurückhaltend und unberührbar sind." Je mehr ich aber über diese Tierübung nachdachte, desto mehr Fragen ergaben sich. Wenn ich mich als knuddeligen, liebenswerten Teddybär sah, warum wurde das in meiner Beziehung zu Kathy nicht sichtbarer? Wenn Kathy mich als Hamster sah, ein Tier, das auf Fürsorge angewiesen ist, warum fühlte ich mich dann so herabgesetzt?

Dr. Lane hatte diese Tierübung verwendet, um einige Bereiche unseres Lebens aufzuschließen, die sich der Nähe verweigerten. Ich erkannte, daß Bären nicht nur knuddelig und liebenswert sind, sondern auch gut beschützen und versorgen können. In unserer Ehe war ich immer ein guter Versorger gewesen; das war mir auch sehr wichtig, aber ich sah allmählich ein, daß Wärme und Zärtlichkeit fehlten. Doch in den letzten Jahren fühlte ich mich oft einsam und hungerte nach Nähe und Zärtlichkeit. Lag das Problem darin, daß Kathy diese Bedürfnisse nicht stillen konnte – oder lag das Problem in mir begründet?

Nach und nach erkannte ich, daß meine Erfahrung nicht viel anders war als bei den Männern, die ich beraten hatte. Ich habe den Verdacht, daß viele Männer in der Midlife-crisis, die plötzlich aus einer jahrelangen Ehe ausbrechen, sich um Nähe und Zärtlichkeit in der Ehe gebracht fühlen und versuchen, sich beides anderswo zu holen. Mit anderen Worten, das Kind im Innern ist unterernährt, und man neigt dazu, seiner Frau die Schuld daran zu geben, ohne genau hinzuschauen, wo der Ursprung des Problems liegt. Was mich angeht, hatte ich große Schwierigkeiten, um das zu bitten, was ich brauchte; ich erwartete von Kathy, daß sie meine emotionalen Bedürfnisse intuitiv erkannte. Es kam mir vor, als sei dieser zwei Meter große Teddybär im Winterschlaf.

Als Dr. Lane Kathy vorschlug, sie solle sich für das Wochenende vornehmen, irgend etwas Nettes für mich zu tun, reagierte sie gleich mit der Befürchtung, ich könnte mit ihren Bemühungen nicht zufrieden sein. Als sie diese Angst aussprach, dachte ich: „Bin ich so kritisch, daß sie sich davor fürchtet, etwas Besonderes nur für mich zu machen?" Meine zweite Reaktion war ein Unbehagen bei dem Gedanken, daß sie irgend etwas für mich allein tun sollte. Als ich über dieses Unbehagen nachdachte, wurde mir klar, daß meine Reaktion auch in allen anderen Beziehungen so ablief. Ich tat viel lieber etwas für andere, als zuzulassen, daß man etwas für mich tat. Eigentlich nahm ich allen die Lust dazu. Ich konnte die emotionalen Bedürfnisse der anderen befriedigen, doch mein Kind im Innern ließ ich hungern.

Diese Wahrheit traf mich: Ich als Psychologe befand mich im Zustand ständigen Hungers, half anderen, war aber unfähig, mir von anderen helfen zu lassen. Ich wußte, daß ich wie viele andere professionelle Berater ausgebrannt enden würde, wenn ich mich nicht um mein Problem kümmerte. Ich spürte, daß ich schließlich leer, desillusioniert und zynisch sein würde, wenn ich ständig mehr von mir selbst gab, als ich zu nehmen bereit war. Ich wußte auch, daß man sich in einer Ehe oder einer engen persönlichen Beziehung emotional ausgebrannt fühlen kann, wenn das Kind im Innern bei einem oder beiden Partnern unterernährt ist. Das war in unserer Ehe passiert!

Ich stimmte zu, daß Kathy ein Wochenende nur für mich planen sollte. Sie hielt den Plan geheim, bis wir aufbrachen. Wir fuhren zu einem luxuriösen Hotel und bekamen ein malerisches Zimmer, das zum begrünten Hof ging. Die europäisch gehaltene Dekoration erinnerte uns an unsere Zeit in Österreich. Wir hatten ein romantisches Abendessen mit Kerzen und Rosen und verbrachten einen ruhigen, intimen Abend zu zweit. Da Kathy ihre vorherigen Ängste bewältigt hatte, mich nicht zufriedenstellen zu können, hatte sie genau so viel Freude wie ich, als ich mich in ihrer Aufmerksamkeit sonnte.

Kathy und ich haben festgestellt, daß eines der großen Ergebnisse unserer Eheberatung die Möglichkeit war, unsere inneren Gefühle und Bedürfnisse auszudrücken und zu wissen, daß wir vom anderen gehört und verstanden werden. Als ich meiner Schwierigkeit auf den Grund ging, Aufmerksamkeit anzunehmen und Kathy zu sagen, was ich brauchte, fiel es ihr leichter, auf meine Bedürfnisse einzugehen. Daß ich etwas von ihr brauchte, gab ihr das Gefühl, wichtig für mich zu sein.

Für mich war es sehr bedeutsam, das Bedürfnis nach Anerkennung dafür zu bemerken, daß ich für Kathy so gut sorgte. Zu meiner Art nämlich, Liebe und Fürsorge auszudrücken, gehörte, daß ich Kathy Dinge schenkte, die uns das Leben angenehmer machten. Oft drücken Männer durch materielle Fürsorge ihre Liebe für Partnerin und Familie aus, während sie ansonsten ihre Gefühle ungern in Worte kleiden. Natürlich brauchen Frauen mehr als materielle Besitztümer, damit sie sich ihrem Mann emotional nahe fühlen. Andererseits ist es allzuleicht, den Mann als selbstverständlich hinzunehmen und sich darüber zu beklagen, daß er zu wenig spricht. Vielleicht könnten Sie als Ehefrau im ersten Schritt das Kind im Innern Ihres Mannes dafür loben, wie gut er Sie versorgt.

Ich habe außerdem die Notwendigkeit gespürt, meiner Frau meine Ängste, Schwächen und Grenzen zu offenbaren, ohne mich als Mann und Versorger abgewertet oder gedemütigt zu fühlen. Weil ich zwei Meter groß bin und zwei Zentner wiege, werde ich selten für einen ängstlichen Menschen mit Schwächen und Grenzen gehalten. Ich bin sehr sportlich und tue viel dafür, in Form zu bleiben. Tatsächlich wurde mir schon gesagt, ich könne mit einem Knüppel auf die Bärenjagd gehen. Aber ich werde auch falsch eingeschätzt, weil ich nur zögerlich preisgebe, was in mir vorgeht. Ich fühle mich unter dem Druck, den Erwartungen gerecht zu werden, die ich mir selbst gesetzt habe, ein Image, das keine Schwäche zuläßt.

Am Anfang unserer Ehe vertraute Kathy mir sehr im Hinblick auf emotionale Unterstützung. Da ich mich nicht sehr stark oder zuversichtlich fühlte, emotional oder materiell für sie sorgen zu können, behielt ich meine Unsicherheit für mich, denn ich hatte Angst, sie würde ihren Respekt vor mir verlieren. In unseren Beratungssitzungen konnte ich einige meiner inneren Befürchtungen und Sorgen mitteilen, und die Beraterin war in der Lage, Kathy meine Gefühle verständlich zu machen, sie nicht bedrohlich erscheinen zu lassen. Allmählich erwachte der Teddybär aus seinem Winterschlaf.

Die nächste Möglichkeit, unser Kind im Innern gegenseitig zu nähren, war die Art der Begrüßung nach einem langen Arbeitstag. Für mich war es typisch, spät nach Hause zu kommen, „Tag" zu sagen, mich hinzusetzen und mir etwas zu essen zu schnappen, ein bißchen fernzusehen und dann zu Bett zu gehen. Jetzt machen wir uns die Mühe, einander mit einem Kuß und einer warmen Umarmung an der Tür zu begrüßen; das ist unsere Art, uns unserer Liebe bewußt zu bleiben.

Meinen verheirateten Leserinnen schlage ich vor, ihren Mann eine Weile zu studieren. Wo liegen seine Stärken? Sind sie Ihnen zur Selbstverständlichkeit geworden? Was sind Ihre Erwartungen an ihn als Mann, Vater und Ehepartner? Nehmen Sie sich Zeit, etwas für ihn zu tun, das ihm wirklich Freude macht? Überraschen Sie ihn manchmal mit einer ausgefallenen und unerwarteten Unternehmung? Begrüßen Sie ihn so, daß er merkt, es liegt Ihnen etwas an ihm? Horchen Sie auf die unterschwelligen Hinweise, die seine inneren Gefühle offenbaren? Fordern Sie ihn auf, von seinem Tagesverlauf, seinen Gefühlen und Sorgen zu reden, ohne ihn zu nerven? Sind Sie eine gute Zuhörerin? Das sind nur ein paar Möglichkeiten, sein Kind im Innern zu nähren und das emotionale Band zwischen Ihnen zu festigen.

Ich habe mehr von Männern und ihren Bedürfnissen geschrieben, weil sie traditionellerweise nie aufgefordert worden sind, anderen ihre Gefühle mitzuteilen, noch haben sie dieses Verhalten als Vorbild an ihren männlichen Angehörigen gesehen. Frauen gehen in der Tendenz offener mit ihren Gefühlen um und fühlen sich beim Erzählen darüber wohler.

Mein Rat an die Ehefrauen gilt allerdings auch für die Männer. Was ich von Kathy brauche, ist oft dasselbe, was sie von mir braucht. Ich rede nicht von einer Verhätschelung des Ehepartners, sondern fordere dazu auf, einander in Echtheit zu begegnen. Kathy braucht mich als Zuhörer, wenn sie von ihren Anliegen und Gefühlen spricht. Sie zu unterbrechen oder unaufmerksam zu sein, während sie redet, vermittelt ihr den deutlichen Eindruck, daß es nicht wichtig ist, was sie zu *sagen* hat, und das wiederum gibt ihr das Gefühl, *sie* sei nicht wichtig. Kathy hat es nötig, von mir gebraucht zu werden. Während unsere Persönlichkeiten sehr verschieden sind, gibt es genügend Gemeinsamkeiten, um sie willig zu machen, auf meine Bedürfnisse einzugehen, wenn ich ihr helfe, sie zu verstehen. Sie möchte mich nicht bemuttern, aber sie will mir eine Gefährtin sein.

Ehemänner, nehmen Sie sich Zeit, Ihren Frauen zuzuhören und ihre Gefühle zu verstehen? Als Test für Ihre Fähigkeit zuzuhören könnten Sie versuchen, die Gedanken und Gefühle, die Ihre Frau Ihnen vermittelt hat, mit eigenen Worten wiederzugeben. Respektieren Sie ihren Standpunkt, auch wenn Sie nicht einverstanden sind? Fühlt sie sich wohl dabei, vor Ihnen ihre Verletzlichkeiten zuzugeben? Nehmen Sie sich Zeit, ihre Besonderheit zu würdigen, indem Sie an bestimmte Termine denken? Gehen Sie gemeinsam aus, verbringen einen Abend nur mit ihr, machen hin und wieder einen gemeinsamen Wochenendausflug? Auf solche Weise können Sie ihr Kind im Innern nähren und Ihr emotionales Band festigen.

Bevor wir dieses wichtige Thema wechseln, möchte ich erwähnen, was meiner Meinung nach falsche Methoden sind, dem Kind im Innern Streicheleinheiten zu geben. Damit meine ich Sex. Zahlreiche Ehepaare, die ich beraten habe, hatten emotionale Nähe durch Sex ersetzt, weil sie versuchten, die Bedürfnisse des Kindes im Innern nach Zärtlichkeit und Nähe zu stillen.

Als Lucy und Steve schon fünf Monate getrennt lebten, machten sie einen Termin in meiner Beratungspraxis fest, kurz nach ihrem Entschluß, die Ehe zu retten. Steve, der Lucy wegen einer anderen Frau verlassen hatte, stellte fest, daß sein Leben als Single nicht hielt, was er sich davon versprochen hatte. Lucy aber war immer noch sehr verletzt und konnte Steve nicht vertrauen. „Ich dachte, wir hätten eine gute Ehe", gab sie an. „Steve und ich hatten immer eine gute sexuelle Beziehung. Sechs Monate, bevor er mich verließ, bekam er sogar ein stärkeres sexuelles Interesse. Es kam mir vor, als begehrte er mich ständig."

„Und was fühlten Sie dabei?" fragte ich.

„Ich fühlte mich geschmeichelt, weil er so sehr nach mir verlangte."

Ich fragte Steve nach seiner plötzlich gesteigerten Lust so kurz, bevor er Lucy verließ. Als ich wissen wollte, ob er mit dem Sexualleben zufrieden gewesen sei, sagte er etwas Bedeutsames: „Obwohl ich öfter mit ihr schlafen wollte, fand ich, daß ich nie zufrieden damit war. Manchmal trieb es mich dazu, mit ihr zu schlafen; irgend etwas in mir drängte mich."

Aus Steves Bemerkungen schloß ich, daß er, wie viele andere Männer auch, eine sexuelle Beziehung mit Zärtlichkeit, Nähe und Intimität gleichsetzte. Wenn Sex an die Stelle von Intimität und Zärtlichkeit tritt, führt es fast immer zu Unzufriedenheit und bewirkt letztlich, daß man für außereheliche sexuelle Beziehungen offen ist. Traurig, aber wahr: in außerehelichen Beziehungen, die angeblich das zu geben scheinen, was man sucht – Nähe, Intimität und Zärtlichkeit – entgleitet einem eben das Gesuchte. Sex als Versuch, das Kind im Innern zu nähren, muß einfach scheitern.

Diese unangenehme Lektion mußte Steve lernen; zu seinem Glück wollte Lucy ihn wiederhaben. Oft ist die betrogene Ehefrau nicht bereit zu vergeben, und der geflohene Partner steht mit leeren Händen da. Vergessen Sie nicht, daß Sie das Kind im Innern nur nähren können, wenn Sie einander Gefühle, Bedürfnisse und Verwundbarkeiten mitteilen, einander sorgsam zuhören und darum ringen, mit Liebe und Respekt einander die Bedürfnisse zu erfüllen.

Noch eins: Ich glaube, daß Männer genauso wie Frauen Umarmungen und Berührungen brauchen, die nicht zu Sex führen. In unserer Kultur fühlen sich Väter selten wohl dabei, ihre Söhne zu umarmen oder zu berühren. Unser Bedürfnis nach Berührung wird als sexuelles Bedürfnis ausgelegt, was es unmöglich macht, beides auseinanderzuhalten. In unserer Gesellschaft ist es für Männer viel akzeptabler, sich nach Sex zu sehnen als nach einer Umarmung. Wahrscheinlich verstehen Männer normalerweise deshalb nicht das Bedürfnis der Frauen, ohne sexuelle Hintergedanken umarmt und berührt zu werden.

Zu den eher erschreckenden Einsichten über mich selbst gehört das Bedürfnis, von meiner Frau berührt zu werden; jetzt bin ich viel eher in der Lage, sie einfach zu bitten, mich in den Arm zu nehmen. Solche Augenblicke der Nähe bieten dem hungrigen Kind im Innern wirkliche emotionale Nahrung – auch für sie, glaube ich. Da unser Bedürfnis nach Nähe, Zärtlichkeit und Intimität unmittelbarer gestillt wird, befriedigt uns auch unsere sexuelle Beziehung noch mehr, weil sie keine nichtsexuellen Bedürfnisse ersetzen muß.

Übersehen Sie nicht die Naturtalente des Ehepartners

In der Beziehung zu meiner Frau mußte ich feststellen, daß ich ihre einzigartigen Naturtalente nicht hinreichend anerkannt und geschätzt habe. Naturtalente sind gottgegeben und bilden einen wichtigen Bereich des Kindes im Innern und der persönlichen, unverwechselbaren Identität. Solche Vernachlässigung gehört oft zu den Hauptgründen für Eheschwierigkeiten.

In unseren frühen Ehejahren ging Kathy arbeiten, so daß ich meinen Collegeabschluß schaffte und das Diplom in Psychologie erhielt. Wenn ich auf unsere Beziehung zurückschaue, erkenne ich, daß sich ihre Identität mehr aus ihrer Stellung als meine Frau herleitete als aus ihrer eigenen Persönlichkeit. Nachdem ich mein Diplom hinter mir hatte, hörte Kathy auf zu arbeiten und hatte meist mit dem Haushalt und unserem Sohn Jeff zu tun. Dazu kam ein wenig Beschäftigung mit Frauenclubs. Als Jeff zum Teenager heranwuchs, wurde Kathy sehr aktiv in einer Bibelstudiengemeinschaft, erst als Diskussionsleiterin, dann neun Jahre lang als leitende Lehrerin.

In diesen Jahren ergaben sich Veränderungen in unserer Beziehung, zunächst ganz unmerklich. Kathy erzählte mir von den guten Erfahrungen der Frauen in ihrer Klasse. In dem Maße, wie die Frauen Gott ernst nahmen, veränderte sich ihr Leben, und die Ehen wurden positiv beeinflußt. Ich hätte mich mit meiner Frau freuen sollen, daß sie so viel bewirkte und daß Gott durch sie etwas tun konnte. Ich hätte froh sein sollen, daß Kathy eine so begabte Lehrerin war und daß die Frauen sie so gern hatten. Ja, diese Reaktionen wären richtig und angemessen gewesen, doch eben diese Gefühle erlebte ich nicht. Statt dessen war ich eifersüchtig, neidisch und fühlte mich bedroht – so bedroht, daß ich sogar versuchte, die Veränderungen, die Kathy in den Ehen der Frauen wahrnahm, mit der Behauptung herunterzuspielen, diese Verbesserungen seien oberflächlich und würden nicht andauern. Schließlich war ich ein geprüfter Eheberater und konnte bei den Leuten, die in meine Praxis kamen, solche wesentlichen Veränderungen nicht feststellen. Ich konnte einfach nicht mit der Tatsache umgehen, daß meine Frau eine eigene erfolgreiche Aufgabe entwickelte, die nichts mit mir zu tun hatte.

Bis zu diesem Punkt in unserer Beziehung war ich die Nummer eins gewesen. Ich war der Experte mit den Titeln. Ich war der Redner bei Konferenzen. Ich war der Psychologieprofessor und der Sonntagsschullehrer. Kathy war nur meine Frau. Langsam dämmerte es mir, daß ich Kathy nicht sehr gut kannte, vor allem nicht ihre natürliche Eignung zu herausragenden Leistungen. Sie brauchte ihre Tätigkeiten außerhalb der Ehe, um ihre Talente auszubauen, so daß ich sie endlich wahrnahm. Endlich kam mir die Einsicht, daß Kathy niemals allein durch mich glücklich werden oder ein erfülltes Leben haben konnte; sie brauchte Freiheit, um zu dem Menschen zu werden, als den Gott sie geschaffen hatte.

Was für ein trauriges Licht das auf mich warf – ein Psychologe, der sich aufrichtig daran freute, wenn Menschen über sich hinauswuchsen und ihre gottgegebenen Talente gebrauchten! Ich war in der Lage, meinen Patienten zu helfen, aber ich war ein Hindernis für die Person, die mir am wichtigsten war, meine Frau. Wenn man mich jedoch gefragt hätte, ob ich meiner Frau alles bieten konnte für ihr persönliches Wachstum, dann hätte ich nachdrücklich geantwortet: „Ja, natürlich!" Meine Worte wurden jedoch von meinem Verhalten Lügen gestraft!

Die Spannungen erreichten einen Höhepunkt, als meine Frau mit der Bibelstudiengruppe aufhörte und eine Karriere als Immobilienmaklerin anstrebte. Es ist eine Sache, wenn die eigene Frau bei einer ehrenamtlichen Arbeit Erfolg hat; es ist etwas ganz anderes, wenn sie anfängt, namhafte Summen zu verdienen. In ihrem ersten Jahr als Maklerin verkaufte sie Immobilien für 3 Millionen Dollar; in ihrem zweiten Jahr für 4 Millionen, im dritten für 5 Millionen. Als sich ihr Einkommen bei meinem einpendelte, war meine Selbstsicherheit als Mann und Versorger in Frage gestellt. Man muß wissen, daß in meinem Elternhaus der Vater arbeitete und die Mutter zu Hause blieb, sich um die Kinder und den Haushalt kümmerte. Bei ihrer Ganztagsarbeit hatte Kathy Schwierigkeiten, sich mit ihrer traditionellen Rolle als Köchin, Putzfrau und Kindermädchen abzufinden. Die Hausarbeit blieb liegen, der Wäschekorb wurde voller und der Geschirrschrank leerer. Inzwischen wurde ich immer gereizter.

Vielleicht hätten Sie vorgeschlagen, ich hätte eingreifen und Kathy helfen können – einkaufen gehen, Essen kochen, aufräumen, Besorgungen erledigen. Sie haben recht. Hätte ich tun können, aber ich hab's nicht getan – vorläufig nicht. Warum? Weil ich meinte, Kochen, Saubermachen und Kinder versorgen sei Kathys Arbeit, ihre Art, mir zu zeigen, daß sie mich liebte. Schließlich war es in meinem Elternhaus so gewesen; darum ging es doch in der Ehe.

Ich erschrak, als mir klar wurde, daß ich mich so benahm, als läge Kathys Wert in dem, was sie für mich tat, und nicht darin, wer sie als Person war. Ich mußte mich fragen: „Wer ist diese Frau, die ich geheiratet habe? Kenne ich sie eigentlich? Liebe ich sie wirklich um ihrer selbst willen? Habe ich die leiseste Ahnung von ihren natürlichen, gottgegebenen Fähigkeiten, Spitzenleistungen zu bringen?" Ich mußte zugeben, daß ich all das nicht wußte.

Wie schaffen wir es, gegenseitig unsere Naturtalente zu erkennen und zu schätzen? Zur Beantwortung dieser Frage möchte ich eine Organisation vorstellen, deren Aufgabe es ist, Naturtalente ihrer Klienten einzuschätzen, die *IDAK Group* in Portland, Oregon. Sie hat sich auf berufliche Umschulungen bei Menschen mittleren Alters spezialisiert. Der

Name IDAK ist aus zwei Worten hergeleitet: ID für „Identität" und AK, dem hebräischen Wort für „einzigartig" oder „einzigartige Identität". Ich bin sehr dankbar, daß IDAK mir die Erlaubnis erteilt hat, ihre Talentbezeichnungen und die entsprechenden Definitionen für dieses Buch zu verwenden. John Bradley, IDAKs Präsident, arbeitet seit vielen Jahren daran, Naturtalente ausfindig zu machen, und hat einen Einschätzungsprozeß entwickelt, angeborene Fähigkeiten zu erkennen. Dieser Einschätzungsprozeß ist besonders auf die Berufsberatung zugeschnitten.

Jeder Mensch – Sie, Ihr Partner, Ihre Kinder und Ihre Freunde – hat zahlreiche natürliche Befähigungen für großartige Leistungen, die zu einer einzigartigen Identität beitragen. Ich verwende die Begriffe *Naturtalente* und *angeborene Fähigkeiten* im Austausch. Wir müssen allerdings zwischen Fähigkeiten oder Talenten und Fertigkeiten unterscheiden.

Natürliche Fähigkeiten und gelernte Fertigkeiten

Der Hauptunterschied zwischen diesen beiden Begriffen liegt darin, daß natürliche Fähigkeiten bereits von Geburt an vorliegen, während Fertigkeiten durch Übung oder Erziehung angelernt werden. Sie haben vielleicht das Abitur oder einen Hochschulabschluß, ein Diplom oder gar einen Doktortitel. Was sagt das über uns aus? Man hat einen gewissen Grad an Kompetenz erreicht oder eine gewisse Zahl von Fertigkeiten in der jeweiligen Disziplin. Ihr Titel besagt nicht unbedingt, daß Sie sich innerhalb Ihrer Naturtalente bewegen. Man kann durch Fertigkeiten allein kein ganzes Leben lang Zufriedenheit erlangen. Dazu müssen Sie zu hohe Leistungen erbringen und erhalten zu bescheidenen Lohn. Mit fünfundfünfzig wird man oft unzufrieden und läßt mit der Arbeitsleistung nach. Schon aus diesem Grund sind manche bei ihrer Arbeit so ausgebrannt.

Naturtalente kann man niemandem beibringen. Sie sind von Natur aus vorhanden. Oft sind sie für den Betreffenden so selbstverständlich, weil damit alles mühelos geht. „Macht doch jeder so!" findet er.

Vielleicht fragen Sie sich: „Was hat das alles mit Eheproblemen zu tun?" Wenn Ihr Partner Ihre Naturtalente nicht anerkennt und fördert, werden Sie wahrscheinlich enttäuscht und unzufrieden sein. Wenn Sie sich in Ihrer Ehe nicht geschätzt fühlen, werden Sie sich mit größerer Wahrscheinlichkeit andernorts Anerkennung holen, sei es durch Arbeitswut oder das Knüpfen außerehelicher Beziehungen.

Welche Arten von Talenten müssen wir bei unserem Partner erkennen? Betrachten wir drei Talentkategorien.

BEZIEHUNGSTALENTE[6]

Haben Sie schon einmal solch ein Gespräch gehört?

Susi: Tom, was ist los mit dir? Sitzt da und sagst nichts. Ich muß wohl alles selbst sagen.

Tom: Ich hab' nichts zu sagen.

Susi: Da haben wir das Problem. Du hast nie was zu sagen.

Tom: Stimmt nicht. Ich rede, wenn ich etwas Wichtiges zu sagen habe. Sonst bin ich zufrieden und hör' einfach zu.

Susi: Aber die Leute denken, du bist unfreundlich. Sie kennen dich nicht so wie ich. Ich hab' Angst, daß sie einen falschen Eindruck kriegen.

Tom: Du machst dir zu viele Gedanken darüber, was die Leute denken. Das nervt mich – du versuchst, aus mir einen geselligen Typen zu machen, aber ich bin zufrieden damit, wie ich bin.

Susi: Du versuchst einfach nicht, mal freundlich zu sein. Du kommst nicht aus dir heraus.

Tom: Ich brauche auch nicht so viel zu reden wie du. Außerdem fühle ich mich nicht wohl bei so vielen Leuten, besonders wenn ich sie nicht kenne. Du lernst gern jemand kennen. Ich nicht.

Ich höre oft solche Gespräche in meiner Praxis. Es passiert so oft, daß Paare nicht erkennen, daß die Fähigkeit, effektiv mit anderen umzugehen, eher Teil eines Naturtalents ist als der berechnende Versuch, den Partner zu kränken. Es gibt drei Arten von Beziehungsfähigkeiten:

▷ *Beziehungsfähigkeit in bezug auf mehrere Menschen:* Die zu vielfachen Beziehungen fähige Person lernt gern neue Menschen kennen und kommt gut mit großen Gruppen von Unbekannten zurecht. Sie kann mühelos ein Gespräch in Gang bringen und lernt schnell die Anwesenden kennen. Sie ist nie um Worte verlegen und findet Scharen von Freunden, ganz gleich wo. Sie bewegt sich in der Menge ganz natürlich; es ist ein Talent, mit dem sie geboren wurde. Das einzige Problem: Selbst nach dem zehnten Treffen kennt man sie wahrscheinlich nicht besser als nach dem zweiten. Wiederholte Kontakte vertiefen die Beziehung im allgemeinen nicht.

▷ *Beziehungsfähigkeit in bezug auf einzelne Menschen:* Man setze den vielfach Beziehungsfähigen in Kontrast zum Einzelbeziehungsfähigen – ein Mensch wie Tom im obigen Dialog, der am liebsten etwas mit nur einer oder zwei Personen unternimmt, wenn nicht allein. Er ist völlig zufrieden, wenn er über lange Zeiträume allein arbeiten muß. Normalerweise zieht er das Alleinsein vor. Seine Freundschaften sind dauerhaft, aber spärlich. Dem Einzelbeziehungsfähigen wird oft Schüchternheit oder ein Minderwertigkeitsgefühl vorgehalten, aber das ist nicht unbedingt der Fall. Er genießt einfach seine Zurückgezogenheit und ist zufrieden, es sei denn, er wird von vielfach Beziehungsfähigen genervt.

Meine Frau ist vielfach beziehungsfähig, und ich bin einzelbeziehungsfähig. Wir haben lang und breit über unsere unterschiedlichen Eignungen für Beziehungen geredet. Kathy hatte während unserer frühen Ehejahre den Ehrgeiz, mich zu ändern, damit ich mehr aus mir herausging. Das klappte nicht. Das heißt nicht, ich hätte es nicht nötig, mehr an meinen sozialen Fertigkeiten zu arbeiten, sondern vielmehr, daß ich niemals vielfach beziehungsfähig sein werde, schon gar nicht gern. Da Kathy und ich uns über unsere gegensätzlichen Beziehungstalente klar geworden sind, haben wir zu mehr Harmonie in unserer Ehe gefunden; wir schätzen unsere Unterschiede und sehen sie nicht als persönliche Angriffe.

▷ *Beziehungsfähigkeit im vertrauten Umkreis:* Diese Menschen fühlen sich unwohl, wenn ihnen neue Personen begegnen, doch wenn sie mit einer Gruppe vertraut geworden sind, fühlen sie sich entspannter, und die Beziehungen vertiefen sich. Wenn Gruppenbindungen vorliegen, handelt es sich meist um die Mitgliedschaft in Vereinen, besonders Sportvereinen, oder Gruppen mit spezieller Zielsetzung. Sie gehen eher um der Freundschaft willen in die Gruppe als wegen der Aktivitäten.

Wir kennen aber nicht nur Beziehungstalente. Betrachten wir einige weitere Beispiele.

KOMMUNIKATIONSTALENTE

Vor etwa zehn Jahren fingen Kathy und ich an, bei Konferenzen gemeinsam als Redner aufzutreten. Anfangs war es sehr schwierig für mich, solche Wochenendengagements zusammen mit Kathy anzunehmen. Ich war daran gewöhnt, das Reden zu übernehmen, und ich wußte genau, welchen Ablauf ich wollte. Aber sobald ich versuchte, Kathy meine wohlgemeinte Hilfe anzubieten, wurde sie wütend, und wir gerieten in Streit. Wir hatten das Problem verschiedener Talente. Kathy hat eher ein *Lehrtalent;* das heißt, sie hat die natürliche Fähigkeit, ein Konzept, eine Theorie, eine Bibelstelle oder ein Prinzip so auszudrücken, daß andere es verstehen. Wir alle haben Lehrer gehabt, die ihr Thema so wunderbar klar darlegten; wir hatten auch andere Lehrer, die für nachhaltige Verwirrung sorgten. Im Lehrberuf berücksichtigen wir selten, ob jemand ein Naturtalent zum Lehren hat. Wenn jemand einen Titel vorweist, sein Fach beherrscht und die Lehrprüfungen besteht, darf er sich Lehrer nennen.

Ich bin eher ein guter Redner mit etwas Lehrtalent. Ich bin lebhaft und kann sehr gut überzeugen. Ein Mensch mit *Redetalent in der Öffentlichkeit* kann bestimmte Vorstellungen oder Meinungen so mitteilen, daß andere sich zum Handeln bewegen lassen. Ich fand natürlich, Kathy solle überzeugender wirken, mehr lustige Geschichten erzählen und sich energischer und lebhafter geben, aber das sieht ihr nicht ähnlich. Ich habe schließlich gelernt, sie das tun zu lassen, was sie am besten beherrscht. Jetzt sind wir beide effektiv, indem wir tun, wozu wir begabt sind.

Das nächste Kommunikationstalent ist die Verwendung von *Farben und Mustern* als Möglichkeit, sich auszudrücken. Viele Frauen können ausgezeichnet mit Farben umgehen, ob es sich um die Einrichtung oder Kleidung handelt. Einmal sagte mir eine Frau, daß die Leute, die sie zu Hause besuchten, immer bemerkten, ihr Zuhause sei Ausdruck ihrer Persönlichkeit. Vielen Männern fällt dieses Kommunikationstalent an ihrer Frau nicht auf, und sie werden kritisch und schränken sie bei der Einrichtung ihrer Wohnung ein. Diese Frauen empfinden eine ungeheure Enttäuschung. Ebensogut könnte man einem Kommunikationstalent mit Redebegabung den Mund zukleben.

Malen ist eine weitere Kommunikationsweise. Ich habe eine Patientin, die mir durch ihre Kunstwerke mehr darüber mitteilt, was in ihr vorgeht, als durch unsere Gespräche. *Schreiben* ist auch ein Kommunikationstalent – die Fähigkeit, Gefühle und Ideen mit dem geschriebenen Wort auszudrücken. Weiter gibt es noch *Singen, Musizieren mit Instrumenten* und *Schauspielen*. Ein Sänger mit musikalischem Naturtalent kann uns mit seinem Lied so bewegen, daß man die Worte und die Musik fühlt; ein anderer mit musikalischer Ausbildung mag die Technik meisterhaft beherrschen, bringt aber trotzdem keine Kommunikation zuwege, die uns tief berührt. Auch ein Schauspieler ist ein Kommunikator, denn er kann in andere Persönlichkeiten schlüpfen und diesen Charakter vor unseren Augen lebendig machen.

Haben Sie sich schon einmal die Zeit genommen, Ihre Freunde, Kinder oder Ihren Partner zu betrachten und sich zu fragen: „Auf welche Art kann er oder sie am effektivsten kommunizieren?" Kennen Sie Ihr eigenes Kommunikationstalent? Wie viele Konflikte haben Sie in Ihrer Ehe oder anderen Beziehungen erlebt, weil Sie von anderen erwarteten, daß sie sich auf gleiche Weise wie Sie mitteilten? Vielleicht sind Sie talentiert im Umgang mit Worten, doch Ihr Partner oder Ihr Kind könnte sich viel besser in kreativer Weise oder durch Schauspiel ausdrücken.

Wie leicht ist es, ein Kommunikationstalent herunterzuspielen oder abzulehnen, das sich von unserem unterscheidet! Bedenken Sie, daß das kleine Kind in uns allen über eine einzigartige Ausdrucksweise verfügt, weil Gott uns alle mit Naturtalenten im Bereich der Kommunikation ausgestattet hat. Kennen Sie Ihr eigenes Talent?

FUNKTIONALE TALENTE

▷ *Organisationstalente:* Davon gibt es zwei Arten. Bei dem einen geht es um die *Organisation von Prioritäten und Zeit.* Wer dieses Talent hat, kann auf natürliche Weise seine Aufgaben so ordnen, daß sie ihrer Wichtigkeit nach erledigt werden können. Die Zeit ist wichtig für ihn, ob es um Pünktlichkeit oder termingerechte Arbeiten geht.

Das zweite besteht in der *Organisation des Raumes.* Gegenwärtig arbeite ich in einer Art Abstellkammer, mein Arbeitszimmer genannt, an diesem Manuskript. Die eine Wand ist voller Bücherregale, mit Büchern vollgestopft. Glücklicherweise ist mein Schreibtisch groß, damit um so mehr Kram darauf gestapelt werden kann. Auf einer Skala von eins bis zehn, von Chaos bis bester Ordnung rangierend, bekäme mein Zimmer die Note vier. Ich fühle mich hier bei meinen Dingen wohl, und die Katze darf zufrieden an meinem Stuhl hocken.

Meine Frau aber fühlt sich hier unwohl. Sie sagt: „Wie kannst du es mit diesem ganzen Kram aushalten?"

Ich gebe zurück: „Was für'n Kram? Alles ist da, wo ich es finden kann. Wenn ich es ablege, kann ich es nicht mehr finden."

Meine Frau schlägt verzweifelt die Hände über dem Kopf zusammen und trägt der Putzfrau auf, mein Zimmer zu reinigen. Wenn sie damit fertig ist, fängt das Durcheinander an. Alles ist umgeschichtet worden. Ich kann nichts mehr finden. Das Problem liegt darin, daß Kathy ein starkes Organisationstalent besitzt, während ich mit ebenso starker Kreativität ausgestattet bin. Unsere Verschiedenheit im Bereich der Organisation hat manchen Streit ausgelöst und manchmal die Ehe strapaziert. Ich werde ärgerlich, wenn Kathy versucht, mich in ihre gut organisierte Struktur einzupassen. Kathy regt sich über mich auf, wenn ich meine Sachen nicht ordentlich an Ort und Stelle aufbewahre.

Was unseren gemeinsamen Wohnbereich angeht, so meine ich, daß ich meine angelernten Ordnungstechniken anwenden und die Sachen verstauen muß. Was aber meinen eigenen Bereich anlangt, zum Beispiel mein Arbeitszimmer, ist es mir wichtig, es mir bequem zu machen, auf die für mich natürliche Weise. Kathy und ich brauchten lange dafür, zu erkennen, daß wir unterschiedliche natürliche Begabungen für Organisation und Kreativität besitzen und daß sich dies alles nicht darauf reduzieren läßt, daß einer von uns versucht, dem anderen Schwierigkeiten zu machen.

Wenn Ihre Stärke das Organisieren von Räumen ist, finden Sie für alles den richtigen Platz. Nicht vergessen: dieses Talent ist nicht dasselbe wie Ordentlichkeit, denn die ist angelernt. Die Organisation von Räumen ist ein Naturtalent und macht sich schon in der Kindheit bemerkbar. Die Welt sähe ohne Organisierer chaotisch aus.

Kreative Menschen sind häufig schlechte Organisierer. Sie haben ständig Wichtigeres im Sinn, sie schaffen etwas Neues oder ersinnen neue Handlungsmöglichkeiten. Wenn ein kreativer Mensch Seite an Seite mit einem Organisationstalent arbeitet, ergibt sich eine potentiell angespannte Situation, sei es in der Ehe, sei es im Beruf. Der Organisierer hat einen festen Ablauf für jede Handlung im Sinn und ist in jedem Bereich effizient. Der Kreative möchte experimentieren, etwas Neues probieren, neue Ideen ausloten. So kommt Leben in die Sache. Beim Aufeinanderprallen gegensätzlicher Vorstellungen fühlt sich der Organisierer angegriffen und der Kreative frustriert. Wenn aber beide lernen, ihre gottgegebenen Unterschiede zu akzeptieren und zusammenzuarbeiten, dann kann die konfliktbeladene Beziehung harmonisch werden, und beiden nützt es!

Ich habe Kathys Organisationstalent schätzen gelernt, besonders, weil sie sich so gern in Einzelheiten vertieft, was mich wiederum die Wand hochgehen läßt. Man könnte sagen, mir kommen die Ideen, und sie übernimmt die Ausführung. Wir führen eine großartige Ehe trotz ungleicher Begabungen. Ich muß jedoch zugeben, daß unsere Disposition einerseits für Organisation, andererseits für Kreativität in den frühen Ehejahren zu starken Konflikten geführt hat. Ich kam zum Beispiel von der Arbeit nach Hause und entschloß mich von einem Augenblick zum andern, zum Wochenende zu verreisen. Aber meine Begeisterung war kurzlebig, denn Kathy erwiderte: „Ich kann nicht."

„Warum nicht?" fragte ich gereizt.

„Ich hab' viel zu viel zu tun."

„Vergiß es. Mach's doch, wenn wir zurückkommen."

Aber bei Kathy klappte das nicht, und in mir kochte es. Warum mußte sie mir, dem Spontanen, immer den Spaß verderben? Ich erkannte kaum, daß Organisationstalente keinen Spaß daran empfinden, alles stehen und liegen zu lassen; wenn sie weg sind, machen sie sich Sorgen über unvollendete Aufgaben. Kathy mußte unsere Pläne rechtzeitig wissen, damit sie das Nötigste zuwege bringen und sich an die Vorbereitung machen konnte. Dann hatte sie die Freiheit, sich am Wochenendausflug zu freuen. Als ich begriffen hatte, daß sie nicht absichtlich versuchte, mir das Wochenende zu verderben, machte es mir nichts mehr aus, ihr vorher Bescheid zu sagen, damit sie alles organisieren konnte.

▷ *Führungsqualitäten:* Was geschieht, wenn man eine Frau geheiratet hat, die das Talent hat, ein Geschäft oder eine Firma zu leiten? Ich habe in meiner Praxis viele Frauen kennengelernt, die mit Führungsqualitäten begabt waren, sich aber wegen ihrer niedrigen Selbsteinschätzung zurückhielten oder von Männern gebremst wurden, die ihnen alles vorschrieben, was zu tun war. Es gibt drei spezifische gottgegebene Typen des Führungstalentes:

Der Entwickler/Initiator: Ihm schweben neue Ziele für eine Gruppe, eine Abteilung, eine Firma oder Organisation vor. Er oder sie motiviert andere, sich diese neuen Ziele anzueignen, und leitet anfänglich die Durchführung. Wenn jedoch die Arbeit eingerichtet ist und läuft, muß der Entwickler/Initiator weiter zu neuen Herausforderungen.

Der Planer: Solche Menschen können ihr Denken auf die Zukunft ausrichten, um eine Abfolge von Ereignissen, benötigten Mitteln, möglichen Problemen und versteckten Kosten im voraus zu bestimmen, soweit sie mit einem Gruppenprojekt zu tun haben.

Der Manager: Er hat ein Naturtalent zum Koordinieren von Einsatz und Aktivitäten anderer, um ein gemeinsames Ziel zu erreichen. Der Manager bringt den einzelnen in der Gruppe dazu, seinen höchsten Einsatz zu leisten, und sorgt dafür, daß die verfügbaren Mittel optimal eingesetzt werden. Kennt jemand solche Menschen? Ein Beispiel:

Rae, eine große, beeindruckende Frau mit langem blonden Haar machte den ersten Termin mit mir aus. Sie war von ihrer Ehe enttäuscht und dachte ernsthaft daran, Tim zu verlassen. Sie hatte ihn schon auf der Oberstufe ihrer Schule geheiratet und ging bald schwanger mit dem ersten der drei Kinder. Rae war eine hingebungsvolle Ehefrau und Mutter, machte die Familie zum Mittelpunkt ihres Lebens und nutzte ihre Naturtalente, um Reparaturen im Haus und Sachen für Kinder und Freunde herzustellen. Doch so sehr sie ihre Familie liebte, so stark wurde doch die unterschwellige Enttäuschung über ihr Leben.

Tim, ihr Mann, war zufrieden damit, nach der Arbeit nach Hause zu kommen, zu essen und fernzusehen, bis er in seinem Lieblingssessel einschlief und sich schließlich ins Bett schleppte. Er wollte, daß Rae sich abends an seine Seite setzte und mit ihm fernsah, doch sie las viel lieber. Weil sie mehr geistige Anregung brauchte als Tim, wurde ihre Frustration über die Ehe immer größer.

Die Zeit verstrich, und aus den Kindern wurden Teenager. Rae hatte nun mehr Freizeit. Sie wollte außer Haus arbeiten gehen, doch Tim wollte sie verfügbar wissen, wenn er nach Hause telefonierte, und legte Wert darauf, daß zum Feierabend das Essen auf dem Tisch stand. Immerhin hatte Rae Zeit genug, ein wenig ihrer Führungsqualitäten in der Kirche anzuwenden. Sie wurde häufig in Komitees gewählt und konnte immer mit kreativen Ideen aufwarten. Als talentierte Entwicklerin/Initiatorin konnte sie Menschen motivieren. Wenn sie von ihrer Arbeit mit den anderen sprach, strahlte sie auf, und man spürte der Stimme die Begeisterung ab. Je mehr die anderen ihr Talent erkannten, desto mehr Gelegenheiten ergaben sich, außer Haus tätig zu sein. Sie fand die Arbeit in der Kirche und ihre Stellung als aktive Vorsitzende im Club christlicher Frauen viel interessanter als das Leben zu Hause mit Tim. Daraus erwuchsen mehr Schuldgefühle und Unzufriedenheit.

Der entscheidende Anstoß war das Jobangebot einer Freundin aus dem Frauenclub. Die Frau hatte eine Firma, deren Tätigkeitsfeld eine Bekleidungs-, Frisuren-, Fitness- und Ernährungsberatung für Frauen war. Das war die Chance, von der Rae immer schon geträumt hatte. Doch als sie Tim von ihrem großen Glückstreffer erzählte, wurde er wütend und regte sich auf. Bot ihr Leben mit ihm denn nicht genug Erfüllung? Warum mußte sie außer Haus gehen, um Spaß zu haben?

Tim hatte nicht erkannt, daß Raes gottgegebene Talente irgendeine Ausdrucksmöglichkeit außerhalb des Zuhauses brauchten. Je bedrohter er sich fühlte, desto stärker hielt er sie fest, was nur die Spannung zwischen den beiden verschärfte. Rae liebte Tim und wollte ihm eine gute Frau sein, doch sie mußte auch ihre Naturtalente anwenden können und damit das vervollständigen, wozu Gott sie geschaffen hatte.

Die Beratung half Tim, diese Wahrheit einzusehen. Rae und Tim begriffen die Notwendigkeit, einander ihre Gefühle mitzuteilen, um so mit verborgenen Ängsten fertig zu werden. Als Tim seine besitzergreifenden Kontrollmaßnahmen aufgab und Rae die Freiheit gewährte, ihre Talente zum Ausdruck zu bringen, konnte ihre Liebe zu Tim wieder wachsen. Jetzt regte sie ihn an, seine einzigartigen Fähigkeiten zu entwickeln.

In allen Bereichen, Ehe, Freundschaft, am Arbeitsplatz und beim Leben mit Kindern, ist es wesentlich, die gottgegebenen Naturtalente zu erkennen und ihre Entwicklung zu fördern. Unsere Talente sind ein lebenswichtiger Bereich des Kindes im Innern. Wir alle müssen nicht nur mit Liebe und Zärtlichkeit, sondern auch mit Förderung unserer Naturtalente genährt werden. Das Zuhause sollte dafür der wichtigste Ort sein.

Zum Nachdenken

1. Wann haben Sie sich zuletzt mit Ihrem Ehepartner oder besten Freund hingesetzt und miteinander über Ihre innersten Gefühle geredet? Wenn es schon eine Weile her ist, schreiben Sie auf, was Sie als Hindernis dafür empfunden haben.

2. Für Ehefrauen oder Freundinnen: Lesen Sie bitte gründlich noch einmal den Absatz auf Seite ..., der so anfängt: „Meinen verheirateten Leserinnen schlage ich vor, ihren Mann eine Weile zu studieren." Beantworten Sie diese Fragen, soweit sie sich auf Ihren Mann oder Freund beziehen. Was haben sie aus dieser Übung gelernt?

3. Für Ehemänner oder Freunde: Lesen Sie bitte gründlich noch einmal den Absatz auf Seite ..., der so anfängt: "Ehemänner, nehmen Sie sich Zeit, Ihren Frauen zuzuhören und ihre Gefühle zu verstehen?" Beantworten Sie die Fragen, soweit sie sich auf Ihre Frau oder Freundin beziehen. Was haben Sie aus dieser Übung gelernt?

4. Um den Fragen 2 und 3 eine interessante Nuance zu verleihen, sollten Frauen und Freundinnen Frage 3 aus ihrer Sicht beantworten und dann ihre Notizen mit denen der Partner

vergleichen. Wie gut wissen Sie, wie sich der andere fühlt? Ehemänner und Freunde sollten Frage 2 aus ihrer Perspektive beantworten und dann die Antworten mit denen der Partnerin vergleichen. Wieviel Übereinstimmung gibt es?

5. Was ist Ihrer Meinung nach Ihr Beziehungstalent, und wie unterscheidet es sich von dem Ihres Partners oder besten Freundes? Was für Konflikte hat Ihnen das Beziehungstalent beschert, wenn überhaupt? Wie können Sie den Konflikt lösen?

6. Können Sie sich mit irgendwelchen Kommunikations- und funktionalen Talenten in diesem Kapitel identifizieren? Mit welchen? Wie unterscheiden sie sich von denen Ihres Partners oder Freundes?

7. Notieren Sie, auf welche Art die Naturtalente Ihres Partners gefördert werden können. Wie wirkt sich die Beziehung zu ihm auf Ihre eigenen Naturtalente aus? Wie fördern oder verhindern Sie deren Wachstum bei anderen?

Kinder nach unserem eigenen Bilde?

Lange sah ich aus dem Fenster unseres Chalets in der Schweiz und betrachtete die glitzernden, schneebedeckten Alpen. Doch beim Blick auf meinen Sohn Jeff konnte ich meine Gereiztheit nicht verbergen. Aus seinen Augen sprach die Verzweiflung, und auf den Wangen hatten Tränen ihre Spuren hinterlassen. Sein Gesichtsausdruck sagte alles: „Ich muß das dümmste Kind der Welt sein."

Schon seit drei Wochen steckten wir in dieser Sackgasse. Ich regte mich über Jeff auf, weil er die Mathematikaufgaben nicht begriff, die ich ihm während unseres Aufenthaltes in L'Abri beibringen wollte. Ich war überzeugt, daß meine Erklärungen so klar waren, daß er sie hätte verstehen können, wenn er es nur versuchte. Doch je mehr ich zu Jeff durchdringen wollte, desto lauter wurde meine Stimme und desto ungeduldiger wurde ich. Und Jeff verschloß sich immer mehr!

Beim Blick auf sein verängstigtes Gesicht fiel mir schlagartig etwas auf. Ich machte mit Jeff das gleiche, was mein Vater mit mir gemacht hatte, wenn ich damals als Kind mit der Mathematik kämpfte! Ich erinnerte mich, wie gedemütigt ich mich fühlte und wie dumm ich mir vorkam, weil ich nicht verstand, was mein Vater mir zu erklären versuchte. Seine Stimme wurde schrill und sein Gesicht zornesrot, wenn ich keine Regung zeigte. Bestimmt dachte Vater, seine Hinweise seien klar, aber das waren sie nicht. Als Kind schob ich alles auf meine Dummheit, nicht auf den schlechten Unterricht meines Vaters.

Jetzt machte ich mit meinem Sohn genau das gleiche. Was mich am traurigsten stimmte, war meine völlige Unempfindlichkeit für Jeffs Gefühle. Wenn es in der ganzen Welt einen gab, der seine Qual verstehen konnte, dann war ich es doch!

Statt dessen ließen mich seine Gefühle und unsere gespannte Beziehung kalt, bis es mir schließlich dämmerte, was ich eigentlich tat: *Ich schuf mir Jeff nach meinem eigenen Bild.* Das heißt, ich wiederholte die quälenden Erfahrungen meiner Kindheit, anders war nur, daß ich jetzt in der Rolle des strengen, überfordernden Vaters steckte und Jeff der eingeschüchterte und gedemütigte Junge war.

Dieser Vorgang, die eigenen Kinder nach unserem Bild zu formen, wiederholt sich ständig von Generation zu Generation. Auch jetzt geschieht es in Ihrer Familie, und Ihnen ist wahrscheinlich nicht klar, was hier abläuft. Warum passiert das? Und warum sind wir so blind für den schleichenden Vorgang in unserem Leben? Die Antwort auf diese Frage liegt in dem Maß an Bewußtheit, oder vielmehr im *Mangel* an Bewußtheit für unser eigenes Kind im Innern und dem bei anderen. Unsere natürliche Neigung läßt uns das Kind im Innern abschotten, um das Leid schmerzlicher Erinnerungen zu meiden.

Leid vermeiden

Während der Monate in L'Abri in der Schweiz, als ich Jeff Mathematikunterricht gab, damit er den Anschluß behielt, ging noch etwas anderes in mir vor. Alte, unbewußte Erinnerungen an meinen Vater kamen an die Oberfläche – leidvolle Gedanken, die in mir Gefühle von Demütigung, Dummheit und Ablehnung aufwühlten. In einer Situation, die tief eingegrabenes Leid ans Tageslicht brachte, standen mir zwei Möglichkeiten offen: Ich konnte zulassen, daß mein Kind im Innern diese Erinnerungen noch einmal durchlebte und damit das Leid erfuhr, oder ich konnte die schmerzlichen Gefühle umgehen und sie meinem Bewußtsein fernhalten.

Für die Vermeidungstaktik hatte ich eine legitime Begründung: Ich war Jeffs Vater. Doch in diesem Fall spielte ich die Rolle des Vaters nur, um die nagenden, demütigenden Gefühle des Kindes in mir zu umgehen. Vielleicht denken Sie:

„Sicher, Sie sind Jeffs Vater, wo liegt denn da die Ablehnung?" Problematisch daran war, daß ich *die Vaterrolle ohne Mitleid oder Mitgefühl spielte*. Ich versetzte mich nicht an die Stelle meines Sohnes. Mit Jeff Mitleid zu haben hieß doch, daß ich die schmerzlichen Gefühle meines Kindes im Innern zulassen mußte, wenn ich mich an die niederschmetternden Erlebnisse mit meinem Vater erinnerte. Unbewußt wollte ich diese Erinnerungen vermeiden und verwendete also meine Rolle und Autorität als Vater, um Jeff das verspüren zu lassen, was ich nicht fühlen wollte. Mit anderen Worten, indem ich mich zu Jeff so verhielt, wie mein Vater sich zu mir verhalten hatte, drängte ich Jeff in die Lage, das gleiche Leid zu erfahren wie ich damals. In gewisser Hinsicht verlegte ich die Gefühle des Kindes in meinem Innern in Jeff.

Leider passiert das ständig. Wie wirkt das auf unsere Kinder? Wenn sie jung sind, lieben sie uns fraglos und glauben, wir würden nie Fehler machen. Sie müssen auch glauben, daß wir unfehlbar sind, weil sie völlig abhängig von unserer Liebe, Sicherheit und von unserem Schutz sind. Was aber passiert, wenn die Situation uns entgleitet, wenn die Risse in unserer Rüstung sichtbar werden, wenn Beziehungen zerbrechen? Das Kind ist überzeugt, alles sei seine eigene Schuld; es müsse etwas Schlimmes gemacht haben, daß solch ein Problem entstehen konnte.

In Jeffs Fall konnte ich nicht zugeben, daß es in Wirklichkeit an meinen verworrenen Lehrmethoden und an meiner Intoleranz gegen seine offensichtlichen Lernschwierigkeiten lag. Kein Wunder, daß er sich dumm vorkam und daraus schloß, ich sei enttäuscht von ihm. Trotzdem liebte er mich und wollte meine Bestätigung. Was also tat er dafür? Er versuchte es um so mehr. Wenn ich nicht erkannt hätte, was ich anrichtete, hätte sich der destruktive Kreislauf fortgesetzt.

Erkennen Sie, was hier ablief? Ich gebe schlechte Anweisungen, also gibt Jeff sich noch mehr Mühe, um meine Bestätigung zu erringen. Je mehr Mühe er sich gibt, desto schlechter werden seine Ergebnisse und desto ärgerlicher werde ich, bis er schließlich seine völlige Niederlage verspürt und ich absolut frustriert bin. Ich denke allmählich, daß er tatsächlich dumm ist; er kommt sich wie ein totaler Versager vor. Damit habe ich es geschafft, meinen Sohn nach dem Versagerimage zu schaffen, das ich als Kind von mir hatte. *Und was hat es mich gekostet? Die Beziehung zu meinem Sohn!*

Wenn Ihnen diese Vorstellung neu ist, verstehen Sie es vielleicht nicht, wenn ich sage, ich hätte es geschafft, meinen Sohn nach meinem eigenen Bild zu schaffen. Der Deutlichkeit halber sollten wir den Vorgang genauer analysieren. Mein Kind im Innern kommt sich dumm und gedemütigt vor, doch kann ich diese Gefühle begraben, indem ich meine Elternrolle spiele. Unbewußt richte ich mein elterliches Verhalten nach dem Muster aus, das ich bei meinem eigenen Vater beobachtet habe. Wenn mein Sohn ebenso reagiert wie ich auf meinen Vater, werde ich an die Gefühle meines eigenen Kindes im Innern erinnert, nämlich dumm und gedemütigt zu sein und versagt zu haben. Aber jetzt bin ich der Erwachsene. Ich kann meine Kindheitserfahrungen hinter meiner Rolle als Autoritätsperson verstecken. Ich kann Macht ausüben. Ich kann mein Vater sein, Befehle erteilen und unbesiegbar sein. Wie fühlt sich mein Sohn jetzt? Er fühlt sich dumm und gedemütigt und sicherlich wie ein Versager. Mit anderen Worten, es ist mir gelungen, eine kleine Ausgabe meiner selbst zu schaffen. Woher weiß ich, wie sich mein Sohn fühlt? Erst einmal habe ich keine Ahnung davon, weil ich zu blind für die Gefühle des Kindes in mir bin. Unbewußt lehne ich es ab, mich mit meinem Sohn und seinem Leid zu identifizieren; wenn ich das täte, müßte ich die dunklen Gefühle meines eigenen verletzten Kindes im Innern durchstehen. Erst, wenn mir die Gefühle dieses Kindes bewußt werden, kommt mir die Einsicht, und ich kann Mitleid für Jeff empfinden.

Müssen Sie feststellen, daß Sie Ihre Kinder auf die gleiche Weise erziehen, wie Sie erzogen wurden? In manchen Fällen funktioniert es gut, besonders dann, wenn Ihre Eltern sensibel und einsichtsvoll waren, sich Zeit nahmen, ihr Kind kennenzulernen und ihm zu helfen, sich als eigenständige Person zu entwickeln. Im positiven Sinne schaffen wir uns Kinder nach eigenem Bild, wenn wir ihnen Tugenden wie Ehrlichkeit, Fleiß, Mut, Mitleid und Großzügigkeit vermitteln. Als Christen versuchen wir außerdem, unsere Kinder nach Gottes Vorbild zu formen – das heißt, nach dem Entwurf, aus dem heraus er sie geschaffen hat, ausgestattet mit göttlichen Attributen und ihrer eigenen und einzigartigen Kombination von Fähigkeiten. Weil aber das Problem so weit verbreitet ist, konzentrieren wir uns hier nur auf die negativen Aspekte beim Formen unserer Kinder nach dem eigenen Bild.

Margaret, eine meiner Patientinnen, wurde aus Sorge über das Sexualverhalten ihrer Tochter sehr streng, zwang sie in jede Jugendstunde der Kirche und hielt ihr oft Vorträge über Geschlechtskrankheiten: Gott würde sie für sexuelle Sünden bestrafen.

Damit soll nicht gesagt werden, daß Eltern ihre Kinder nicht vor falschem geschlechtlichen Umgang warnen oder sie auf die biblischen Maßstäbe dafür hinweisen sollen. Es geht darum, wie es geschieht. Nach einiger Zeit fing Candy an, sexuell aktiv zu werden, vielleicht um ihrer Mutter absichtlich weh zu tun. Margaret gestand unter Tränen ein, daß Candy sich genauso verhielt wie sie damals auf der Oberschule und daß ihre Mutter sie genauso behandelt hatte wie sie jetzt Candy. Als Margaret merkte, was sie anrichtete, sagte sie mir: „Ich weiß noch, wie ich mir schwor, Candy niemals anzutun, was meine Mutter mit mir machte. Aber jetzt verhalte ich mich genauso."

Margaret vertraute mir auch noch an, daß sie sich von ihrer Mutter nie geliebt fühlte, weil sie die Vorhaltungen so auslegte, als wolle die Mutter ihr damit sagen, sie treibe es mit jedem. Jetzt durchlebte Margarets Tochter die gleichen Gefühle. Margaret mußte sich nun mit ihrer Tochter hinsetzen und ihr Mut machen, über ihre Gefühle und ihre Einstellung zu Jungen, Verabredungen und Sex zu reden. Indem sie echtes Interesse für Candys Standpunkt zeigte, brachte sie zum Ausdruck: „Du bist mir nicht gleichgültig, Candy, und ich möchte verstehen, was du denkst und fühlst, weil du mir wichtig bist." Mit diesem Vorgehen zeigte sie Anerkennung für Candy als eigenständige Person und bewies, daß sie Candy für fähig hielt, die Konsequenzen ihres Verhaltens zu bedenken, besonders jetzt, wo sie in einem Alter war, in dem Kontrolle und Einfluß der Eltern sich mehr indirekt als direkt auswirkten. Ein Teenager, der sich in seiner Persönlichkeit wohlfühlt und von den Eltern respektiert wird, hat eine viel bessere Ausgangsbasis für sinnvolle Entscheidungen über seinen Lebensstil als einer, dem diese Voraussetzungen fehlen.

Liebe und Anerkennung

Vor vielen Jahren nahm meine Mutter mich auf den Marktplatz am Lincoln Park in Palm Beach mit. Mitten im Park stand die Long Beach-Bibliothek, ein altes Gebäude mit einem schier unerschöpflichen Bestand an alten Büchern und alten Menschen. Am meisten aber faszinierte mich der Park. Er wimmelte von dicken grauen Tauben und schmutzigen alten Obdachlosen, die im Park zu Hause waren. Ich erinnere mich an einen schäbig gekleideten alten Mann, der im Schatten eines großen Baumes erfinderisch Tauben „angelte". Er band ein Stück Brot an ein Band und hielt es am anderen Ende fest. Dann warf er den Köder auf den Rasen und wartete darauf, daß die arglose Taube herbeikam und nach dem Brot pickte. Langsam zog er das Brot heran, während die gierige Taube sich über die Mahlzeit hermachte und glücklicherweise keine Ahnung hatte, daß sie selbst in Kürze zur Mahlzeit werden sollte. Schließlich hatte der Alte die Taube ganz nahe bei sich. Bevor der Vogel wußte, wie ihm geschah, war er schon im Vogelhimmel, und bald war das Essen angerichtet. Was sagt uns das? Der Nahrungstrieb der Taube lockte sie in die Falle eines Menschen, der ihr Schaden antun wollte.

Ähnlich wird ein Kind durch das Bedürfnis nach Liebe und Anerkennung anfällig für die Mißhandlung durch andere. Dieses Problem taucht zumeist zwischen Eltern und Kind auf. Weil das Kind einander widerstreitende Bedürfnisse nach Liebe und Unabhängigkeit verspürt, können starke Spannungen in der Familie entstehen, wenn das Kind ins Stadium der Autonomie kommt, wie einige Psychologen es nennen. Mit etwa zwei Jahren wird das Kind mobiler, kann besser koordinieren und wird ungeheuer neugierig. Es ist bereit, seine Welt zu entdecken. Es möchte alles allein machen – sich anziehen (auch wenn die Hose verkehrt herum sitzt) und essen (ganz gleich, ob der Haferbrei in drei Meter Umkreis alles verklebt). Wenn es entdeckt, daß alle seine Körperteile zur gleichen Person gehören, entsteht ein Individuum!

Das Wort *nein* wird zum Lieblingswort; es sagt zu allem nein:

„Zeit zum Essen, Johnny." Nein!

„Geh ins Bettchen, Marie." Nein!

„Komm in die Badewanne, Julchen." Nein!

Die Art, wie man während dieser kritischen Lebensphase mit der keimenden Unabhängigkeit des Kindes umgeht, ist in großem Ausmaß entscheidend dafür, inwiefern aus ihm eine eigenständige Person wird und kein Geschöpf nach dem Bild seiner Eltern. Was meine ich damit?

Nehmen wir an, Ihre Mutter habe Sie als Kind übermäßig behütet. Sie grämte sich wegen Ihrer Gesundheit, Ihrer Kratzer und Schnitte, Ihrer Schlafgewohnheiten, Darmbewegungen und jeder Gefühlsregung. Wie ein großer brütender Vogel war sie auf dem Sprung, Sie vor dem leisesten Anschein von Problemen zu behüten.

Kathy und ich hatten eine solche Nachbarin. Sie ermahnte ihre Dreijährige andauernd: „Nicht auf den Baum klettern, sonst fällst du runter. Nicht mit dem Tor schaukeln, sonst klemmst du dich ein! Spiel nicht mit dem Hund, sonst bekommst du Bazillen." So ging es in einem fort und erzeugte in ihrem Kind eine Riesenangst vor der Welt.

Ich will damit nicht sagen, daß Ihnen die Sicherheit Ihres Kindes gleichgültig sein soll. Aber es gibt einen Punkt, über den hinaus zu viel Sorge das Wachstum des Kindes behindert. Wenn das passiert, haben wir es mit einem Übermaß an

Schutz zu tun. Was ergibt sich daraus für die Entwicklung des Kindes? Es wird unbegründet ängstlich und vorsichtig werden und sich nicht trauen, auf eigene Faust etwas zu unternehmen. Es wird in zunehmendem Maße abhängig vom Schutz und von den Anweisungen der Eltern. Sein Vertrauen darauf, mit Problemen fertig zu werden und seine Umwelt zu meistern, wird ersetzt durch die extreme Abhängigkeit von anderen Menschen, die es versorgen. Das Bedürfnis nach Liebe, Anerkennung und Sicherheit ist so stark, daß es alles Nötige zu tun bereit ist, um sich die Zustimmung der Eltern zu sichern. Diese Art von Erziehung bewirkt oft ein Verhaltenssyndrom aus Willfährigkeit, Zurückgezogenheit oder Zauderhaftigkeit, mit dem das Kind bis ins Erwachsensein zu tun hat. Mit anderen Worten, das Kind setzt sich die Maske der Abhängigkeit oder Willfährigkeit auf, um in den Augen anderer als „annehmbar" zu erscheinen. Es sei betont, daß das angepaßte Kind nichts mit dem echten Kind im Innern zu tun hat, sondern eher eine Fassade darstellt, mit dem das Kind im Innern vor dem Leid der Ablehnung oder Kritik wichtiger Menschen geschützt wird.

Ich mache mir immer Sorgen um die Kleinen, die scheinbar perfekt funktionieren. Ich weiß, daß viele Lehrer sich eine Klasse mit lauter solchen Kindern erhoffen. Sie geraten nie in Schwierigkeiten, sind immer höflich und bereitwillig. Ich habe nichts gegen diese Eigenschaften, aber es gibt einen Punkt, über den hinaus solches Verhalten für das durchschnittliche Kind unnatürlich ist. Sie sind buchstäblich zu gut, um wahr zu sein. Solche Kinder sind häufig nach dem Bild der Eltern geschaffen worden, gut und gehorsam zu sein, damit sie den Beifall aller wichtigen Erwachsenen in ihrem Leben ergattern. Das elterliche Übermaß an Schutz besagt: „Du kannst nicht für dich selbst sorgen; du brauchst uns, daß wir uns um dich kümmern, dir die Entscheidungen abnehmen und für dich dein Leben führen. Wenn du dich an unsere Regeln hältst, bekommst du Liebe und Anerkennung."

Diese Kinder werden auch als Erwachsene von ihren Kameraden, ihrem Freund oder ihrer Freundin und dann vom Ehepartner abhängig sein. Wenn sie Kinder bekommen, geben sie ihnen die gleiche Erziehung, geben ihnen ein Übermaß an Schutz und bauen die gleiche Abhängigkeit auf, die sie erfahren haben. Die Geschichte setzt sich endlos fort, und niemand weiß, wann sie aufhört. Hört sich das entmutigend an? Ja, doch dieses destruktive Verhaltensmuster braucht sich nicht fortzupflanzen, wenn uns die falsche Art bewußt wird, wie wir Kinder nach unserem Bild schaffen.

Kritische Einstellung

Die nächste negative Art, sich Kinder nach eigenem Bild zu schaffen, besteht in einer extremen Kritik an ihrem Verhalten. Während viele Eltern finden, Kritik sei eine Möglichkeit, das Kind vor Fehlern zu bewahren und sein Benehmen zu verbessern, wirkt sie aus der kindlichen Perspektive je nach Häufigkeit und unsensibler Handhabung sehr entmutigend und demoralisierend. Oft schwingt die Botschaft mit, das Kind könne es Mama und Papa nicht recht machen und sei nicht gut genug.

Liebe Mutter, stellen Sie sich einmal vor, Ihr Fünfjähriger kommt ganz begeistert auf Sie zugelaufen, in der Hand seine Zeichnung von einem Pferd. Er drückt Ihnen das Bild stolz in die Hand. Was sagen Sie jetzt? Stellen Sie sich vor, daß das Gespräch so verläuft:

Mama: Na, Ted, was ist denn das?
Ted: Ein Geschenk, Mama. Ich hab's extra für dich gemacht.
Mama: Ach, wie hübsch. Aber was ist es denn?
Ted: (enttäuscht) Guck doch, Mama. Ein Pferd.
Mama: Aber Ted, so sieht doch kein Pferd aus.
Ted: Doch!
Mama: Nein, ich zeig' dir, wie man ein Pferd richtig malt.
Ted: (reißt ihr wütend das Bild aus der Hand) Das will ich nicht!

Hier ist entscheidend, daß Ted etwas aus eigener Initiative und Kreativität geleistet hat, um seiner Mutter etwas Hübsches zu schenken. Er wollte ihr eine Freude machen und sich von ihr Liebe und Anerkennung für das Bild holen. Die Mutter wollte vielleicht Teds Geschicklichkeit beim Malen entwickeln und aus dem Geschenk einen Zeichenunterricht machen. Für Ted aber lautete die Botschaft: „Ich habe Mama keine Freude gemacht; ich hab's falsch gemacht; ich habe sie enttäuscht."

Die Mutter hat eine Chance verpaßt, Ted im Gebrauch seiner eigenen Ideen und Fähigkeiten zu fördern. Wiederholte Erfahrungen dieser Art können dazu führen, daß ein Kind jeden Versuch aufgibt, sich auszudrücken; statt dessen schafft man sich ein Kind, das sich als höchstes Ziel setzt, den wichtigen Leuten zu gefallen, indem es so wird, wie es sein soll. Es wird zum Kind nach dem Bild der Eltern. Der Apostel Paulus spricht im Brief an die Christen in Ephesus dieses Thema an: „Väter, reizt eure Kinder nicht zum Zorn, sondern zieht sie auf in der Zucht und Ermahnung des Herrn" (Epheser 6,4).

Paulus warnte hier die Eltern vor zu harter Kritik bei der Erziehung ihrer Kinder, weil damit nur Zorn und Entmutigung bewirkt wird. Der Zorn ergibt sich aus der Unfähigkeit des Kindes, Freude zu machen, was zum Gefühl der Hoffnungslosigkeit führt. Damit sei nicht gesagt, daß ein sensibel und konsequent bestraftes Kind nicht wütend über die Eltern wird. Das wäre unrealistisch, denn Strafe bewirkt ein Gefühl von Frustration: man kann nicht tun, was man gern will. Doch diese Art von Ärger unterscheidet sich vom Zorn, von dem Paulus schrieb, der aus einer kritischen Behandlung stammt, die das Kind entmutigt.

Bevor wir uns Gedanken machen, wie man Kindern so aufzuwachsen hilft, daß sie zu Geschöpfen nach Gottes Plan werden, fassen wir einige Merksätze zur Erziehung nach unserem eigenen Bilde zusammen:

▷ Jedes Kind, das Gott uns geliehen hat, wurde als einzigartige, eigenständige Person geschaffen.

▷ Ein Kind braucht Liebe, Anerkennung und Sicherheit, damit es sich zu seiner einzigartigen Identität hin entwickelt.
▷ Etwa mit zwei Jahren fängt das Kind an, selbständiger zu handeln, seine Welt zu entdecken und sich selbst als von Mutter und Vater unterschiedliche Person zu erfahren.
▷ Als Eltern können wir unsere Liebe und Anerkennung fälschlich als Köder einsetzen, um willfähriges Verhalten zu belohnen und Kinder nach eigenem Bild zu schaffen. Wir können aber auch die Macht der Liebe und Anerkennung einsetzen, um das Wachstum und die Entwicklung unserer Kinder zu fördern, damit sie einzigartige Persönlichkeiten mit eigenen Fähigkeiten und Ideen werden. Das heißt nicht, daß wir unsere Kinder nicht bestrafen sollen, sondern daß die Strafe jedem Kind angemessen sein muß und ihm realistische Grenzen zu seinem Schutz setzt. Gleichzeitig bieten wir genügend Flexibilität für eine persönliche Entwicklung.

Die Entwicklung des Kindes nach Gottes Vorstellung

Wenn wir dem Kind helfen wollen, zu einem Menschen nach Gottes Plan zu werden, müssen wir als erstes erkennen, wie leicht es ist, ein Kind statt dessen nach eigenen Vorstellungen zu formen.

Zweitens müssen wir anerkennen, daß es Gottes Gedanke ist, einem Kind zu seiner einzigartigen Persönlichkeit zu verhelfen, kein Produkt der Psychologie. Die Psychologen haben die Bedeutung dieses Konzeptes erkannt, weil Gott jedem Menschen den Drang eingepflanzt hat, sein Bild in sich zu tragen.

In Sprüche 22,6 heißt es: „Erziehe den Knaben seinem Weg gemäß; er wird nicht davon weichen, auch wenn er älter wird." Die *Amplified Bible* (amerikanische Bibelübersetzung mit Berücksichtigung der Mehrdeutigkeit hebräischer bzw. griechischer Ausdrücke – Anm. d. Übers.) hilft uns, die

Stelle zu verdeutlichen: „Erziehe einen Knaben seinem Weg gemäß (und im Einklang mit seiner individuellen Begabung oder Neigung), und er wird nicht davon weichen, auch wenn er älter wird."

Der entscheidende Ausdruck ist „seinem Weg gemäß". Viele glauben, er beziehe sich auf die Erziehung in allem, was Gott betrifft. In anderen Bibelstellen werden wir genau dazu ermahnt, doch in diesem Vers sind natürliche Neigungen oder Fähigkeiten des Kindes gemeint. Wenn es älter wird, lebt es immer noch im Einklang mit der einzigartigen Persönlichkeit, die Gott ihm geschenkt hat. Halten Sie, Vater und Mutter, Ausschau nach den besonderen Befähigungen Ihrer Kinder? Vielleicht fragen Sie sich: „Wie erkennen wir die Naturtalente unseres Kindes?"

Die besonderen Fähigkeiten Ihres Kindes erkennen

Der erste Schritt dazu ist die Entdeckung Ihrer eigenen angeborenen Begabungen. Diese Naturtalente machen Ihre Identität als Person aus; sie sind Teil des Kindes im Innern, des wirklichen Ich. Naturtalente sind Eigenschaften, mit denen Sie geboren sind; Sie haben sie nicht erlernt oder sich durch Übung angeeignet. Sie sind gottgegeben wie Ihre Größe, Haar- und Augenfarbe, Körpertypus und Nasen- oder Ohrengröße.

Im letzten Kapitel haben wir die drei Hauptbereiche von Naturtalenten betrachtet: Kommunikationstalente, Beziehungstalente und funktionale Talente. Es ist wichtig, daß Sie Ihre eigenen Stärken erkennen, um den Kindern bei der Entdeckung ihrer Talente helfen zu können.

Das Alter spielt dabei eine Rolle. Wenn Ihr Kind zu Hause ist, spiegelt die Umgebung Ihre Interessen und Werte wider, und Ihr Kind, das Ihnen ja gefallen will, zeigt vielleicht eher Interesse an allem, was Ihnen gefällt, als an dem, was es natürlicherweise gut beherrscht. Oft zeigen sich die Naturtalente erst spät im zweiten Lebensjahrzehnt, wenn es sein

Zuhause verläßt. Das heißt nicht, daß die natürlichen Fähigkeiten nicht schon früh sichtbar werden, sondern daß Sie vorsichtig sein sollten, nicht nur das zu sehen, was Sie sehen wollen. Das gilt vor allem für Ihre Lieblingsfähigkeiten wie Sport, Musik, Schauspiel und so weiter.

Mein Sohn ging in meinen Spuren und machte mir fast alles nach bis hin zur Wahl der gleichen Sportarten, Hauptfächer und Ferienjobs. Ich war wie Jeff auf der Oberschule in der Schwimm- und Wasserballmannschaft. Ich war im College als Bademeister angestellt; er auch. Ich hatte im College Psychologie als Hauptfach; er auch. Das macht einen Vater ganz schön stolz. Ich glaube, er wollte auf so manche Art mir ähnlich sein ... aber Gott hat ihn anders als mich geschaffen.

Das fiel mir auf, als er von zu Hause fortging, um auf dem College zu studieren; stärker noch nach seinem Abschluß. Ich erkannte, daß Jeff sich in Gruppen wohler fühlt als ich. Er kann viel besser Prioritäten setzen und seine Zeit effektiver nutzen. Er hat mehr Führungsqualität als ich, besonders beim Einführen und Entwickeln neuer Ideen und Einbeziehen der anderen. Jeffs Interesse an der Wirtschaft brachte ihn darauf, Versicherungskaufmann zu werden, während meine Talente mich dazu führten, Beratung, Lehre und Musik zu wählen.

Erst war ich ein wenig enttäuscht, daß wir verschiedene Wege gingen, weil ich glaubte, meinen Sohn so gut zu kennen. Jetzt weiß ich, daß ich zu sehr dem Einfluß meiner eigenen Wünsche unterlag und deshalb nicht erkannte, wer er wirklich war. Wie leicht ist es, ein Kind nach eigenem Bilde zu formen! Mittlerweile habe ich den wirklichen Jeff schätzen gelernt und erlebe voller Stolz mit, wie er seine Naturtalente in einem Beruf seiner Wahl entwickelt.

Vermitteln Sie Lebenshilfe

Bei der Suche Ihrer Kinder nach ihren Stärken werden Sie gebraucht, um ihnen grundsätzliche Fertigkeiten für das

Leben zu vermitteln, die sie von Natur aus nicht haben. Solche Fertigkeiten sind Verhaltensweisen, mit denen man in der Welt voran- und mit anderen gut auskommt. Man erlernt sie über lange Zeit durch Ausdauer, Übung und Geduld.

Ein Beispiel soll zur Klärung beitragen. Nehmen wir an, Sie haben eine kleine Tochter namens Susi. Neben anderen Talenten hat Susi starke kreative Neigungen. Sie zeigen ihr, wie man sich frisiert, und sie bringt eine außergewöhnliche Frisur zustande, die gut aussieht. Susi macht anscheinend alles anders als ihre Altersgenossen und bringt etwas Besonderes zuwege. Sie wird dann älter und hilft gern in der Küche, hält sich aber nur ungern an Rezepte. Sie experimentiert lieber mit zahlreichen Zutaten, und ihre kulinarischen Kreationen schmecken immer gut. Das Problem: Sie räumt die Küche nicht gern auf; eigentlich hinterläßt sie immer ein Chaos.

Wie gehen Sie als Eltern nun mit diesem Problem um? Vielleicht so: „Rein mit ihr in die Küche, und dann aber anständig saubergemacht!" Mit Sicherheit reagieren Sie so, wenn Sie eine organisationsorientierte Persönlichkeit haben. Ihre Begabung liegt dann darin, räumliche Ordnung zu schaffen. Sie kommen also zum Schluß: „Ich will Susi beibringen, so gut zu organisieren wie ich!" Viel Glück! Das werden Sie brauchen.

Was Sie verstehen müssen, ist der Unterschied zwischen Ordentlichkeit, die man sich aneignen kann, und der natürlichen Fähigkeit für die räumliche Organisation, die sich nicht lernen läßt. Sie müssen auch erkennen, daß kreative Menschen oft wenig Talent für räumliche Organisation haben. Sie haben da eine Schwäche. Schauen Sie sich einmal Susis Zimmer an – eine Katastrophe!

Müssen Sie deshalb Susis Unordnung einfach ignorieren und sie ihrer natürlichen Neigung zum Chaos zuschreiben – und die Küche selbst aufräumen? Bestimmt nicht! Wenn Sie verstehen lernen, wie die Menschen sich in ihren Naturtalenten unterscheiden, wird Ihnen klar, daß Susi niemals so gut organisieren wird wie Sie; doch ebenso wichtig ist die Erkenntnis, daß sie die Ordnung nicht unbedingt *lieben* muß, um die Fertigkeit des Aufräumens zu lernen.

Spannungen treten dann auf, wenn wir unsere Kinder zwingen, so wie wir zu werden, obwohl sie nicht unsere besonderen Talente haben. Irgendwie nehmen wir an, daß etwas mit ihnen nicht stimmt, weil sie nicht genauso handeln können wie wir. Vergessen Sie nicht, Ihre Kinder wollen Ihnen gern Freude machen und brauchen Ihre Liebe, Hilfe und Bestätigung. Je mehr Sie die natürlichen Neigungen der Kinder erkennen und von Alltagsfertigkeiten unterscheiden können, desto besser können Sie sie bestärken und fördern, damit sie ein Leben führen, für das Gott sie begabt hat. Denken Sie auch daran, daß Geschwister sehr unterschiedliche Talente haben können.

Wenn Sie Ihr Kind auffordern, seine sportlichen Fähigkeiten auszuschöpfen, bieten Sie ihm ein Stück Lebenshilfe. Selbst wenn es nicht besonders sportlich ist, kann es trotzdem Freude an Gemeinschaftssportarten haben wie Tennis, Fußball, Schwimmen, Federball, Radfahren und Volleyball. Wenn Ihr Kind nicht sportlich ist, braucht es nicht zu Höchstleistungen gedrängt zu werden; man sollte ihm einfach zeigen, daß es Spaß an der Aktivität und der Gemeinschaft mit der Familie haben kann. Entsprechend liegen vielleicht die Naturtalente Ihres Kindes nicht im Bereich von Musik, Kunst oder Literatur; das muß nicht heißen, daß es nicht lernen kann, gute Musik, Kunstwerke und Bücher zu schätzen und sich daran zu freuen.

Wie man die Naturtalente seines Kindes fördert

Betrachten wir einige Möglichkeiten, wie Sie als Eltern bei Ihrem Sprößling die Naturtalente als Bereich des Kindes im Innern entdecken und fördern können.

▷ Fordern Sie Ihr Kind auf, einmal etwas Neues, anderes zu versuchen. Haben Sie einen Bequemlichkeitsbereich? Was das ist? Ihr Bequemlichkeitsbereich umfaßt alles, was Sie gern und gut tun können. Bei mir gehört dazu das Reden in der Öffentlichkeit, meine Beratungsarbeit, Joggen, Radfahren, die Beschäftigung auf dem Boot und Aktivitäten für mich allein oder mit wenigen engen Freunden. Er erstreckt sich nicht auf große Partys, wo ich niemanden kenne; außerdem singe ich ungern Solos, bin nicht gern für viele Menschen verantwortlich und hasse Routinearbeiten.

Auch Kinder haben eine Bequemlichkeitszone mit Tätigkeiten, die sie mögen. Doch es ist wichtig, daß wir als Eltern ihnen Herausforderungen bieten, sie aus ihrem Bequemlichkeitsbereich schubsen, damit sie mehr von der Welt kennenlernen. Sie werden um so wahrscheinlicher ihre Naturtalente entdecken, wenn sie sich anstrengen und etwas Neues probieren. Wenn Ihr Kind zum Beispiel am liebsten zu Hause bleibt, reden Sie ihm zu, in den Sommerferien eine Gruppenreise mitzumachen. Regen Sie an, daß es hin und wieder bei Freunden übernachtet, damit es erleben kann, wie es in anderen Familien zugeht. Wenn Ihr Kind vor dem Fernseher Wurzeln schlägt, schlagen Sie neue Hobbys vor, Musikunterricht zu nehmen, Modellflugzeuge zu bauen oder Computerspiele auszuprobieren – alles, was wirksam ist, es aus dem Bequemlichkeitsbereich zu locken.

▷ Kaufen Sie Spielzeug, das Talente fördert. Doch Vorsicht: Diese Spielzeuge sind für die Kinder, nicht für Sie selbst gedacht – die Talente der Kinder, nicht der Eltern, sollen gefördert werden. Unsere Kinder liefern uns den Vorwand, selbst wieder Kind zu sein – was tun wir Erwachsenen? Wir laufen los und besorgen uns alles, was wir mögen, nicht was sie gern hätten. Wenn Sie also Spielzeug kaufen, denken Sie bitte an die Talente des Kindes. Wenn Ihre Tochter künstlerisch veranlagt ist, kaufen Sie ihr Buntstifte, Malkästen und Knetgummi. Hat Ihr Sohn Spaß am Bauen? Kaufen Sie ihm Bauklötze und Modellbausätze. Fühlt Ihre Tochter sich durch Puzzles und Spiele geistig herausgefordert? Bringen Sie ihr so etwas mit. Führt Ihr Sohn gern etwas vor? Dann könnten Marionetten oder ein Musikinstrument das Richtige sein.

Oder hätte er lieber einen Fußball oder Laufschuhe, um an seinen sportlichen Leistungen zu feilen? Vielleicht hätte das Mädchen lieber eine niedliche Puppe zum Liebhaben? Oder der Sohn möchte die Puppe und das Mädchen den Fußball. Schränken Sie unbewußt das Kind ein, indem Sie es auf typisch männliche oder weibliche Klischees festlegen? Oder sind Sie bereit, das Kind in Freiheit seine Interessen ausdrücken zu lassen, auch wenn sie den traditionellen Rollen widersprechen?

Wenn möglich, sollte dem Kind eine Spielfläche zur Verfügung stehen, wo es sich austoben kann – vielleicht ein extra Zimmer, eine Kellerecke oder die Garage – einen Platz, den es als etwas Eigenes betrachten kann, wo es experimentieren und schöpferisch tätig sein kann, ohne wegen Farbspritzer oder Unordnung Ärger zu bekommen. Wenn Sie als Eltern nicht kreativ sind, aber ein kreatives Kind haben und nicht sicher sind, was für Spielzeug Sie kaufen sollen, reden Sie mit Lehrern oder anderen Eltern, die Ihnen kreativ vorkommen. Sie teilen Ihnen gern ihre Ideen mit.

▷ Legen Sie für jedes Kind ein Notizbuch für seine Leistungen an. Wenn Sie nach Naturtalenten Ausschau halten, fällt Ihnen hin und wieder eine Fähigkeit auf, die wirklich hervorragend ist. Selbst in sehr jungen Jahren kann ein angeborenes Talent durchschimmern. Als Schulkind hatte ich oft die Wahl zwischen mündlichen oder schriftlichen Arbeiten. Ich wählte immer die mündliche. Nicht nur fiel mir das Reden leicht, sondern ich führte auch von Herzen gern etwas vor. Meine Mutter zwang mich sechs lange und leidvolle Jahre hindurch, Klavierunterricht zu nehmen. Sie versicherte mir, ich würde ihr in zukünftigen Jahren überschwenglich dankbar sein. (Jetzt bin ich fünfzig. Tut mir leid, Mama, immer noch kein Danke!) Aber alle Mütter hörten bei den jährlichen Vorträgen gern meinem Spiel zu. Warum? Bestimmt nicht wegen meiner virtuosen Vortragskunst. Nein, es lag an der Vorführung – Dick, der begabte Showstar, brachte den Trick.

Nehmen Sie sich am Tag der offenen Tür in der Schule Ihres

Kindes Zeit für seine Arbeiten und Zeichnungen oder Projekte im Schaukasten. Wie sieht seine Arbeit im Vergleich zu den Leistungen der anderen in der Klasse aus? Zeichnet es besser als die anderen, schreibt es phantasievolle Geschichten, hat es für naturwissenschaftliche Fächer etwas Besonderes konstruiert? Was sagen die Lehrer über Fertigkeiten und Verhalten in der Klasse? Über seine Leistungen, sportliches Verhalten und Interessen? Was ein Kind schon früh zuwege bringt, weist auf Naturtalente und spätere Berufsziele hin.

Schon bevor Ihr Kind zur Schule geht, können Sie seine Werke sammeln. Halten Sie den Ordner während der Schulzeit auf dem aktuellen Stand, legen Sie Zeichnungen oder Fotos von besonderen Anlässen dazu, von perfekten Arbeiten oder Berichten sowie Medaillen und Urkunden für besondere Leistungen. Holen Sie das Buch vor, wenn Ihr Kind darüber klagt, wie dumm oder unbegabt es ist, damit es sich selbst von seinen Begabungen überzeugt. Damit läßt sich sehr gut das Selbstbewußtsein fördern.

Liebe Mütter und Väter, diese Prinzipien zur Erziehung gesunder, kreativer Kinder lassen sich gut anwenden. Sie sind weder kompliziert noch geheimnisvoll. Sie sind vernünftig und auf der Bibel gegründet. Als Eltern sollten Sie es zu schätzen wissen, daß Sie Gottes Bild tragen. Achten Sie sorgsam darauf, wie Gott Sie mit Naturtalenten begabt hat. Dann können Sie die besonderen Fähigkeiten Ihres Kindes herausfinden und fördern. Machen Sie ihm Mut, sich zu dem Menschen zu entwickeln, den Gott geschaffen hat.

Zum Nachdenken

1. Denken Sie an die Familie, der Sie entstammen. Welche Interessen und Aktivitäten haben Ihre Eltern gefördert? Für welche Leistungen haben Sie von ihnen Komplimente bekommen?

▷ Waren die Eigenschaften, auf die sie sich konzentrierten und die sie lobten, wirklich Ihre Talente, oder wollten Sie damit nur Ihren Eltern gefallen?
▷ Welchem unter Ihren Kindern stehen Sie am nächsten? Haben Sie festgestellt, daß es das Kind ist, das Ihnen am meisten ähnelt?
▷ Wie tragen Sie vielleicht dazu bei, Ihr Kind nach dem eigenen Bilde zu schaffen?

Selbstgemachter Streß

Tony war der typische Firmenrepräsentant – blitzblanke Schuhe, gestärktes Hemd, dunkler Anzug, makellose Frisur. Er redete schnell und geschäftsmäßig. Er sah oft auf seine Uhr und hatte es anscheinend immer eilig. Seine Anspannung war ansteckend. In Tonys Nähe hatte ich ständig das Gefühl, auch ich hätte es eilig.

Auch wenn Tony nichts ahnte, fehlte nicht viel, und er würde ausgebrannt sein. Vor ein paar Monaten war er zum Generalmanager einer großen Autoniederlassung befördert worden und mit seiner Familie in ein teures Haus in exklusiver Nachbarschaft umgezogen. Obwohl sich das Einkommen erhöht hatte, mußte er nun für das Haus doppelt so viel zahlen. Tony hatte scheinbar alles, aber glücklich war er nicht. Er machte sich ständig Gedanken über seine Arbeit und seine Fähigkeit, den Lebensstandard zu halten. Er konnte sich an Erfolg, Haus, Frau, Kindern oder Freunden nicht freuen. Der Schlaf brachte ihm keine Ruhe, und der Arzt teilte ihm mit, er hätte Aussichten auf Magengeschwüre. Widerstrebend wollte er es mit der Beratung versuchen.

Nach ein paar Sitzungen wurde mir klar, daß Tony sich trotz seiner Fähigkeiten und äußerlichen Erfolge als Mann unzureichend fand. Er war daran gegangen, der Welt – und sich selbst – zu beweisen, daß er es bis zur Spitze schaffen könne. Was ihm an Naturtalent fehlte, machte er mit harter Arbeit wett. Inzwischen fünfunddreißig, erkannte er den traurigen Fehler, seine Karriere zu seiner Identität zu machen. Wenn Tony zugab, daß sein Beruf ihn nicht glücklich machte, würde er sein Scheitern als Mann eingestehen; indem er diese Gefühle leugnete, schuf er sich solchen Streß, daß körperliche und geistige Gesundheit auf dem Spiel standen. Immer wieder bat Tony mich um schnell wirksame

Lösungen für seine Streßsymptome; er wollte mit den schmerzlichen Realitäten in seiner Persönlichkeit nicht konfrontiert werden.

Es gibt viele Tonys in dieser Welt, Männer und Frauen, die unter extremem Streß leiden. Von Streß verursachte Probleme haben in unserer Gesellschaft epidemische Ausmaße erreicht, sich an Arbeitsplätzen, in Familien und im persönlichen Leben breitgemacht. In Tonys Fall ging es darum, daß die Angst- und Unzulänglichkeitsgefühle des Kindes in ihm verdrängt wurden. Um diese leidigen Gefühle loszuwerden, verhielt er sich wie ein angepaßtes Kind. Er hatte sich ein „Gesicht" zugelegt, das seiner Meinung nach akzeptabel war, mit dem er sich und der Welt, besonders aber den kritischen inneren Eltern beweisen konnte, daß er bei harter Arbeit erfolgreich war.

Wenn wir aber das Kind im Innern außer acht lassen und uns hinter der praktischen Maske des angepaßten Kindes verstecken, haben wir mit dem Problem zu tun, daß die kritischen inneren Eltern immer siegen. Wir bringen uns fast um durch den Streß, um den inneren Eltern zu beweisen, daß sie unrecht haben, doch es bewirkt nichts, weil wir letztlich Gesundheit, Familie, Freunde und vielleicht das Leben selbst verlieren. Sollte es das wert sein? Nein – aber was können wir daran ändern?

Streß hat eine gute Seite

Erstens muß uns klar werden, daß etwas Streß nicht unbedingt schlecht ist; Streß hat auch etwas Gutes. „Das Leben ist schwierig." Das ist der erste Satz von M. Scott Pecks Buch *The Road Less Traveled*[7]. Und das sollen wir lesen? Jeder weiß, daß das Leben schwierig ist. Eigentlich wollen wir doch hören, daß es rosig ist, ein Präsentkorb. Wir hätten gern die zehn Schritte zu einem streßfreien Leben gewußt oder wie man reich wird, indem man den ganzen Tag spielt. Bitte etwas leichter und einfacher!

Tatsächlich aber ist das Leben nicht einfach; normalerweise stellt es Anforderungen und bringt Schwierigkeiten. Unser Kind im Innern glaubt gern an ein Schlaraffenland oder an die Märchenwelt, in der alle Wünsche sich erfüllen, wenn man nur daran denkt. Vielen von uns fällt es schwer zu akzeptieren, daß das Leben schwierig ist, weil so etwas dem Kind im Innern Angst macht. Aber wenn wir Probleme meiden, die Streß verursachen, bleiben wir ängstlich und entwickeln uns nie zu reifen, leistungsfähigen Erwachsenen.

Ohne Streß gibt es kein Wachstum. In der Bibel gibt es ein treffendes Beispiel für die Vorteile von Streß:

Da wir nun gerechtfertigt worden sind aus Glauben, so haben wir Frieden mit Gott durch unseren Herrn Jesus Christus, durch den wir mittels des Glaubens auch Zugang erhalten haben zu dieser Gnade, in der wir stehen, und rühmen uns in der Hoffnung der Herrlichkeit Gottes.
Nicht allein aber das, sondern wir rühmen uns auch in den Trübsalen, da wir wissen, daß die Trübsal Ausharren bewirkt, das Ausharren aber Bewährung, die Bewährung aber Hoffnung; die Hoffnung aber läßt nicht zuschanden werden, denn die Liebe Gottes ist ausgegossen in unsere Herzen durch den Heiligen Geist, der uns gegeben worden ist (Römer 5,1-5).

Wenn eine Bibelstelle mit dem Wort *da* beginnt, wird auf den Zusammenhang mit dem vorangehenden Vers verwiesen. In dem Abschnitt davor sagt uns der Apostel Paulus, daß unsere Stellung vor Gott nicht auf Gesetz oder Riten gegründet ist, sondern vielmehr auf das Werk, das Christus am Kreuz vollbracht hat, als er das Opfer für unsere Sünden wurde. Wenn wir ihm Glauben und Vertrauen schenken, haben wir Frieden mit Gott.

Dann erfahren wir die Charakterzüge, die sich aus Streß ergeben. Man beachte, daß wir uns in Trübsalen freuen sollen. Man könnte einwenden, daß solch ein Rat die Christen in die Nähe von Masochisten rückt. Wenn wir nicht richtig verstehen, worum es hier geht, scheint eine Form der Selbstbestrafung empfohlen zu werden. Das Wort *Trübsal* bedeutet Schmerz, Druck, Sorge, eben die normalen, unvermeidlichen Drucksituationen des Alltags. Wir freuen uns, weil Gott diese Streßfaktoren für unsere charakterliche Entwicklung benutzt.

Man beachte dabei die logische Reihenfolge. Zunächst kommt die Trübsal, die Ausharren bewirkt oder die Fähigkeit, zu bleiben und nicht aufzugeben. Es gibt das Motto: Wenn das Leben hart wird, legt der Starke erst richtig los. Eben das kommt hier zum Ausdruck. Bemerkenswert, was dann folgt: Bewährung oder die Fähigkeit, in Schwierigkeiten weiterzumachen, unter Druck Leistungen zu bringen. Solche Menschen tragen gleichsam ein Gütesiegel. Bewährung ist unmöglich, wenn man nicht ausharren kann. Die nächste Eigenschaft ist Hoffnung. Hoffnung gründet sich auf das, was zuvor beschrieben wurde. Aus dem Streß ergibt sich das Ausharren, das Ausharren bringt Bewährung hervor, und als Ergebnis wird die Hoffnung auf Gott gestärkt. Gott verwendet den Streß in Ihrem Leben zur Charakterbildung.

Streß erweitert die Fertigkeiten, den Alltag zu bewältigen. Meine Patientin Martha war begabt und intelligent, lebte aber in einer geschützten Welt. Sie hatte sich immer darauf verlassen, daß ihr Mann Bill sich um sie kümmerte. Sie ließ ihn die „lästigen Alltagsgeschäfte" erledigen, Rechnungen bezahlen, das Konto ausgleichen, während sie Kunstunterricht nahm und Schmuck entwarf. Sie dachte, ihr Leben würde immer so weitergehen, bis Bill mit einundvierzig Jahren an einem Herzanfall starb. Mit seinem Tod zerbrach Marthas rosige Welt. Sie hatte nicht nur ihren Mann verloren, sondern fühlte sich zu hilflos, um mit dem Alltag zurechtzukommen. Ihre tiefe Depression zwang sie zur Behandlung in meiner Praxis.

Martha brauchte sechs Monate Trauerarbeit. Als die Depression schwand, stellte sie sich der Aufgabe, ihr Leben zu ordnen. Erst wuchs ihr die Aufgabe über den Kopf, den Haushalt zu führen und die persönlichen Finanzen zu verwalten; doch je mehr sie über ihre Angst und Hilflosigkeit reden konnte, desto besser gelang es ihr, für sich selbst zu sorgen. Ich forderte sie auf, eine Liste von Fertigkeiten anzulegen, die sie für die effektive Bewältigung ihres Lebens brauchte. Dann sollte sie die Punkte vom einfachsten bis zum schwierigsten sortieren. Mit der Unterstützung von Freunden, die ihr Mut machten, sie aber nicht in ihrer Abhängigkeit bestärkten, tat Martha die nötigen Schritte, ging die Aufgaben an und wuchs an ihnen.

Ich begeisterte mich an den Veränderungen in den folgenden Monaten – sie aber auch. In den zwei Jahren nach Bills Tod war aus Martha eine ausgezeichnete Verwalterin ihrer häuslichen Angelegenheiten geworden. Dazu baute sie ein Geschäft mit handgefertigtem Schmuck auf, den sie in exklusiven Damenausstattungsläden verkauft. Bei Martha wirkte sich der Streß durch den Tod ihres Mannes als Motivation zur Entwicklung ihrer Talente, Fertigkeiten und Alltagstauglichkeit aus. Ihre ganze Persönlichkeit war gewachsen. Ich will damit nicht sagen, daß man nur durch größere Katastrophen wachsen kann. Selbst der tägliche Streß kann als Chance für persönliches Wachstum betrachtet werden, statt darin eine sinnlose Anhäufung von Kopfschmerzen und Belastungen zu sehen.

Streß bewirkt Geduld. Leider entsteht Geduld nicht beim Lesen eines Buches über dieses Thema. Wir erlernen sie durch Alltagserfahrungen, durch normale Enttäuschungen und durch Konflikte. Der neutestamentliche Autor Jakobus teilt uns mit, daß wir ohne Versuchungen und ohne den Streß und die Mühen des Alltags nie Geduld entwickeln können. Ich schätze am Sport den Wettbewerb, doch mit zunehmendem Alter habe ich meinen Eifer abgewandelt, so daß ich sportliche Betätigung auch ohne Wettbewerb genießen kann. Vor Jahren aber regte Golf meinen Siegeswillen stark an. Ich schnitt den Ball kräftig an (was seine Bahn nach rechts bog, statt daß er geradeaus flog); damit zielte ich immer auf die falsche Stelle statt auf das gewünschte Loch. Immer, wenn ich den Ball anschnitt, wurde ich so wütend, daß ich meinen

Schläger wegwarf, manchmal weiter, als der Ball hätte fliegen sollen.

Eines Tages, als Jeff etwa neun war, gingen wir als Familie auf einen Golfplatz. Ich hatte dem Ball gerade einen miserablen Drall versetzt und wollte den Schläger vor Wut weit fortwerfen. Ich erhaschte einen kurzen Blick auf meinen Sohn und erschrak über seinen entsetzten Gesichtsausdruck. Ich mußte mich der Entscheidung stellen, entweder dieses „entspannende Spiel" aufzugeben oder mich besser zu beherrschen. Ich entschied mich für letzteres. Um weiter Golf zu spielen, mußte ich Geduld üben und meine Einstellung zum Spiel ändern. Da ich nicht oft genug spielte, um mich zu vervollkommnen, mußte ich mehr Toleranz für meine schlechten Schläge aufbringen. Ich lernte aber auch, mich an den guten Schlägen und über die schöne Umgebung und die Gemeinschaft mit Freunden oder Familie zu freuen.

Streß bewirkt notwendigen Wandel. Veränderungen strengen an, selbst die erfreulichen wie Urlaub, Hochzeit, Beförderung oder der Umzug in ein neues Haus. Der Wandel hebt unseren Spannungszustand, was eine Form von Streß ist. Unser Kind im Innern will Spannungen vermeiden, also bleiben wir oft in den alten Gleisen; die sind wenigstens sicher.

Vielleicht sind Sie beruflich schon jahrelang in der gleichen Stelle. Das ist langweilig, doch wenn sich ein Stellenwechsel anbietet, schreit das Kind im Innern auf: „Und wenn ich versage? Wenn die Arbeit zu schwer ist? Wenn ich umziehen muß?" Selbst wenn die neue Stelle gerade richtig für Sie wäre und Ihre Fähigkeiten daran wachsen würden, bewirkt die Aussicht auf Veränderung Streß. Es ist viel einfacher, da zu bleiben, wo man ist.

Interessanterweise ist die Veränderung oft das Ergebnis von Streß. Im wesentlichen gibt es drei Gründe für einen Wechsel:

▷ Langeweile. Das Sicherheitsbedürfnis hält Sie so lange gefangen, bis Ihnen so langweilig wird, daß Sie etwas dagegen tun müssen. Langeweile bewirkt also Veränderung.

▷ Aufklärung. Der zweite Grund für einen Wechsel ist ein neues Verständnis oder neue Einsichten über sich selbst oder die eigene Situation. Das Wissen zum Beispiel darüber, wer Gott ist, schafft Licht für die Veränderungen, die er im täglichen Umgang mit ihm für uns bereit hält. Der Psalmist sagt: „Eine Leuchte für meinen Fuß ist dein Wort, ein Licht für meinen Pfad" (Psalm 119,105).
▷ Emotionale oder körperliche Schmerzen. Die Menschen kommen erst in die Behandlung, wenn sie den seelischen Schmerz einer tiefen Angst erfahren, weil sie nicht mit dem Leben zurechtkommen, genauso wie körperlich Kranke solange mit dem Arztbesuch warten, bis der Schmerz unerträglich ist. Interessant ist, daß zwei von drei Gründen für eine Veränderung – Langeweile und Schmerz – auch von Streß verursacht werden.

Jess Lair war ein energiegeladener Werbefachmann, der mit sechsunddreißig einen lebensgefährlichen Herzinfarkt erlitt. In den neun Monaten der Rehabilitation überdachte er sein Leben, entschloß sich, seinen hochdotierten Job aufzugeben und wieder auf die Universität zu gehen, um in Psychologie zu promovieren. Danach wurde er als Universitätsdozent eingestellt und schrieb zahlreiche Bücher. Zwei davon haben mit seiner Vorlesung und den eigenen Lebenserfahrungen zu tun: *I Aint't Much, Baby, But I'm all I Got* (etwa: „Viel hab ich nicht zu bieten, aber das von ganzem Herzen"); das andere schrieb er zusammen mit seiner Frau: *Hey, God, What Should I Do Now?* („He, Gott, was soll ich jetzt tun?"). Jess stellte erst nach seinem Herzinfarkt fest, daß Streß auch tödlich sein kann. Glücklicherweise änderte er sein Leben rechtzeitig. Wie steht es mit Ihnen? Haben Sie schon genug Streß ertragen? Wird es nicht Zeit, positive Veränderungen anzugehen?

Streß bewirkt Streßtoleranz. Es gibt ein passendes geflügeltes Wort: Die einzigen Menschen ohne Streß liegen auf dem Friedhof. Zum Alltag gehört einfach Streß. Es ist also wichtig, sich mit Toleranz dafür zu wappnen, ganz wie der Sportler sich eine Toleranz für Schmerz und Müdigkeit antrainiert. Wenn Sie anfangen zu üben, werden Sie feststellen, daß Sie nach ein paar Wochen Widerstandskraft aufgebaut haben. Vernünftige Wiederholungsübungen verleihen mehr Schnelligkeit bei weniger Müdigkeit. Und je länger wir durchhalten, ohne im Streß aufzugeben, desto mehr Streßtoleranz entwickeln wir.

Streß hilft uns, unsere Schwächen zu erkennen. Geben wir zu, daß wir alle unsere Schwächen haben. Gott hat uns ebenso mit Schwächen geschaffen wie mit Naturtalenten. Wenn wir alle in jedem Bereich Höchstleistungen erbringen könnten, brauchten wir einander nicht. Doch Gott hat uns dazu bestimmt zusammenzuarbeiten. Wenn zum Beispiel Kathys Stärken meine Schwächen ergänzen und umgekehrt, werden wir zu einem sehr effektiven Team. Wenn Ehepaare das erkennen, wird es sich in der Familie auswirken!

Wie erkennen Sie Ihre Schwächen? Ihr Streßpegel gibt gute Hinweise auf das, worin sie nicht gut sind. Zu den wichtigsten Ursachen für Streß gehört längere Arbeit an einer Aufgabe, für die Sie nicht von Natur aus begabt sind.

Denken wir an Tony, den Manager am Anfang dieses Kapitels. Kurz nach seiner gewaltigen Beförderung tauchte er in meiner Praxis auf, überlastet und fast ausgebrannt. Warum? Er war auf eine Stelle befördert worden, für die er kein Naturtalent besaß. Er glaubte an das Märchen, daß man alles nur Erdenkliche schaffen kann, wenn man nur hart genug arbeitet. Glauben Sie nur das nicht! Dieses Märchen kann Sie so mit Streß überhäufen, daß Sie Gefühlshaushalt und Gesundheit ernsthaft gefährden.

Tony war ein erfolgreicher Verkäufer, der beim Jahresabschluß oft den Spitzenplatz errungen hatte. Nun machte er den großen Fehler, nicht zu erkennen, daß er gut verkaufte und allein arbeitete. Als er den Schritt ins Management machte und versuchte, andere zu führen, merkte er, daß ihm das Naturtalent fehlte, mit Untergebenen effektiv zu arbeiten. Bei wachsender Enttäuschung erhöhte sich der Streßpegel. Statt nun aus einem Abstand eine ernsthafte Neueinschätzung zu wagen, arbeitete er härter – bis sein Streßpegel ihn an den Rand des Zusammenbruchs brachte.

Tonys Streß lehrte ihn etwas Lebenswichtiges über seine Schwächen. Können auch Sie aus Tonys Erfahrungen eine Lehre ziehen? Je härter Sie an einer Aufgabe arbeiten, für die Sie nicht begabt sind, um Hervorragendes leisten zu können, desto stärker werden Sie unter Streß leiden. Stecken Sie in einer ähnlichen Lage wie Tony? Dann sollten Sie sich nicht zu noch härterer Arbeit antreiben. Nehmen Sie Abstand und stellen sich ein paar unangenehme Fragen, ob dies wirklich der Bereich ist, für den Sie begabt sind. Bitten Sie einen guten Freund um Rat, der mit Ihnen offen über Ihre Stärken und Schwächen reden kann. Dann konzentrieren Sie sich auf das, was Sie von Natur aus gut können, und lassen Sie andere dabei helfen, die Last zu tragen, indem sie Ihre Schwächen mit ihren Stärken ausgleichen.

Denken Sie an Mose und die Kinder Israel nach dem Auszug aus Ägypten. Mose stand am Rande des Zusammenbruchs, weil er den Kindern Israel alles sein wollte – Lehrer, Richter, Seelsorger und Schiedsrichter. Glauben Sie, er war für alle diese Gebiete begabt? Das bezweifle ich. Seinem Schwiegervater Jitro fiel auf, was der Streß Mose abverlangte, und er sagte zu ihm: „Die Sache ist nicht gut, die du tust. Du reibst dich auf, sowohl du als auch dieses Volk, das bei dir ist. Die Aufgabe ist zu schwer für dich, du kannst sie nicht allein bewältigen" (2. Mose 18,17-18).

Jitro gab Mose den weisen Rat, andere mit Verantwortung zu betrauen, die Gott gegenüber sensibel waren, für Gerechtigkeit eintraten und eine *Begabung* für die Arbeit hatten.

Gründe für zuviel Streß

Für wie stark Sie sich auch halten oder wie effektiv Sie Ihre Naturtalente nutzen, stoßen Sie doch an Streßgrenzen. Vor einigen Jahren war eine Gruppe von Psychologen in einer Privatpraxis schockiert, als einer ihrer Kollegen Selbstmord beging. Anscheinend hatte niemand die vermehrten Signale von Streß und Depression des Freundes bemerkt, bis es zu spät war. Wir stoßen alle an unsere Grenzen und müssen uns dessen bewußt sein.

In unserer hektischen, schnellebigen Welt gibt es viele Faktoren, die uns an den Rand unseres Streßlimits und oft darüber hinaus bringen, auch wenn das Kind in uns nach Erleichterung schreit. Betrachten wir einige Ursachen für zuviel Streß.

Unrealistische Erwartungen. Es hilft mir, wenn ich zwischen den eigentlichen Ansprüchen des Lebens, ob bei der Arbeit, zu Hause oder in Beziehungen, und den *Ansprüchen, die ich mir selbst auferlege,* unterscheiden kann, denn letztere überschreiten bei weitem das, was eigentlich erwartet wird. Hier erinnern wir uns an die Macht der kritischen inneren Eltern, die Vollkommenheit verlangen und alles entwerten, was dahinter zurückbleibt. Das Kind im Innern hat keine Erfolgschancen, weil die kritischen inneren Eltern nie zufrieden sind. Dazu nämlich muß ich vollkommen sein. Diese Einstellung birgt ungeheuerlichen Streß für mein Leben, weil ich dann nie mit dem Erreichten zufrieden bin, da es unvollkommen ist.

Erst in den letzten Jahren bin ich mit den unrealistischen Erwartungen meiner kritischen inneren Eltern zurechtgekommen. Jahrelang war mir nichts, was ich tat, gut genug. Was mir andere über meine Leistungen sagten, war mir egal; keine Anstrengung stellte die inneren Eltern zufrieden. Beim Sport trieb ich mich so an, bis mir die Übungen mehr Mühe machten als die Arbeit. Wenn ich Fahrrad fuhr, mußte es möglichst schnell sein; auf jeden Fall wollte ich wissen, wie viele andere Fahradfahrer ich überholen konnte. Der Druck kam von innen, nicht von außen; er war von mir selbst, nicht von anderen erzeugt worden. Ich hatte die unglaubliche Fähigkeit, aus etwas Erfreulichem eine Schinderei zu machen.

Wie sieht es bei Ihnen aus? Sind Ihre Erwartungen realistisch? Verlangen Sie sich mehr ab, als erwartet wird? Ich will damit nicht sagen, daß Sie keinen Maßstab für Bestleistungen brauchen. Doch die Maßstäbe müssen realistisch und erreichbar sein.

Unausgewogenes elterliches Vorbild. Die wichtigste Lernmethode im Leben entstammt der Beobachtung, wie unsere Eltern handeln, was wir dann mit dem vergleichen, was sie sagen. Manche Verhaltensweisen von Vater und Mutter lassen uns Gewohnheiten entwickeln, die den negativen Streß verstärken. Dazu gehört das Vorbild des arbeitssüchtigen Vaters. Sohn und Tochter beobachten, wie der Vater sich in der Arbeit vergräbt. Er ist aus dem Haus, bevor die Kinder aufstehen, und kommt erst wieder, wenn sie im Bett liegen. Die Mutter erklärt den Kindern, Vater sorge auf diese Weise für die Familie, aber das verstehen sie nicht. Sie würden lieber mit Papa spielen, als in einem großartigen Haus zu wohnen oder im teuren Auto zu fahren. Wenn Sohn und Tochter erwachsen werden, haben sie die Vorstellung von Arbeit als einer vierundzwanzigstündigen Tretmühle, bis es nicht mehr geht, alles um der Familie willen.

Ich habe von meinem Vater viel Wichtiges über das Leben gelernt, aber er hat mir nie gezeigt, wie man entspannt und etwas genießt. Auch am Wochenende war er ständig in Bewegung und stellte mir eine Aufgabenliste zusammen, die ich abhaken mußte, bevor ich mit meinen Freunden spielen durfte. Es wäre mir lieb gewesen, wenn Vater und ich zusammen mehr Spaß gehabt hätten; das fehlte mir. Selbst als ich erwachsen wurde, fühlte ich mich schuldig, wenn ich mir samstags im Fernsehen die Sportschau ansah. Ich hatte dabei das Gefühl, etwas Produktiveres tun zu müssen.

Liebe Eltern, welche Botschaften vermitteln Sie Ihren Kindern? Leben Sie Ihnen ein ausgeglichenes Leben vor? Leisten Sie zwar schwere Arbeit, nehmen sich aber auch Zeit zum Entspannen und für die Freuden des Lebens? Was bei Ihnen an erster Stelle steht, wird von den Kindern übernommen, auch wenn Sie kein Wort dazu sagen.

Ungezügelter Ehrgeiz. Kennen Sie diesen Autoaufkleber: „Wer mit dem meisten Spielzeug stirbt, hat gewonnen"? Diese Mentalität schafft Streß, der Sie an Ihre Grenzen bringen kann. Um sich alle schönen Dinge des Lebens leisten zu können, müssen Sie länger arbeiten. Sind alle diese Extravaganzen es wert, auf Kosten der Gesundheit, der Familie und der Freunde erarbeitet zu werden? Vielleicht hilft es Ihnen, einmal darüber nachzudenken, was im Leben wirklich wichtig ist. Dann sollten Sie sich fragen: „Sind die Dinge, nach denen ich strebe, die Energie wert, die ich dafür aufbringen muß?"

Was kommt bei Ihnen an erster Stelle? Machen Sie sich Gedanken darüber, wieviel Zeit Sie wofür verbringen? Wenn nicht, geraten Sie schnell in die Tretmühle ungezähmten Ehrgeizes und streben verzweifelt nach Besitztümern, hören aber nicht, wie das Kind im Innern ruft: „Mach mal Pause! Ich bin ausgepumpt!"

Geldschwierigkeiten. Ein weiterer Streßfaktor, der uns an unsere Grenzen drängt, sind die hohen Lebenshaltungskosten. Unser Sohn Jeff hat vor drei Jahren geheiratet, doch ein Haus können sich die beiden trotz seines Einkommens als Versicherungskaufmann nur dann leisten, wenn seine Frau auch arbeitet. Bei vielen Ehepaaren reicht die Arbeit von beiden gerade für die Grundbedürfnisse. Dieses Problem bringt zusätzlichen Streß, besonders dann, wenn Kinder versorgt werden müssen. Wenn Vater und Mutter von der Arbeit nach Hause kommen, sind sie müde und haben wenig Energie und Geduld, um den Kindern ihre ungeteilte Aufmerksamkeit zu geben.

Unerbittliche Arbeitsanforderungen. Manche Berufe sind besonders anstrengend. Als Krankenschwester, Lehrer, Vollzugsbeamter, Arzt, Fluglotse, Pastor oder Psychotherapeut müssen Sie Sicherheitsventile für Streß entwickeln, zum Beispiel Hobbys pflegen, die eine ganz andere Gangart erlauben. Ich bastele an meinen Bootsmotoren herum. Meine Fingernägel werden schmutzig, meine Kleidung schmierig, und ich rieche nach Dieselöl, aber es entspannt mich, weil die Maschinen nicht widersprechen!

Ein weiteres Sicherheitsventil, Sport, ist eine großartige Chance, Berufsstreß loszuwerden. Übertreiben Sie dabei aber nicht, sonst stellen Sie fest, daß Sie sich auf die Arbeit freuen, um sich vom Sport zu erholen. Machen Sie öfter mal einen Urlaub. Statt im Sommer sehr lange zu verreisen, teilen Sie sich die Zeit auf Weihnachten und den Sommer auf. Wenn möglich, nehmen Sie sich alle sechs Wochen einen Tag frei. Vergessen Sie dabei nicht Ihre Freunde – wenn Sie bereit sind, sich zu öffnen und ihnen Einblick zu geben, können sie Ihnen echte emotionale Hilfe bieten. Der einsame Reiter hat im Streßspiel schlechte Karten; am Ende erwischt ihn die silberne Kugel.

Der falsche Beruf. Haben Sie einmal darüber nachgedacht, ob Sie nicht die falsche Arbeit haben? Ich spreche oft mit Leuten, die unter Streß leiden, weil sie in ihrem Job fehl am Platze sind.

Phil, ein Computerverkäufer, kam eigentlich wegen einer Eheberatung zu mir. Doch im Gespräch wurde klar, daß ein Großteil der Spannungen zwischen ihm und seiner Frau Debbie von Geldsorgen verursacht war. Das knappe Grundgehalt und die ständig schwachen Verkäufe brachten Phil einfach nicht genug ein.

Debbie hingegen war von Natur aus eine Dränglerin. Wenn sich die unbezahlten Rechnungen stapelten, bedrängte sie Phil, intensiver zu arbeiten oder Überstunden zu machen. Debbies Quengeln trieb Phil in die Einsicht, daß er es in seinem Beruf einfach zu nichts brachte. Also ließ er seinen Ärger an ihr aus. Statt länger zu arbeiten, suchte er sich Ausreden, nicht die nötigen Anrufe zu machen. Sein Selbstvertrauen schwand, und die Ausreden häuften sich. Mit der Unlust, telefonisch Geschäfte abzuschließen, sanken seine Verkäufe. Dieser Teufelskreis wirkte sich auf Phils Selbstwertgefühl aus. Er beging den Fehler, seine Identität in seinem Beruf zu sehen. Und wenn seine Frau ihn antrieb, härter zu arbeiten und mehr Geld zu verdienen, empfand er das als Tiefschlag gegen seine Männlichkeit.

Dabei war Phil überhaupt nicht unbegabt; seine Stellung war nur der falsche Ort, die Talente anzuwenden. Ein geborener Verkäufer war er nicht, aber begabt für Werbung und

Unterricht. Als seine Firma ihn auf eine andere Stelle versetzte, in die Ausbildungsabteilung, verringerte sich sein Streßpegel, und er war merklich zufriedener mit seiner Arbeit.

Ausgebrannt – die Symptome

Wenn Sie ein todsicheres Rezept brauchen, um Ihre Streßgrenze zu überschreiten und das Kind im Innern völlig zu erschöpfen, versuchen Sie, ein paar der vorgestellten Streßfaktoren zu *kombinieren*. Wenn Sie beispielsweise unrealistische Erwartungen haben und gleichzeitig übermäßig begeisterungsfähig und überzeugt sind, daß mit harter Arbeit alles zu schaffen ist, sind Sie auf bestem Wege dazu. Angenommen, das Vorbild eines arbeitssüchtigen Vaters wirkt zusammen mit einem anstrengenden Job, der leider nicht der richtige für Sie ist. Glückwunsch, bald sind Sie ausgebrannt.

Wie war es bei Tony? Er hatte den arbeitssüchtigen Vater und bei der Arbeit so viel Streß um die Ohren, wie ihn der falsche Job nur mit sich bringen kann. Obendrauf kam noch ein Sahnehäubchen unkontrollierter Begeisterung. Die Arbeit brachte ihn fast um, und doch ließ ihn sein Stolz nicht zugeben, daß seine Begabungen auf anderem Gebiet lagen. Tony bot das klassische Beispiel für das Peter-Prinzip. Es besagt, daß man von Beförderung zu Beförderung immer weniger leistet, wenn man für die Arbeit nicht geeignet ist.

Woher wissen Sie, ob Ihr Kind im Innern durch extremen Streß mißhandelt wird? Hier ein paar Symptome:

▷ Erschöpfte Energiereserven: Ihnen fällt auf, daß es Ihnen für die einfachsten Aufgaben an Energie fehlt. Sie sind ständig müde. Der Schlaf bringt keine Erholung, und Sie wachen müde auf.
▷ Schwache Widerstandskraft gegen Krankheiten: Erkältungen, Husten, Halsschmerzen oder Schnupfen, allesamt

Alltagskrankheiten, lassen sich nicht abschütteln wie sonst immer. Sie fangen sich alles ein, was Sie anfliegt.
▷ Stärkere Unzufriedenheit, Pessimismus und Reizbarkeit: Man sagt Ihnen, daß Sie eine negative Einstellung haben, ungeduldiger und reizbarer als sonst sind.
▷ Längere Fehlzeiten und schwächere Arbeitsleistung: Morgens kommen Sie oft zu spät. Sie schauen oft auf die Uhr. Die normale Arbeitsleistung ist merklich geringer. Sie haben keine Lust mehr, Ihre Arbeit zu tun. Sie können kaum das Wochenende abwarten und hassen die Montage.

Natürlich sind diese Symptome nicht immer streßbedingt. Vielleicht sind Sie körperlich krank. Wenn sich körperliche Symptome bemerkbar machen, wäre es ratsam, Krankheiten als Ursache auf den Grund zu gehen, bevor man zum Schluß kommt, die Symptome seien durch Streß verursacht.

In diesem Kapitel haben wir einige Möglichkeiten untersucht, wie man das Kind im Innern durch Überschreiten der Streßgrenze mißhandeln kann. Dieses Kapitel beschließt den ersten Teil des Buches, in dem wir zum Ziel hatten, das Kind im Innern und seine schmerzlichen Erfahrungen zu verstehen. Der zweite Teil konzentriert sich auf die Pflege des Kindes im Innern.

Zum Nachdenken

1. Denken Sie eine Weile über die letzten sechs Monate Ihres Lebens nach. Hatten Sie einige sehr anstrengende Erlebnisse? Schreiben Sie links auf ein Blatt Papier eine kurze Zusammenfassung der Streßsituationen. Schreiben Sie rechts daneben, welche positiven Lehren Sie aus den Erfahrungen gezogen haben. Wenn Ihnen nichts dazu einfällt, denken Sie darüber nach, welche Vorteile daraus entspringen könnten. Vergleichen Sie diese Vorteile mit denen, die im ersten Teil dieses Kapitels aufgezählt werden.

2. Denken Sie über eine Veränderung nach, die Sie im letzten Jahr in Ihrem Leben und/oder Ihrem Verhalten vorgenommen haben. Gehen Sie noch einmal die drei Faktoren dieses Kapitels durch, die Veränderungen bewirken. Welcher davon traf auf Ihre Situation zu?

3. Was haben Sie aus Streßgefühlen über Ihre Schwächen gelernt? Bemühen Sie sich um Genauigkeit.

4. Schreiben Sie links auf ein Blatt in einer Spalte auf, welche Ursachen für Streß in diesem Kapitel aufgezählt wurden. Schreiben Sie auf die rechte Seite eine kurze Beschreibung zu den Ursachen, die auf Sie zutreffen. Wenn Sie Mut genug haben, lassen Sie Ihren Partner oder Freunde das gleiche hinsichtlich der Streßursachen in Ihrem Leben schreiben.

5. Als eine Ursache für Streß wurde in diesem Kapitel ein falscher Arbeitsplatz bezeichnet. Trifft das auf Sie zu? Sind Sie aus einer Stellung, für die Sie begabt waren, befördert worden in eine Position, für deren Aufgaben Sie kein Naturtalent aufweisen? Schreiben Sie auf, was Sie an Ihrer Arbeit nicht gern tun. Müssen Sie darauf mehr Zeit verwenden als für das, wozu Sie begabt sind? Welche Lösung könnten Sie dafür finden, wenn das zutrifft?

Das Kind im Innern befreien

Von einem jungen Naturforscher wird erzählt, wie er eine Hühnerfarm besuchte. Als er den Stall betrachtete, fiel ihm ein Adler auf, der umherstolzierte und sich ganz wie ein Huhn verhielt. Der Naturforscher sann vor sich hin: „Was macht der König der Vögel da im Hühnerauslauf und benimmt sich wie ein Huhn?" Seine Neugier wuchs, und er fragte den Besitzer: „Wie kommt es, daß ein mächtiger Adler mit einfachen Hühnern zusammen wohnt?"

Der Bauer antwortete: „Nun, das kann ich Ihnen sagen. Eines Tages geriet ich an dieses Vogeljunge, und weil ich weder wußte, was für ein Vogel es war, noch was ich mit ihm machen sollte, steckte ich ihn zu meinen Vögeln. Er ist von da an geblieben und benimmt sich wie die anderen Hühner."

„Das ist doch kein Huhn, es ist ein Adler", rief der Naturforscher. „Er gehört in die Lüfte, nicht in den Hühnerstall!"

„Was mich betrifft, so ist es ein Huhn", gab der Bauer zurück.

„Würden Sie mir erlauben, den Adler freizulassen, damit er fliegen kann und sein darf, wozu er geschaffen ist?" fragte der Naturforscher.

Der Bauer zuckte die Schultern. „Das ist mir recht, aber Sie verschwenden Ihre Zeit. Der Vogel glaubt wirklich, er sei ein Huhn."

Vorsichtig langte der Naturforscher in den Stall und setzte den Adler auf seinen Arm. Er hob ihn gen Himmel und redete dem König der Vögel leise zu: „Du bist ein Adler. Du bist zum Fliegen geschaffen." Doch der Adler blieb auf dem Arm sitzen und schaute hinunter in den Stall. Dann hüpfte er hinab und gesellte sich prompt wieder zu den Hühnern.

Am nächsten Tag kehrte der Naturforscher zum Hühnerstall zurück, nahm den Adler vorsichtig auf, setzte ihn auf den Arm und trug ihn aus dem Stall hinaus. Wieder hielt er den Arm hoch, gab dem Adler einen sanften Stoß, doch er glitt zu Boden und kehrte zurück in den Hühnerstall.

Der Naturforscher kam auch am dritten Tag, aber diesmal brachte er den Adler auf einen hohen Berg, weit weg vom Hühnerstall. Er setzte den Vogel auf seinen Arm und sagte: „Du bist ein Adler. Du bist zum Fliegen geschaffen." Er hielt seinen Arm hoch und gab ihm einen sanften Stubs. Der Adler zitterte. Dann breitete er die Flügel aus, und der schöne Vogel fing an zu fliegen. Immer höher stieg er auf, bis der Naturforscher ihn nicht mehr sehen konnte. Endlich hatte der Adler seine wahre Identität gefunden – mit der Hilfe eines Menschen, dem der Unterschied zwischen einem Huhn und einem Adler nicht egal war. Durch Mitgefühl und Geduld hatte der Naturforscher dem Adler Mut gemacht, das zu werden, wozu Gott ihn geschaffen hatte.

Haben Sie erkannt, daß Gott Sie mit einer unverwechselbaren Persönlichkeit, mit Gefühlen und Naturtalenten ausgestattet hat? Mit anderen Worten, Sie haben ein Kind im Innern, das befreit werden muß wie der Adler aus dem Hühnerstall. Sie können es nicht selbst befreien. Der bloße Entschluß dazu reicht nicht. Sie sind auf die Hilfe von anderen angewiesen, besonders auf liebevolle Freunde, denen Sie nicht gleichgültig sind, auf Ihre Familie und vor allem auf die Hilfe Gottes, der Sie geschaffen hat.

In diesem Kapitel erkunden wir, warum persönliche Gemeinschaft mit Gott durch seinen Sohn Jesus Christus als einzig sichere Grundlage denkbar ist, das Kind im Innern zu befreien und eine gesunde Selbstachtung aufzubauen. Mir ist klar, daß die Begriffe *Selbstachtung* und *Selbsteinschätzung* für Christen ein rotes Tuch sein können. Viele christliche Autoren und Pastoren haben lautstarke Angriffe gegen die Verwendung solcher Begriffe geführt und sind so weit gegangen, die Psychologie zu bezichtigen, sie verführe Christen, sich von Gott abzuwenden.

Mir ist sehr bewußt, daß viele weltliche Psychologen keinen Gedanken an Gott verschwenden, ich kenne aber auch viele entschiedene christliche Psychologen, die zur Arbeit in diesem besonderen Dienst berufen sind. Tag für Tag begegnen wir von Leid bedrückten Christen, die sich verzweifelt nach einer Begegnung mit Gott sehnen, aber wegen ihrer Schäden aus der Kindheit ihre Schwierigkeiten damit haben. Leider reicht in vielen Kirchen die Botschaft von der Kanzel einfach nicht weit genug hinab in diesen tiefen, inneren Bereich, wo die Menschen mit ihren Gefühlen kämpfen. Den leidgeprüften Menschen wird oft gesagt, sie brauchten eben mehr Glauben oder es sei Sünde in ihrem Leben oder sie müßten Gott einfach mehr vertrauen. An solchen Aussagen kann etwas Wahres sein, aber siegreiche Christen werden sie nicht dadurch, daß man auf die Wunden auch noch Schuldgefühle häuft.

Fürsorgliche, anteilnehmende Christen können diesen Menschen helfen, sich an den liebevollen himmlischen Vater zu wenden, der sich des Schadens annimmt und das verängstigte Kind im Innern so lange pflegt, bis es gesund und kräftig ist. Das erfordert Zeit und Kenntnisse über das menschliche Verhalten, vor allem aber bedingungslose Liebe, die es dem innerlich verletzten Menschen ermöglicht, nach innen und dann nach oben zu schauen, um Heilung zu finden. Sprechen wir über diese einzigartige Liebe und ihre Macht.

Gott kennt Sie

Es war offensichtlich, daß es den Farmer nicht kümmerte, ob ein Adler bei seinen Hühnern lebte. Für ihn war es einer von vielen Vögeln. Haben Sie sich schon einmal so gefühlt: Sie sind bloß eine Sozialversicherungsnummer, eine Postleitzahl, eine Autonummer, ein Mieter oder nur einer in der Herde. Die Menschen laufen an Ihnen vorbei, als existierten Sie nicht. Haben Sie schon einmal in der Schlange vor der Kasse im Supermarkt gestanden, wo die Kassiererin einem nie ins Gesicht schaut, Ihnen dann aber leichthin einen guten

Tag wünscht? Die Unpersönlichkeit drückt allem ihren Stempel auf.

Lieber Freund, wußten Sie, daß es jemanden gibt, der Sie besser kennt, als Sie selbst sich je kennenlernen können? Besser noch als Ihr Partner, Ihre Freunde, Ihre Eltern oder sonst jemand in Ihrem Leben? Diese Person ist Jesus Christus. Hören Sie auf seine Worte:

Meine Schafe hören meine Stimme, und ich kenne sie, und sie folgen mir; und ich gebe ihnen ewiges Leben, und sie gehen nicht verloren in Ewigkeit, und niemand wird sie aus meiner Hand rauben (Johannes 10,27-28).

Wenn Sie Ihren Glauben und Ihr Vertrauen auf Jesus gesetzt haben, der Ihre Sünden trägt und Ihr Herr ist, kennt er Sie auf besondere Art, nimmt er Sie an. Gott hat Sie seinem Sohn als Liebesgabe anvertraut, und Jesus schätzt Sie hoch ein. Für ihn sind Sie niemals eine Nummer, eine Nichtexistenz. Vielmehr hat er Sie immer im Sinn, weil Sie zu ihm gehören. Diese Erfahrung, von Gott dem Vater und seinem Sohn Jesus gekannt zu werden, läßt uns andere mit dem gleichen Mitgefühl und Respekt für ihre einzigartige Persönlichkeit behandeln. In meiner Beratungspraxis staune ich oft darüber, wie gut die Menschen darauf reagieren, wenn ich mir die Zeit nehme, sie wirklich kennenzulernen.

Jesus kennt Sie. Seine liebevollen Augen, denen nichts gleichgültig ist, durchblicken die vielen Masken, die Sie als Schutz vor Verletzungen, Scham und Demütigung tragen. Jesus streckt seine Arme über Ihre Verteidigungsschranken hinweg aus und findet im Innern das verletzliche Kind – im Hinterstübchen Ihres Sinnes. Er weiß, wie Sie sich danach sehnen, dieses Kind aus der Gefangenschaft von Leid und Angst zu holen, damit Sie zum heilen, authentischen Menschen werden, als den Gott Sie angelegt hat. Gott ist fähig, Sie zu befreien. Er kann es.

Gott schätzt Sie

Für Gott hat Ihr Leben einen unschätzbaren Wert – ein weiterer einzigartiger Wesenszug Ihrer Beziehung zu ihm, die sich von allen anderen persönlichen Beziehungen unterscheidet. Ich glaube, daß die echte Sorge, Liebe und Wertschätzung, die ich meinen Patienten entgegenbringe, ein entscheidendes Heilmittel bei der Therapie ist. Menschliche Anteilnahme ist nicht immer einfach, denn wir neigen dazu, die besonders Attraktiven, Charmanten, Erfolgreichen oder Intelligenten höher zu schätzen.

Chuck kam in meine Praxis, weil er Konflikte mit seinem Chef hatte. Er arbeitete im Lager einer großen Fabrik, wo sein Chef und die Kollegen ihn wegen seines Glaubens, seiner geistigen Unbeweglichkeit und der armseligen Gesprächsfähigkeit lächerlich machten. Als ich Chuck zum ersten Male begegnete, war er deprimiert, mutlos und fühlte sich wertlos. Offensichtlich war er unterdurchschnittlich intelligent und würde es nie zu mehr als dieser Fabrikarbeit bringen.

Bob andererseits kam wegen periodischer Depressionsschübe. Er war Ende vierzig, gutaussehend, intelligent, reich, kreativ und konnte sich ausdrücken. Er besaß eine blühende Firma und konnte zaubern, wenn es darum ging, für großes Geld große Geschäfte abzuschließen. Außer den gelegentlichen Depressionen war sein Leben wie ein aufregender Wirbelwind.

Wen von den beiden würden Sie mehr schätzen, Bob oder Chuck, wenn Sie der Psychologe wären? Antworten Sie ganz ehrlich, aus dem Bauch heraus. Sagen Sie nicht, was Ihrer Meinung nach von Ihnen erwartet wird. Ich nehme an, Sie würden so reagieren wie ich – Bob erhält den Zuschlag, weil er viel mehr Qualitäten besitzt, die wir schätzen. So wenig ich meine fehlbare und menschliche Reaktion leiden kann, muß ich doch mir selbst gegenüber ehrlich sein, bevor ich meine Perspektive bei Bewertungen ändern kann.

Noch eine unangenehme Frage: Glauben Sie, daß Ihr

Leben und das Leben jedes Menschen einen Wert an sich hat? Anders gefragt: Ist Ihnen das menschliche Leben wertvoll, egal, was ein Mensch auf dieser Welt geleistet hat? Ich nehme an, daß Sie ja gesagt haben.

Begleiten Sie mich nun auf einen Phantasieausflug an Orte in Ihrer Stadt, wo die Armen, die Landstreicher, obdachlose Männer und Frauen und Wermutbrüder leben. Drogensüchtige und Trinker liegen auf dem Gehweg, in der Seitengasse oder im Rinnstein. Die Geisteskranken laufen die Straße entlang und führen Selbstgespräche, reden mit den Bäumen, dem See oder mit niemandem. Sie stiefeln vorsichtig durch den Abfall, der überall herumliegt, und halten sich wegen des Gestanks die Nase zu. Jetzt sehen Sie auf den schmutzigen, unrasierten Mann am Boden, der nach Alkohol stinkt und sich gerade auf sein Hemd erbrochen hat. Stellen Sie sich jede Einzelheit an diesem Mann einmal vor. Dann fragen Sie sich noch einmal: „Glaube ich wirklich, daß jedes menschliche Leben seinen Wert hat, egal, was der Mensch auf dieser Erde geleistet hat?" Wenn Sie ehrlich und aus tiefstem Wesen heraus antworten, glaube ich, daß die Antwort jetzt nein lautet. Menschlich gesprochen wäre das auch meine Antwort. Ich bin nicht stolz auf meine Gefühle, aber in mir finde ich die Auffassung, daß die Wertschätzung an Bedingungen geknüpft ist. Ich schätze Menschen, die irgendwie ihren Beitrag für die Gesellschaft leisten. Landstreicher, Alkoholiker, Drogenabhängige und Geisteskranke aber leisten für mein Wohlergehen oder das Wohlergehen anderer keinen meßbaren Beitrag. Ich zahle sogar Steuern, die in Programme zu ihrer Hilfe fließen.

Ärgert Sie meine Offenheit? Schauen Sie nur tief genug in sich hinein – vielleicht stoßen Sie auf die gleiche Einstellung, auch wenn Sie vielleicht versuchen, sie mit Zuckerguß zu übergießen, damit sie nicht so schlimm klingt.

Ohne Gott als Schöpfer des menschlichen Lebens kann es keine logische Begründung für die Behauptung geben, daß Ihr und mein Leben oder das von sonst jemandem einen Wert an sich hat, unabhängig von unseren Leistungen auf

Erden. Gott hat dies in seiner Selbstoffenbarung, der Bibel, erklärt.

Die Evolutionstheorie dagegen vertritt die Auffassung, daß wir als ein Nichts anfangen und erst im Verlauf der Zeit zu etwas werden. Nicht irgend etwas, sondern zu einer Person, die über das Übernatürliche nachdenken kann. Und dazu wird nur Zeit gebraucht – sehr viel Zeit.

Die Evolutionstheorie erfordert einen riesigen Glaubenssprung. Eigentlich einen selbstmörderischen Sprung, denn das Leben verliert jede Grundlage für seinen Wert an sich. Nach der Auffassung der Evolution begründet sich dieser Wert auf der Nützlichkeit des Menschen. Die Evolutionstheorie erhebt die Frage: „Welchen Nutzwert hat der Beitrag des einzelnen?"

Nur Gott bietet die Grundlage für die Gewißheit, daß unser Leben einen hohen Wert hat, was immer wir auf dieser Erde zustande bringen. *Gott hat uns diesen Wert verliehen!* Er läßt sich nicht verdienen, durch Arbeit oder Verdienste erlangen, er kann nicht gekauft, gestohlen, geliehen oder erbettelt werden. Er gehört uns, weil Gott uns geschaffen und sich aus freien Stücken entschieden hat, unserem Leben diesen hohen Wert zu verleihen. Und darauf läuft es hinaus: Wenn ich mein Leben als an sich wertvoll erkennen will, muß ich mich und andere *aus Gottes Perspektive* betrachten. Nehme ich eine menschliche Perspektive ein, die Gott außer acht läßt, ist das Leben an sich ohne Wert. Der Wert muß dann hart erarbeitet, *verdient* werden! Wenn Sie meinen, das sei so nicht richtig, denken Sie an Ihre eigenen inneren Eltern. Aus welchem Hauptgrund fühlt man sich immer unzulänglich? Man wird dem Maßstab der inneren Eltern nicht gerecht! Menschlich gesprochen geht es darum, daß unser Wert sich darauf gründet, was wir tun, nicht darauf, wer wir sind.

Jesus hatte ständig mit Menschen zu tun, die ihren Wert auf ihre Leistungen und das Einhalten strenger Maßstäbe gründeten. Sein Gleichnis von dem Pharisäer und dem Zöllner ist eine hübsche Studie der Kontraste – ein hoher geistlicher Würdenträger und der zwielichtige Geldeintreiber.

Seine Zuhörerschaft waren „... einige, die auf sich selbst vertrauten, daß sie gerecht seien, und die übrigen für nichts achteten" (Lukas 18,9).

Zu wem sprach er wohl? Zu den Pharisäern? Teilweise richtig, aber das Gleichnis richtet sich an eine weitere Gruppe – an Sie und mich. Denn auch wir leiten unseren Wert aus unseren Taten her, nicht daraus, wer wir vor Gott sind. Dann erzählte Jesus die Geschichte, um zu verdeutlichen, was er meinte:

Zwei Menschen gingen hinauf in den Tempel, um zu beten, der eine ein Pharisäer und der andere ein Zöllner. Der Pharisäer stand und betete bei sich selbst so: O Gott, ich danke dir, daß ich nicht bin wie die übrigen der Menschen: Räuber, Ungerechte, Ehebrecher oder auch wie dieser Zöllner. Ich faste zweimal in der Woche, ich verzehnte alles, was ich erwerbe. Und der Zöllner stand von fern und wollte sogar die Augen nicht aufheben zum Himmel, sondern schlug an seine Brust und sprach: O Gott, sei mir, dem Sünder, gnädig! (Lukas 18,10-13).

Der Pharisäer beurteilte den Wert des Zöllners nach den gleichen Maßstäben, die ihm dazu dienten, sich selbst zu erhöhen. Der Pharisäer dachte, er sei für Gott von großem Nutzen, der Zöllner jedoch nur Abfall. In uns allen steckt etwas vom Pharisäer. Wir beurteilen unseren Wert und den anderer nach gewissen Bedingungen, doch aus Gottes Perspektive sieht alles anders aus. Dies nämlich sagte Jesus über den Zöllner:

Ich sage euch: Dieser ging gerechtfertigt hinab in sein Haus im Gegensatz zu jenem; denn jeder, der sich selbst erhöht, wird erniedrigt werden; wer aber sich selbst erniedrigt, wird erhöht werden (Vers 14).

Wir demütigen uns, wenn wir zum himmlischen Vater kommen und mit offenen Händen im Glauben anerkennen, daß unser Leben nur deshalb wertvoll ist, weil Gott sich so entschieden hat – nicht deshalb, weil wir etwas für uns oder für Gott getan haben. Den Wert, den er uns verliehen hat, zeigte Gott uns, als er seinen geliebten Sohn sandte, damit wir persönliche Gemeinschaft mit ihm erlangten. Haben Sie eine persönliche Beziehung zu Gott durch seinen Sohn Jesus Christus? Wenn Sie verstehen, auf welcher Grundlage wir einen Wert an sich haben, können Sie die Tür der dunklen Kammern Ihres Sinnes öffnen und das Kind im Innern ins sonnenhelle Wohnzimmer führen. Ihr himmlischer Vater schätzt Sie samt dem Kind im Innern, das Sie so lange erfolgreich versteckt hielten. Er will Ihnen helfen, es zu befreien!

Die beiden Welten, in denen wir leben

Ich lernte die sechsundzwanzigjährige Marsha während meiner Zeit als Assistenzarzt im Krankenhaus kennen. Sie war nach einem fast tödlich verlaufenen Selbstmordversuch eingewiesen worden. Sie war mürrisch, verärgert, sarkastisch und schwankte zwischen Depression und manischen Schüben. Andererseits war sie aufgeweckt, attraktiv, kunstbegabt und ziemlich sportlich. Jetzt wurde sie mir als Patientin zugeteilt. Das war der Anfang einer mehrmonatigen, sehr schwierigen Therapie. Sie hatte kein Vertrauen zu Ärzten und verweigerte oft ihre Mitarbeit. Lange Zeit hindurch sagte sie kein Wort. Von Anfang an war deutlich, daß niemand an Marsha herankam; wenn jemand es riskierte, sollte er dafür zahlen.

Weil mir die Krankenhausarbeit neu war, schwankte ich zwischen Ärger über Marsha und dem Gefühl, zur Hilfe völlig unfähig zu sein. Trotzdem zog mich irgend etwas an ihr an; ich konnte das Kind in ihrem Innern leise nach Hilfe rufen hören.

Schnell merkte ich, daß Marsha in zwei Welten lebte. Die eine war die Welt des angepaßten Kindes oder des falschen Selbst, in der sie vorgab, selbstsicher und zufrieden zu sein und alles bewältigen zu können, was das Leben ihr vor die Füße warf. Wer sie kannte, war der Meinung, „sie habe alles im Griff". Doch die andere Welt bot ein ganz anderes Bild. Es war die Welt eines sehr verletzten, mißhandelten, verängstigten und verwirrten kleinen Mädchens, das fest entschlossen war, niemanden mehr so dicht an sich heranzulassen, daß er ihr so weh tun konnte wie früher ihre Mutter. Sie fühlte sich schuldig und wertlos und sah sich als schlechter Mensch. Bei Marsha war jahrelange Therapie nötig, bevor sie mir so viel Vertrauen schenkte, daß sie das verängstigte Kind im Innern offenbarte. Aber schließlich konnte sie aus tiefstem Herzen glauben, daß sie wirklich eine Person mit eigenem Wert war.

Obwohl Marshas Fall extrem ist, kann er doch verdeutlichen, daß viele von uns in zwei Welten leben – die künstliche Maske mit strahlender Fassade, die wir uns für andere herrichten, und das echte, verletzte und gebrochene Kind, das wir aus Scham verstecken. Im ersten Abschnitt dieses Kapitels ging es darum, daß Gott uns kennt und einen einzigartigen Wert zuschreibt. Vielleicht fanden Sie diesen Gedanken erhebend. Vielleicht haben Sie aber auch nur die Worte gelesen und den Gedanken verstanden, sind aber von dieser Wahrheit nicht gefühlsmäßig durchdrungen worden, so daß sie nicht zur Realität werden konnte. Warum? Weil Sie sich als Person wertlos fühlen und überzeugt sind, daß auch Gott Sie nicht schätzt noch sich die Zeit nimmt, Sie kennenzulernen.

Vielleicht fragen Sie nun: „Augenblick mal. Steht nicht in der Bibel, daß alle Menschen unwürdig sind, aufgrund der eigenen Gerechtigkeit vor den heiligen Gott zu treten?" Sie haben recht. So sagt es die Bibel. Aber aus meiner Erfahrung als Psychologe, der christliche Patienten betreut, weiß ich, daß viele der Gläubigen sich nicht fähig fühlen, die Liebe Gottes so zu erfassen, daß sie eine echte Wirkung in ihrem Leben hinterläßt. Die typische Reaktion vieler wohlmeinender Brüder und Schwestern in Christus darauf ist: „Lies mehr in der Bibel ... lerne Bibelverse auswendig ... habe mehr Glauben ... vertraue Gott stärker." Diese Ratschläge erdrücken Christen, die sich ohnehin unwürdig fühlen, mit nur noch mehr Schuldgefühlen. Als Christen halten sie sich für Versager.

Das Schlüsselproblem ist die Selbsteinschätzung, was uns auf die beiden Welten zurückbringt – die Person, die wir den anderen an der Oberfläche vorführen, und die Person, von der wir wissen, daß sie wirklich in uns steckt. Was wir von unserem Inneren denken und halten, macht unsere Selbsteinschätzung aus. Die Erfahrungen der Vergangenheit üben einen machtvollen Einfluß auf diese Sichtweise aus und formen eine Selbsteinschätzung, die unserer Beziehung zu Gott durch seinen Sohn Jesus Christus vorangeht. Mit anderen Worten, Sie bringen in Ihre Beziehung zu Gott ein Selbstverständnis ein, das im Augenblick der Bekehrung nicht verschwindet. Sie haben sich bereits eine Eigenbeurteilung zurechtgelegt, die auf die Behandlung durch wichtige Menschen in Ihrem Leben zurückgeht, besonders in den frühen Kindheitsjahren.

Obwohl Marsha Christin war, sah sie sich als schlechten Menschen. Sie las in der Bibel, erfaßte sie aber nur verstandesmäßig. Nie drang das Gelesene zum geschädigten Kind im Innern durch, das sich nach Liebe sehnte. Geht es Ihnen ähnlich wie Marsha? Oft ist die Kirche weder darauf gefaßt noch in der Lage, Menschen mit geschädigter Selbsteinschätzung zu helfen.

In den ersten Jahren als Christ kämpfte ich mit dem Problem, ob ich Gott wirklich vertrauen könne und ob er mich lieben konnte. Da ich mit diesem Thema selbst zu tun hatte, habe ich ein Empfinden für alle, die sich mit den gleichen Erfahrungen plagen. Fragen Sie sich, ob je ein Mensch verstehen kann, wie es sich zwischen zwei Welten lebt? Einerseits sagt Gott, daß er Sie liebt und daß Sie dieser Liebe sicher sein dürfen; Sie werden um Ihrer selbst willen geschätzt und nicht wegen Ihrer Leistungen. Andererseits kämpfen Sie mit Selbstzweifeln und werden Ihren Erwartungen nicht gerecht. Sie wissen nicht, ob man Menschen, ja, ob man Gott selbst vertrauen kann; Sie fragen sich, ob Sie Vergebung für Ihre Vergangenheit und Ihr Verhalten beanspruchen können.

Lieber Freund, Gott kann Ihnen helfen, diese Sicht von sich selbst so zu verändern, daß Sie sich sehen lernen, wie er Sie sieht. Und während sich die Selbsteinschätzung ändert, wird das Kind im Innern befreit.

Das Problem der Sünde

Zwei Gründe sind denkbar, warum wir nicht zulassen, daß Gottes Liebe unser Inneres durchdringt. Ein Grund ist das negative Selbstverständnis; der andere ist die Sünde. Das Wort *Sünde* ist weder in der heutigen Psychologie noch in der Theologie sehr beliebt. Die meisten weltlichen Psychologen neigen dazu, Sünde oder das Böse eher als umweltbedingt zu betrachten, nicht mehr als innerpersönlich. Trotzdem projizieren wir unser sündiges Verhalten gern auf andere oder lassen es destruktiv gegen uns selbst wirken. Viele Pastoren sprechen nicht mehr von persönlicher Sünde; würden sie es tun, stünden sie bald ohne Gemeinde da.

Doch Sünde ist eine Realität. Die Bibel spricht sehr direkt darüber, und instinktiv wissen wir, daß sie in uns existent ist. Zwar denken wir nicht gern an Sünde, doch hat sie mit allen unseren Gedanken und unserem Verhalten unmittelbar zu tun.

Die wichtigste Frage lautet: „Wie kann ich mit der Wahrheit umgehen, daß ich ein Sünder bin, und mich trotzdem von Gott geliebt und angenommen fühlen? Wie kann ich ein gesünderes Selbstverständnis erlangen und mich frei von Schuld fühlen, ohne das Thema Sünde zu verdrängen?" Freuen Sie sich, es ist möglich.

Erstens sollten wir noch einmal unser Kind im Innern betrachten. Sie erinnern sich, daß es Ihre Gefühle und Begabungen trägt und Ihre Einzigartigkeit als Person ausmacht, von Gott nach seinem Bild geschaffen. Die schlechte Nachricht: Unser Kind im Innern hat ebenso ein Naturtalent zum

Sündigen. Die Bibel definiert Sünde im allgemeinen als das Verfehlen eines Zieles.

Stellen Sie es sich so vor: Sie stehen zwanzig Meter vom Ziel entfernt. Nun nehmen Sie einen Bogen, legen den Pfeil auf, spannen, zielen und lassen den Pfeil los. Er zischt durch die Luft und trifft die Scheibe, aber nicht ins Schwarze. Ob Sie nun um Zentimeter oder meterweit daneben getroffen haben – das Ziel wurde verpaßt. Im biblischen Sinne gilt das Schwarze als Gottes Maßstab der Vollkommenheit.

Was meine ich mit Gottes Maßstab der Vollkommenheit? Das läßt sich in den zehn Geboten zusammenfassen, wie sie im 2. Buch Mose 20,1-18 stehen:

▷ Du sollst keine anderen Götter haben neben mir.
▷ Du sollst dir kein Götterbild machen, auch keinerlei Abbild dessen, was oben im Himmel oder was unten auf der Erde oder was in den Wassern unter der Erde ist.
▷ Du sollst den Namen des Herrn, deines Gottes, nicht zu Nichtigem aussprechen.
▷ Denke an den Sabbat, um ihn heilig zu halten.
▷ Ehre deinen Vater und deine Mutter.
▷ Du sollst nicht töten.
▷ Du sollst nicht ehebrechen.
▷ Du sollst nicht stehlen.
▷ Du sollst gegen deinen Nächsten nicht als falscher Zeuge aussagen.
▷ Du sollst nicht begehren.

Das sind Gottes vollkommene Maßstäbe. Man braucht nur in irgendeinem Lebensbereich einen Fehler zu machen, um sie zu brechen. Es ist unmöglich, sich nach Gottes Gesetz gerecht zu verhalten. Ein flüchtiger Blick auf diese Gebote zeigt uns, wie weit die Menschen der heutigen Gesellschaft davon abgekommen sind, Gottes absolute Maßstäbe ernst zu nehmen.

Vielleicht gefallen Ihnen Gottes Maßstäbe nicht, und Sie versuchen es mit Ihren eigenen. Nehmen wir an, Gott habe jedes moralische Urteil verzeichnet, das Sie im Leben gefällt haben, und fragt Sie eines Tages, wenn Sie von Angesicht zu Angesicht vor ihm stehen: „Mit welchem Recht willst Du in mein Reich gelangen?"

Sie antworten: „Ich war ein guter Mensch."

Gott fragt weiter: „Hast du alle moralischen Urteile selbst befolgt, die du gefällt hast?" Dann läßt er Sie alle Ihre Urteile und Erklärungen noch einmal hören. Wie würden Sie dastehen? Nicht besonders gut, oder? Ich jedenfalls nicht.

Die meisten Menschen erkennen aber nicht, daß Gott nie im Sinn hatte, daß wir uns durch das Halten der zehn Gebote bei ihm beliebt machen sollen. Er hält sie uns vielmehr wie einen Spiegel vor, damit wir uns im Licht seines heiligen Maßstabes betrachten können und sehen, wie sehr wir dahinter zurückbleiben. Darüber redet der Apostel Paulus:

Wir wissen aber, daß alles, was das Gesetz sagt, es denen sagt, die unter dem Gesetz sind, damit jeder Mund verstopft werde und die ganze Welt dem Gericht Gottes verfallen sei. Darum: aus Gesetzeswerken wird kein Fleisch vor Ihm gerechtfertigt werden, denn durch Gesetz kommt Erkenntnis der Sünde ... Denn es ist kein Unterschied, denn alle haben gesündigt und erlangen nicht die Herrlichkeit Gottes (Römer 3,19-20.23).

Wir sündigen deshalb, weil wir von Natur aus sündig sind und uns weigern, die Knie zur demütigen Unterordnung unter Gottes Willen zu beugen.

Ich bin immer fasziniert von meinem Enkel Andrew. Mit seinen zwei Jahren ordnet er sein entstehendes Selbstbewußtsein ungern dem Willen seiner Eltern unter. Wenn sie ihn hindern, das zu tun, wozu er Lust hat, beweist er sogleich sein kräftiges Temperament. Bei uns Erwachsenen läuft es ein wenig raffinierter ab, aber wir reagieren genauso. Innerlich wollen auch wir eben das tun, was *wir* wollen.

Die gute Nachricht

Auch wenn Gott alles weiß, was man über uns wissen kann, liebt er uns so sehr, daß er die Möglichkeit zu einer Beziehung mit ihm schuf. Ohne über unsere Sünde hinwegzusehen, bietet er eine Lösung, die uns in seinen Augen annehmbar macht:

Denn Christus ist, als wir noch kraftlos waren, zur bestimmten Zeit für Gottlose gestorben. Denn kaum wird jemand für einen Gerechten sterben; denn für den Gütigen möchte vielleicht jemand auch zu sterben wagen. Gott aber erweist seine Liebe gegen uns darin, daß Christus, als wir noch Sünder waren, für uns gestorben ist. Vielmehr nun, da wir jetzt durch sein Blut gerechtfertigt sind, werden wir durch ihn vom Zorn gerettet werden. Denn wenn wir, als wir Feinde waren, mit Gott versöhnt wurden durch den Tod seines Sohnes, so werden wir viel mehr, da wir versöhnt sind, durch sein Leben gerettet werden (Römer 5,6-10).

Nur durch den Tod und die Auferstehung Jesu Christi können wir vor einem heiligen, gerechten Gott bestehen. Weil er Vollkommenheit verlangt und kein menschliches Wesen je vollkommen war oder sein wird, versagen wir alle vor Gottes vollkommenem Maßstab. Jesus Christus, wahrer Mensch und wahrer Gott, der keine Sünde kannte, konnte als einziger Gottes Gerechtigkeit Genüge tun. Dort am Kreuz vor etwa zweitausend Jahren nahm er unsere Sünde auf sich, damit wir aufgrund seines Werkes schuldlos vor Gott stehen dürfen, nicht aufgrund unserer Werke.

Jesus kam auf die Welt, um mein Erlöser und Herr zu werden. Was bedeutet das für mein Selbstverständnis und die Befreiung des Kindes in mir? Es bewirkt die Freiheit, vor Gott ganz offen *ich selbst* sein zu können, ohne vor Ablehnung, Trennung oder Demütigung Angst zu haben.

Und so wirkt es sich im Alltag aus: Hin und wieder durchstreifen ungöttliche Gedanken meinen Sinn. Vielleicht entsteht daraus keine Tat, aber dadurch ändert sich nichts in den inneren Bereichen meines Sinnes. Manchmal frage ich mich, wie ich ein Kind Gottes sein kann, wenn ich mir manche meiner Gedanken vorhalte. Dann denke ich über die wunderbare Gewißheit nach, daß Gott genau gewußt hat, worauf er sich einließ, als er mich bei sich aufnahm. Er weiß, daß ich immer noch mit der alten sündigen Natur kämpfe. Daher brauche ich nie überrascht zu sein, was in meinem Sinn vorgeht.

Gott geht es darum, daß ich der Sünde keinen Raum mehr in meinem Leben gebe. Passiert es aber doch, ist er immer bereit, mir zu vergeben, wenn ich Buße tue und ihm die Sünden bekenne. Was für ein Gegensatz zu den kritischen inneren Eltern, die völlig unbarmherzig sind, wenn wir wieder mal etwas verdorben haben! Diese kritischen Eltern überhäufen das Kind im Innern mit allen möglichen Arten von Schuld und Verdammnis und kommentieren dazu: „Du bist ein schrecklicher Mensch ... Gott kann dir niemals vergeben ... Du kommst bestimmt in die Hölle!" Nur die Sicherheit des Glaubens, daß wir von Christus gekannt, geschätzt und reingewaschen werden, daß er uns vergeben hat, gibt mir die Freiheit, das Kind im Innern befreien zu lassen und mit offenen Armen alles zu empfangen, was er für mich hat.

Die Macht der Liebe

Auch wenn ich dieses Buch schreibe, Sonntagsschulunterricht gebe, auf christlichen Konferenzen Vorträge halte, die Bibel studiere und als christlicher Psychologe Psychotherapie betreibe, verstehe ich die Tiefe der Liebe Gottes nicht automatisch auch in meiner Erfahrung. Ich habe alles gemacht, was ich aufgezählt habe, aber erst in den letzten fünfzehn Jahren meines Christseins habe ich die Macht der Liebe Gottes im tieferen Sinne begriffen. Der Weg dahin war schmerzhaft, aber er veränderte mein Leben.

In den vorherigen Kapiteln habe ich ein paar persönliche

Erlebnisse mitgeteilt, weil Sie wissen sollen, daß alles, worüber ich schreibe, auch für mich gilt. Während der frühen siebziger Jahre machte ich eine Phase großer Unruhe, des Zweifels, rebellischen Verhaltens und ehelicher Konflikte durch. Als Ergebnis dieser Zeit fing ich endlich an, die unveränderliche Liebe Gottes zu begreifen.

Eines Nachmittags, mitten im Chaos meines Lebens, setzte ich mich an meine Schreibmaschine und gab eine persönliche Anwendung von 1. Korinther 13 zu Papier. Mir war, als lenke der Geist Gottes beim Schreiben meine Gedanken:

Weil Gott mich liebt, verliert er nicht so schnell die Geduld mit mir.
Weil Gott mich liebt, verwendet er die Umstände meines Lebens und gebraucht sie auf konstruktive Art für mein Wachstum.
Weil Gott mich liebt, behandelt er mich nicht wie einen Gegenstand, den man besitzen und manipulieren kann.
Weil Gott mich liebt, braucht er mich nicht mit seiner göttlichen Größe und Macht zu beeindrucken, noch braucht er mich als sein Kind herabzusetzen, um mir zu zeigen, wie wichtig er ist.
Weil Gott mich liebt, ist er für mich. Er möchte in seiner Liebe erleben, wie ich mich zur Reife entwickle.
Weil Gott mich liebt, reagiert er nicht sofort mit seinem Zorn auf jeden kleinen Fehler (wovon ich viele mache).
Weil Gott mich liebt, schlägt er mir nicht ein Verzeichnis mit allen meinen Sünden um die Ohren, wenn er nur eine Gelegenheit dazu findet.
Weil Gott mich liebt, schmerzt es ihn sehr, wenn ich nicht so wandle, wie es ihm gefällt, denn darin sieht er einen Hinweis, daß ich ihm nicht so vertraue, wie ich sollte.
Weil Gott mich liebt, freut er sich, wenn ich seine Macht und Stärke erfahre und um seines Namens willen dem Druck des Lebens standhalte.
Weil Gott mich liebt, arbeitet er geduldig an mir, auch wenn

ich am liebsten aufgeben würde und nicht verstehe, warum er mich nicht auch aufgibt.
Weil Gott mich liebt, vertraut er mir sogar dann, wenn ich mir selbst nicht mehr vertraue.
Weil Gott mich liebt, sagt er niemals zu mir: „Es gibt keine Hoffnung mehr für dich." Vielmehr arbeitet er geduldig an mir, liebt mich und korrigiert mich. Ich staune darüber, wieviel ihm an mir liegt.
Weil Gott mich liebt, verläßt er mich nie, auch wenn viele meiner Freunde das tun würden.
Weil Gott mich liebt, steht er mir bei, wenn ich verzweifelt am Boden liege, wenn ich mein wahres Ich erkenne und mich mit seiner Gerechtigkeit, Heiligkeit, Schönheit und Liebe vergleiche. In solchen Augenblicken kann ich wirklich glauben, *daß Gott mich liebt!*

Ja, die größte aller Gaben ist Gottes vollkommene Liebe!

Als ich die Hälfte dieser Sätze geschrieben hatte, kamen mir die Tränen, weil ich Gottes Liebe ganz persönlich aus einer neuen Perspektive erkannt hatte. Ich hatte die Bibelstelle schon oft gelesen, aber dieses Mal war es etwas anderes. Ich hatte mich verändert. Zum ersten Male hatte ich mich so gesehen, wie ich wirklich war.

Ich muß dazu erklären, was ich meine. Aufgewachsen bin ich in einer sehr konservativen christlichen Umgebung. In meiner Familie tanzte man nicht, spielte keine Karten, ging nicht ins Kino, rauchte, trank und fluchte nicht. Man beteiligte sich an nichts, was als unchristlich galt. Ich besuchte eine Kirche, die solche Wertvorstellungen im Hinblick auf „christliches Verhalten" hochhielt. Mit sieben Jahren nahm ich Jesus als meinen persönlichen Erlöser auf, und ich glaube wirklich, daß diese Entscheidung echt war.

Doch ein Faktor beeinträchtigte meine Sicht Gottes ganz entscheidend, und das war Angst. Ich hatte die gleiche Angst vor meinem Vater, und als junger Christ verschmolzen die beiden unbewußt in eins. Meine Angst vor Gott und meinem Vater ließ mich zu einem überzeugend angepaßten Kind werden, und so trat ich auf, während das wahre Kind in mir sich in die innersten Gemächer meiner Persönlichkeit zurückzog. Das angepaßte Kind, das ich war, wußte immer, was gesagt werden und wie es sich verhalten mußte, sogar, wie es richtig denken mußte, um Gott, meinem Vater und den Leuten in der Kirche zu gefallen.

Doch die meiste Zeit meines Lebens fühlte ich mich allein und enttäuscht, weil ich den anderen niemals nahekam, besonders Gott nicht. In dem Kapitel über Einsamkeit habe ich betont, daß wir nie echte Nähe zu Gott und anderen empfinden können, wenn wir keinen Umgang mit unserem Kind im Innern pflegen und nur das „perfekte" angepaßte Kind präsentieren, denn Nähe setzt Selbstenthüllung voraus. Mit anderen Worten, wir müssen in der Lage sein, unsere wirklichen Gedanken und besonders die Gefühle mitzuteilen, die nur das Kind im Innern kennt.

Ich verlor die Beziehung zum Kind in mir, weil ich Gottes Mißbilligung und Ablehnung fürchtete sowie die der anderen Menschen, wenn ich sie zu nahe an mich heranließe. Während sich das angepaßte Kind in mir wie ein guter christlicher Junge verhielt, auf den jeder stolz sein konnte, fühlte und dachte das Kind im Innern Dinge, die nicht so christlich waren.

Nur aus Angst wurde ich in jungen Jahren bis etwa dreißig davon abgehalten, meine Wünsche auszuleben. Zwischen dreißig und fünfunddreißig, würde ich sagen, erlebte ich meine verspätete jugendliche Rebellionsphase. Ich wollte tun und lassen, was ich wollte – sollte Gott doch mit Blitzen werfen! Gegen Ende dieser Phase schrieb ich meine Version von 1. Korinther 13. Die Gegenwart Gottes in mir ergriff mich, und seine Liebe überwältigte mich so sehr – auch wenn ich damals fern von ihm war –, daß ich mich auf den Weg nach Hause machte.

Was ich vom Herrn brauchte, war Trost, Fürsorge und Liebe, weil das Kind im Innern so verängstigt, einsam, verwirrt und unglücklich war. Ob Gott mich aber so annehmen würde, wie ich war? Ob seine Gegenwart mich trösten würde? Dann erinnerte ich mich an eine Begebenheit im Leben Jesu:

Und sie brachten Kinder zu ihm, damit er sie anrührte. Die Jünger aber fuhren sie an. Als aber Jesus es sah, wurde er unwillig und sprach zu ihnen: Laßt die Kinder zu mir kommen! Wehrt ihnen nicht, denn solchen gehört das Reich Gottes. Wahrlich, ich sage euch: Wer das Reich Gottes nicht aufnimmt wie ein Kind, wird dort nicht hineinkommen (Markus 10,13-15).

Was mir an dieser Begebenheit auffiel, war Jesu Mitgefühl für die Kinder. Die Jünger versuchten, die Kinder zurückzuhalten, und fuhren sie an, doch Jesus wurde unwillig mit jedem, der die Kinder daran hinderte, sich ihm zu nähern. Wie seltsam bekannt mir die Jünger vorkamen! Wie meine kritischen inneren Eltern, die mir immer wieder sagten: „Jesus hat keine Zeit für dich. Schau nur, wie wenig du aus deinem Leben gemacht hast. Wie kannst du erwarten, daß Gott dir vergibt und dich wieder annimmt?" Ich war tief bewegt darüber, wie Jesus die Kinder gegen die kritischen und unbarmherzigen Jünger verteidigte, weil die Kinder sich nicht verteidigen konnten.

Oft hatte ich das Gefühl, daß mein Kind im Innern den kritischen inneren Eltern kein gleichwertiger Gegner war. Ich brauchte so sehr jemanden, der für mich aufstand, wenn ich mich zurückgewiesen oder überwältigt fühlte. Eben das hat Jesus für die Kinder getan, und das habe ich dann auch an meinem Kind im Innern durch ihn erlebt.

Jesus hat die Kinder nicht nur verteidigt, sondern auch gesegnet. Diese Aussage fesselte mich, und ich schlug beim Wort *gesegnet* nach. Es bedeutet „geweiht, als heilig oder ehrenvoll erklärt oder beiseite gesetzt, gebilligt, erhoben, auferbaut, bestätigt, freundlich behandelt." Jesus lächelte die Kinder an, gab ihnen Trost und Freude und das Gefühl, ganz angenommen zu sein. Ein Ausleger, der dieses Wort deutete, beschrieb, wie Jesus jedes Kind auf seinen Arm nahm, eins nach dem anderen, und sie segnete, mit allem Eifer, ausdauernd; er beschenkte sie mit seiner Liebe. Es dauerte seine Zeit, aber Jesus wurde der Aufgabe nicht müde.

Dieser Vorfall im Leben Jesu zeigte mir, wie er bei Ihnen und mir das Kind im Innern tröstet. Ist Ihnen aufgefallen, daß Jesus die Kinder berührte? Eine Berührung ist die wichtigste Art, Kindern Liebe und Fürsorge mitzuteilen. Das gleiche gilt auch für das Kind im Innern. So oft stelle ich mir vor, wie der Herr mich berührt und damit spürbar tröstet und mit seiner Liebe umgibt, wenn ich sie nötig habe. Solche besonderen Augenblicke der Nähe zu Gott helfen mir, das Kind im Innern ohne Furcht und Zögern herauszulassen und zu zeigen.

Wenn Sie seinem Sohn Jesus Glauben und Vertrauen schenken, vergißt Gott Sie niemals, hört nie auf, Sie zu lieben und läßt Sie niemals los, egal, was Sie angerichtet haben. Sie bleiben für immer in seiner Familie. Es ist diese Art von Mitgefühl, die Ihr Kind im Innern aus dem Dunkel der Angst und Verzweiflung ins Tageslicht führt, so daß Sie zu Ihrem wirklichen Selbst finden und sich an Ihren unverwechselbaren Gefühlen, Ihren Fähigkeiten und Ihrer Persönlichkeit erfreuen können.

Es gibt allerdings ein weiteres Thema, das hierzu behandelt werden muß, und das ist die Rolle der anderen bei der Befreiung des Kindes im Innern.

Gottes Handlungsbevollmächtigte

Erinnern Sie sich an Marsha? Gott konnte mein Mitgefühl für sie gebrauchen, um sie in eine engere und persönlichere Liebesbeziehung zum Herrn zu führen. Sie war zur Kirche gegangen und hatte Predigten über Gottes Liebe gehört, doch erst, als sie einem anderen vertrauen konnte, der ihr Kind im Innern liebte, ihm zuhörte und es beschützte, konnte sie in gewisser Hinsicht zulassen, daß Gott es berührte. Man sieht, der Dienst, mit dem Gott uns betraut hat, ist die Rolle des menschlichen Armes in diesem lebensverändernden Prozeß. Davon sprach der Apostel Paulus im folgenden Vers: „Einer trage des anderen Lasten, und so werdet ihr das Gesetz des Christus erfüllen" (Galater 6,2).

Was ist das Gesetz Christi? Es trägt uns auf, andere mit der *Agape*-Liebe zu lieben, die nur Gott selbst in das Herz des Gläubigen senkt. Es ist eine bedingungslose Liebe ohne Seitenblick auf Leistungen. Mit anderen Worten, die *Agape*-Liebe läßt sich nicht verdienen; sie ist umsonst. Es ist die Liebe, von der in 1. Korinther 13 die Rede ist.

Als ausgebildeter Psychologe und von Gott zum Dienst an anderen berufen, gehöre ich in die Reihe derer, die den Leib Christi auferbauen, die Kirche. Ich diene einer bestimmten Gruppe der Heiligen Gottes, die mit so schweren emotionalen Verletzungen leben, daß ihr Wachstum ernsthaft beeinträchtigt ist. Durch diese emotionale Verletzungen haben sie den Kontakt zum Kind im Innern verloren. Ich habe die Aufgabe, dieses Kind zu finden und es gesund zu pflegen, damit die Menschen heil werden.

Auch Sie sind berufen, dem Leib Christi zu dienen. Auf Ihre Art können Sie unter der Leitung des Heiligen Geistes Menschen anrühren, die Liebe und Bestätigung brauchen. Gott möchte Ihr Kind im Innern gebrauchen, daß es das Kind in anderen anrührt, damit Menschen überall erleben, wie sie heil werden. Wir haben ein wahres Vorrecht!

Zum Nachdenken

1. Suchen Sie sich ein ruhiges Plätzchen. Nehmen Sie Papier und Stift und schreiben Sie als Überschrift: „Wie ich mich selbst sehe". Schreiben Sie spontan alle Gedanken auf, die Ihnen kommen. Zensieren Sie nichts. Schreiben Sie so viel wie möglich.

2. Schlagen Sie meine Umschreibung von 1. Korinther 13 in diesem Kapitel nach, lesen Sie jede Aussage und wenden Sie

alles auf sich an. Meditieren Sie über jeden Aspekt der Liebe Gottes für Sie. Setzen Sie das eine Woche lang täglich fort und bitten Sie Gott, Ihnen seine Liebe ganz persönlich werden zu lassen.

3. Nehmen Sie sich Zeit, die Geschichte vom verlorenen Sohn zu lesen (Lukas 15). Stellen Sie sich vor, wie der Vater geduldig auf den Sohn wartet. Wäre das eine Beschreibung Ihres Vaters? Wenn nicht, stellen Sie sich Ihren himmlischen Vater vor, der Sie liebt, auch wenn Sie zur Zeit fern von ihm sind. Schreiben Sie Ihre Gedanken nieder.

4. Stellen Sie sich vor, was für eine Erfahrung die Befreiung Ihres Kindes im Innern wäre. Was daran würde Ihnen Angst machen? Bitten Sie Gott, Ihnen mit mehr Vertrauen zu helfen, damit Sie diese Befreiung wirklich erfahren.

5. Denken Sie an drei Menschen, von denen Sie wissen, daß sie emotional gefangen sind und keine Beziehung zum Kind im Innern haben. Bitten Sie Gott um Gelegenheiten, ihnen zu dienen und zu helfen, das Kind im Innern zu befreien.

6. Haben Sie schon Jesus Christus als persönlichen Erlöser und Herrn in Ihr Leben gebeten? Wenn nicht, würden Sie es gern tun? Dann sprechen Sie in der Stille Ihres Herzens das folgende Gebet nach:
„Herr Jesus, ich lade Dich gerade jetzt in mein Leben ein. Ich erkenne, daß ich ein Sünder bin und Deinem vollkommenen Maßstab nicht gerecht werde. Ich erkenne, daß ich einen Erlöser brauche. Lieber Vater, ich glaube, daß Du Deinen geliebten Sohn Jesus Christus gesandt hast, der am Kreuz für meine Sünden starb, und ich nehme Deinen Sohn als Erlöser und Herrn meines Lebens an. Danke, Herr Jesus, daß Du mich liebst."

7. Wenn Sie dieses Gebet gesprochen haben, reden Sie mit jemandem darüber, von dem Sie wissen, daß er Christ ist.

Zu liebevollen inneren Eltern finden

Eine Woche lang hörte Tammy den täglichen 5-Minuten-Sendungen im christlichen Radioprogramm zu, die von *IDAK Inter-face* ausgestrahlt wurden. In diesem Zentrum arbeite ich als Direktor. Der Radiosprecher sagte: „Gott hat uns alle mit Naturtalenten begabt. Wenn sich diese Begabungen in unserem Beruf nicht auswirken können, werden wir unzufrieden und haben die besten Aussichten, ausgebrannt zu enden."

Das sprach Tammy an. Sie lebte den ganzen Tag nur auf den Feierabend hin, wo sie nach Hause gehen konnte. Sie hatte deswegen jedoch ein schlechtes Gewissen. Die kritischen inneren Eltern gaben ihr zu verstehen, sie sei faul und verantwortungslos und solle härter arbeiten, um den nichtchristlichen Kollegen ein gutes Zeugnis zu bieten. Mit anderen Worten: Lächeln und weitermachen.

Eigentlich war Tammy alles andere als faul. Wenn überhaupt, dann arbeitete sie zu hart. Seit fünf Jahren war sie Sekretärin und Empfangsdame in einer Arztpraxis. Sie war beliebt und tüchtig, aber in letzter Zeit empfand sie Streß bei ihrem Job. Sie fühlte sich depressiv und müde. Es fiel ihr schwer, morgens aufzustehen. Während der Arbeit und zu Hause hatte sie zeitweise Zornausbrüche, was ihr ein schlechtes Gewissen bereitete und wofür sie sich ständig entschuldigte. Sie konnte nicht verstehen, warum sie so unbeherrscht war. Sie sagte sich, daß sie glücklich sein könne mit ihrer schönen Arbeit, dem guten Gehalt und den netten Patienten. Trotzdem hielten Depressionen und Reizbarkeit an.

Um Tammys widerstrebende Gefühle besser zu verstehen, müssen wir die Einstellungen in ihrem Elternhaus untersuchen. Tammys Vater Jim, ein nüchterner Mann, hielt wie schon sein Vater streng auf Disziplin. Jim hatte eine vielversprechende Laufbahn als Baseballspieler aufgegeben, weil sein Vater Sport als unchristlich und als Zeitverschwendung abtat. Jim ging dann ins Geschäftsleben und wurde Bankkassierer – eine Arbeit, die er haßte. Obwohl er in seiner Bank Karriere machte, sah er in der Arbeit immer nur eine Pflicht. Diese Einstellung gab er an Tammy weiter.

Tammys Mutter Anne war still und widersprach ihrem Mann nie. Sie meinte, eine gute christliche Ehefrau solle in allen Dingen ihre eigene Meinung aufgeben – eine Einstellung, die mehr auf ihrer Erziehung als auf der biblischen Lehre fußte. Anne mußte feststellen, daß ihr Mann eine ebenso autoritäre Persönlichkeit war wie ihr eigener Vater. Tatsächlich war Annes Eheleben praktisch eine Wiederholung ihrer Kindheit – Unterordnung und Gehorsam gegen die männliche Autoritätsfigur im Haus war selbstverständlich. Ohne sich darüber klar zu sein, gab Anne diese Einstellung aus Stille und Passivität an ihre Tochter weiter.

Tammy war ihrer Mutter aber auch in manch anderer Hinsicht sehr ähnlich. Sie war künstlerisch veranlagt und war sehr geschickt in Gestaltung und Handwerk. Sie war auch phantasievoll und hatte Beobachtungsgabe, konnte Menschen gut einschätzen und Probleme im Handumdrehen lösen. Am besten konnte sie im kleinen Kreis arbeiten.

Leider hatte Tammy einen Beruf gewählt, für den sie wirklich nicht geschaffen war. Keine Wunder, daß sie depressiv und reizbar wurde. Wenn sie mir von ihren künstlerischen Interessen erzählte, strahlte sie auf und wurde ein ganz anderer Mensch. Mir wurde klar, daß Tammys Kindheitserfahrungen mit ihren Eltern zur Entwicklung der kritischen inneren Eltern beigetragen hatten, die das kreative Kind im Innern unterdrückten. Die inneren Eltern wiederholten die väterlichen Ermahnungen, kritisierten ihre künstlerischen Interessen und überzeugten sie, Gott sei unzufrieden mit ihr.

Das aber, liebe Freunde, bringt das Faß zum Überlaufen – wenn Sie das Gefühl haben, Gott sei auch noch gegen Sie. Welche Chance hat man da noch, besonders dann, wenn man so auf den Beifall der anderen angewiesen ist wie Tammy? Als Tammy die IDAK-Sendung hörte, sah sie einen Hoffnungsschimmer. Vielleicht, wenigstens vielleicht bot sich da eine Chance, das Kind im Innern an Leben und Beruf teilhaben zu lassen. Heute entdeckt Tammy neue berufliche Möglichkeiten, aber noch ist sie nicht ganz überzeugt, daß sie ihre Begabungen wirklich genießen kann und tatsächlich Geld mit etwas verdienen kann, was sie gern tut.

So wie Tammy geht es vielen Menschen auf dieser Erde. Vielleicht sind Sie einer davon und leiden unter der Bindung an sehr kritische innere Eltern, die überhaupt keine Ahnung haben, welche Talente in Ihrem Kind im Innern schlummern. Menschen mit kritischen inneren Eltern lassen sich im Übermaß durch die Meinung der anderen beeinflussen. Sie können manchmal bis zu ihrem Lebensende versuchen, den Beifall und die Zustimmung der unvernünftigen inneren Eltern zu gewinnen, und erfahren vielleicht niemals Freude, Begeisterung und Erfüllung bei einer Aufgabe, für die Gott sie begabt hat. Tragischer noch, sie haben vielleicht das Gefühl, Gott mit den inneren kritischen Eltern gleichsetzen zu müssen und finden, ein langweiliges, unerfülltes und enttäuschendes Leben könne ihm irgendwie gefallen. Wie verkehrt!

Der himmlische Vater hat mit Ihren kritischen inneren Eltern nichts zu tun. Er kennt Sie, schätzt Sie und vergibt Ihnen. Er liebt Sie wie niemand anders. Damit das Kind im Innern befreit wird und wachsen kann, bedarf es einer liebevollen Elternfigur in Ihrer Persönlichkeit. Die kritischen, strafenden und abwertenden Eltern haben ausgedient.

Ein positives Vaterbild

Hier taucht die Frage auf: Wie entstehen diese liebevollen inneren Eltern, wenn ich doch noch mit den kritischen kämpfe? Erkunden wir die Eigenschaften von gesunden, liebevollen inneren Eltern und stellen wir fest, wie sich ein solcher positiver Einfluß in Ihre Persönlichkeit einfügen läßt.

Aufgrund meiner Erfahrungen als Psychologe bin ich zum Schluß gekommen, daß ein Großteil meiner Patienten einen familiären Hintergrund hat, in dem der Vater in mancher Hinsicht einen schlechten Einfluß ausübte, unter anderem
▷ sexuellen Mißbrauch oder
▷ körperliche Mißhandlung ausübte,
▷ immer abwesend war, zumindest gefühlsmäßig,
▷ den Kindern keine liebevollen Gefühle zeigen konnte,
▷ sehr kritisch war,
▷ Alkoholiker war.

Für ein Kind ist es unter diesen Umständen extrem schwierig, gesunde innere Eltern zu entwickeln, die das Kind im Innern führen und pflegen. Oft muß das Kind unzulängliche oder mißhandelnde Eltern auch noch idealisieren, sie als gut betrachten, um sich etwas Hoffnung in seiner Welt zu erhalten. Normalerweise betrachtet das Kind sich selbst als schlecht, um die schlechten Eltern gut zu machen.

Wer mit kritischen inneren Eltern zu tun hat, braucht als Vorbild jemanden mit einer gesunden und liebevollen Einstellung ihm gegenüber. Das läßt sich durch Therapie erreichen, durch enge, liebevolle Freunde und Angehörige, besonders aber durch eine persönliche und lebendige Beziehung zu Gott dem Vater.

Dabei haben viele, die mit kritischen inneren Eltern kämpfen, das Problem, Gott als verlängerten Arm der Eltern zu sehen. Statt unserem Kind im Innern Erleichterung zu verschaffen, verpaßt er uns scheinbar nur noch mehr Gesetze und Regeln, Schuld und Verdammnis und bewirkt damit tiefsitzende Gefühle von Unzulänglichkeit. Was schaffen wir uns doch für ein verzerrtes und ungenaues Bild von Gott! Wir brauchen ein realistisches Bild des himmlischen Vaters, wie es in der Bibel offenbart wird. Wenn wir Gott verstehen wollen, muß uns klar werden, wie sehr er sich um jeden einzelnen kümmert und wieviel ihm an unserem Wachstum liegt.

Zu Jesu bewegendsten und erhellendsten Geschichten

über die Liebe Gottes des Vaters gehört die Geschichte vom verlorenen Sohn. Sie bewegt mich jedesmal, wenn ich sie lese. Obwohl wir uns meist auf den Sohn konzentrieren, ist eigentlich der Vater, der seinen Sohn bedingungslos liebt, die Hauptfigur. Der Vater in dieser Geschichte steht für Gott. In mancher Hinsicht sind wir alle verlorene Söhne. Die Geschichte steht in Lukas 15,11-32. Ich möchte sie nacherzählen und dann aus der Begebenheit die wesentlichen Eigenschaften des liebevollen Vaters darstellen, der wirklich Gott selbst ist.

Der Sohn

Ein Mann hatte zwei Söhne. Der ältere blieb zu Hause, machte alles richtig, gehorchte seinem Vater und wurde nie übermütig. Der jüngere Sohn tat lieber, was ihm Spaß machte, fand die tägliche Routine zu Hause bald langweilig, hatte eine unstillbare Neugierde und war fest entschlossen, ein Leben auf der Überholspur zu führen.

Fordernd, wie er war, bat er den Vater um sein Erbe. Zwar gibt es normalerweise erst dann das Erbe, wenn der Vater stirbt, und Papa war nicht verpflichtet, dem Sohn seinen Wunsch zu erfüllen, doch er tat es trotzdem. Können wir annehmen, daß er seinen Sohn so gut kannte, daß er es notwendig fand, ihn durch Erfahrung aus dem Leben lernen zu lassen? Kann sein.

Der junge Mann nahm also das Geld, packte den Koffer und machte sich auf eine weite Reise, vielleicht ins Las Vegas oder Hollywood seiner Zeit. Damit es völlig klar ist: Er hatte die Taschen voller Geld und gab eine Lokalrunde nach der anderen aus. Seine Freundesschar wuchs rapide an; er schwamm wirklich im Geld. „Mann, das ist das Leben!" sagte er sich. „Tausendmal besser als mein langweiliges Zuhause, wo es nichts Neues mehr gibt!"

Eines Tages aber drehte er die Taschen um und stellte fest, daß er kein Geld mehr hatte. Aus dem Angeber war ein Niemand geworden.

Schockiert stellte er fest, daß man ohne Geld, Ansehen oder Statussymbole nichts mehr gilt. Er konnte sich keine Freunde mehr kaufen. Er konnte sich nicht einmal das einfachste Essen leisten und ließ sich als Schweinehirt einstellen. Daß er ganz unten gelandet war, merkte er nicht zuletzt daran, daß sein Arbeitgeber ihn nicht mal die Reste essen ließ, die er an die Schweine verfütterte. Die Realität kam ihm schmerzhaft zu Bewußtsein. „Mensch, zu Hause würde es mir sogar als Hilfsarbeiter besser gehen", klagte er. „Da gibt's wenigstens dreimal am Tag zu essen. Besser, als hier im Mist zu verhungern."

Je länger er aber darüber nachdachte, desto nagender wurde die Frage, ob sein Vater ihn überhaupt aufnehmen würde. Schließlich hatte er gegen Gott und seinen Vater gesündigt und sein Erbe verschleudert. „Ich kann mir nicht vormachen, daß mein Vater mich noch als Sohn betrachten wird, aber vielleicht stellt er mich als Hilfsarbeiter ein, wenn ich zugebe, wie sehr ich im Unrecht war."

Mit diesen Gedanken verließ er den Schweinestall und wanderte nach Hause. Als er sich der vertrauten Heimstatt näherte, sah er, wie sein Vater auf der Zufahrt Ausschau hielt. Als der alte Mann seinen Sohn entdeckte, fing er mit offenen Armen an zu laufen. Der Junge wollte den Mund aufmachen und seine Sünden bekennen, doch der Vater umarmte und küßte ihn so bewegt, daß er nicht reden konnte. Als er sich endlich vom Schreck darüber erholte, wie sehr der Vater ihn liebte, versuchte er sein Unrecht zu bekennen, aber der Vater zog ihm bereits sein bestes Kleid an und streifte einen dicken Ring auf seinen Finger. Jetzt mußte gefeiert werden!

Der Vater erzählte jedem, der zuhörte: „Mein Sohn war tot und ist wieder lebendig geworden; er war verloren und ist gefunden worden."

Das beste Kalb wurde gegrillt, und alle feierten mit – außer dem älteren Sohn, der nörgelnd umherlief: „Was denkt mein Brüderchen, wer er eigentlich ist? Kehrt der Familie den Rücken zu, verplempert unser Geld, und jetzt behandelt

Papa ihn wie einen Prominenten. Ich bin immer gut gewesen, aber so eine Party hat er mir nie gegeben."

Als der Vater merkte, daß der ältere Sohn abwesend war, ging er ihn suchen und bat ihn, das Fest mitzufeiern, aber der Sohn lehnte ab. Statt dessen gab er seinem Ärger über die Ungerechtigkeit Raum. Der Vater erwiderte: „Mein Sohn, du bist allezeit bei mir, und alles, was mein ist, ist dein. Es geziemte sich aber, fröhlich zu sein und sich zu freuen, denn dieser dein Bruder war tot und ist wieder lebendig geworden und verloren und ist gefunden worden."

Lieber Freund, sehnen Sie sich nicht nach so einem Vater? Wenn Ihr Vater im Innern dem Vater des verlorenen Sohnes gleichen würde, könnte dann nicht auch Ihr Kind im Innern befreit aufwachsen? Ganz sicher! Betrachten wir die besonderen erzieherischen Eigenschaften des Vaters im Gleichnis – Eigenschaften unseres himmlischen Vaters, wie er uns seine Pflege gibt.

Die Liebe des Vaters

Der Vater in unserer Geschichte liebte beide Söhne, doch sie brauchten diese Liebe auf verschiedene Weise. Wirkliche Liebe nimmt sich Zeit, einen Menschen so kennenzulernen, wie er als Individuum ist. Gleichermaßen liebt Sie der himmlische Vater und weiß genau, was Sie nötig haben. Der Vater im Gleichnis wußte, daß sein jüngerer Sohn die Freiheit und die Erfahrung harter Schicksalsschläge brauchte. Der Vater hätte ihm sagen können, was er wollte – der Junge war nicht bereit zuzuhören. Seine Rebellion kostete den Vater erhebliche materielle Güter, aber das war ihm der Sohn wert.

Was, meinen Sie, tat der Vater, während der Sohn fort war? Ich glaube, er stand lange und oft an der Straße und schaute nach, ob er wieder zurückkam. Deshalb erkannte er den Jungen auch, obwohl er noch so weit entfernt war. Der Vater wußte, daß seine Liebe ihn eines Tages nach Hause bringen würde. Diese Liebe war so tief, daß er nicht einmal das Bekenntnis seines Sohnes zu hören brauchte; er wußte, daß er auf die schwierige Art gelernt hatte, sonst wäre er nicht zurückgekehrt. Auch ließ der Vater keine Vorwürfe hören, etwa: „Wie konntest du mir so etwas antun? Hast du vergessen, was ich für dich getan habe?" Nein, es war ihm genug, daß der Sohn nach Hause gekommen war.

Können Sie sich vorstellen, wie Sie reagieren würden, wenn Ihr Kind sich wie der verlorene Sohn benehmen würde? Würden Sie das undankbare Ding fortjagen und das Geld zurückzahlen lassen, das verschwendet wurde? Würden Sie so lange schweigen, bis das Maß des Leidens voll genug wäre? Wenn unsere Kinder uns enttäuscht haben, ersticken wir unsere Angst und Sorge durch Ärger und rächen uns mit Angriffen für das, was wir erlitten haben.

Wie hätten Ihre Eltern reagiert, wenn Sie selbst der verlorene Sohn gewesen wären? Was würden die kritischen inneren Eltern Ihnen über Ihren Wert sagen? Würden Sie sich hoffnungslos und verzweifelt fühlen? Würden Sie sich so schuldig vorkommen, daß Sie schon an Selbstmord denken, weil keine Erlösung und Wiedergutmachung in Sicht wäre?

Wie wir doch auf die Liebe Gottes angewiesen sind! Überall in der Bibel sehen wir, wie Gott allen Menschen seine Liebe schenkt, um sie durch den Opfertod Jesu Christi, Gottes Liebesgabe, zur Buße und zur Wiederherstellung zu bringen. Das Kind im Innern hat einen Hang zur Auflehnung und möchte niemandem verantwortlich sein. Gottes Liebe aber bringt das verhärtete Herz zum Schmelzen und führt uns zum Kreuz, wo wir uns im Glauben nach Liebe und Vergebung ausstrecken können.

Vielleicht haben Sie einmal die Liebe des Vaters erfahren, sind nun aber fern von ihm und glauben, Sie könnten ohne Gott Freude am Leben haben. Sie fragen sich, ob Gott Sie nach allem, was Sie getan haben, noch lieben kann. Lieber Freund, er liebt Sie wirklich und wartet wie der Vater des verlorenen Sohnes auf Ihre Rückkehr. Er möchte Sie mit Liebe und Zärtlichkeit überschütten, wenn Sie nur empfänglich dafür sind. Das hat Jesus bestätigt: „Ich sage euch: So wird

Freude im Himmel sein über einen Sünder, der Buße tut, mehr als über neunundneunzig Gerechte, die die Buße nicht nötig haben" (Lukas 15,7).

Wenn Sie sich Gott nähern und seine Liebe wiederentdekken, wird er in Ihrer Persönlichkeit liebevolle innere Eltern formen, die Macht genug haben, die kritischen inneren Eltern zum Schweigen zu bringen, mit denen Sie so lange leben mußten.

Die Geduld des Vaters

Wahrscheinlich ist es nicht leicht gewesen, mit dem jüngeren Sohn auszukommen. Er hat vermutlich oft in Frage gestellt, was sein Vater ihm sagte, und war seinen Anweisungen nicht gehorsam. Er war nicht aus demselben Holz geschnitzt wie sein Bruder – er war eben das jüngere Kind.

Das jüngste Kind gilt oft als „Nesthäkchen", als „verwöhntes Blag". Natürlich sind diese Etiketten unbegründet, vor allem, wenn man die fragt, die in ihrer Familie die jüngsten Kinder waren. Trotzdem liegt ein Körnchen Wahrheit darin; nachdem die Eltern mit dem Erstgeborenen genug experimentiert haben, sind sie bei den nachfolgenden Kindern viel entspannter. Wenn dann das letzte Kind gekommen ist, sind Mutter und Vater schon „alte Hasen" und lassen dem Jüngsten Streiche durchgehen, die sie den älteren nie nachgesehen hätten.

In der Regel sind jüngere Kinder kreativer, können ihre Gefühle besser ausdrücken, sind aber weniger diszipliniert als die älteren Geschwister. Zweifellos hätte der verlorene Sohn in diese Kategorie gepaßt. Der ältere Sohn verhielt sich viel verantwortlicher und sollte seinem Bruder ein gutes Vorbild sein; tatsächlich verhielt er sich wie ein zweiter Vater.

Der Vater war sehr geduldig mit seinen beiden Söhnen. Er wußte, daß er dem jüngeren keine Ideen oder Vorstellungen aufzwingen konnte; der Junge mußte sich selbst überzeugen. Darum gab ihm der Vater das Erbe und ließ ihn fort in ein fernes Land, um das Leben aus erster Hand zu studieren. Die Entscheidung des Vaters erforderte ein sorgfältiges Gleichgewicht zwischen Risiko und Vertrauen – er riskierte, daß der Junge nie wieder nach Hause kam; doch kannte er sein Kind gut genug, um darauf vertrauen zu können, daß er eines Tages zurückkommen würde. Also wartete er geduldig und widerstand dem Drang, sich aufzumachen und seinen verlorenen Sohn zu suchen.

Ist Ihnen aufgefallen, wie geduldig der Vater mit seinem älteren Sohn umging, der eifersüchtig auf seinen Bruder war und sich über ihn ärgerte? Der Vater setzte ihn nicht herab, noch redete er ihm ein schlechtes Gewissen ein, weil er sich der Willkommensfeier nicht anschließen wollte. Vielmehr machte er sich ernsthaft Gedanken über die Gefühle des älteren Sohnes. Er ging ihm nach und nahm sich in seiner Geduld die Zeit, mit ihm zu reden und ihm zuzuhören.

Wie würden Sie reagieren, wenn eines Ihrer Kinder sich wie der verlorene Sohn verhielte? Würden Sie es unter Druck setzen und andauernd versuchen, es zur Anpassung zu zwingen? Würden Sie ihm immer wieder seine Fehler vorhalten und versuchen, es nach Ihrem Bild zu formen? Sind *Sie* früher einmal fortgelaufen? Wie haben Ihre Eltern Sie dann behandelt? Und was war mit Ihren inneren Eltern? Vielleicht stehen Sie unter dem Druck sehr ungeduldiger innerer Eltern. Dieser innere Streß macht die Angst vor dem Versagen noch schlimmer, bis es dahin kommt, daß Sie sich vor jeder Herausforderung ducken, weil Sie Angst haben, den Erwartungen der ungeduldigen inneren Eltern nicht gerecht zu werden.

Ihr himmlischer Vater ist ganz anders. Er ist geduldig mit Ihnen. Nehmen Sie sich einen Augenblick Zeit, die Wiedergabe von 1. Korinther 13 im vorangegangenen Kapitel durchzulesen. Sicher fällt Ihnen auf, wie geduldig Gott mit uns umgeht und uns damit die Freiheit gibt, zu sein, wer wir innerlich wirklich sind. Er gesteht uns Fehler, Fehlurteile, Schnitzer und Verrücktheiten zu, ohne gleich auf das Kind im Innern einzuschlagen. Gottes liebevolle Geduld ist es, die uns aus fernen Ländern zuwinkt und die Sehnsucht nach Hause weckt. Der Apostel Paulus unterstreicht im Brief an die römischen Christen dieses Prinzip:

Oder verachtest du den Reichtum seiner Gütigkeit und Geduld und Langmut und weißt nicht, daß die Güte Gottes dich zur Buße leitet? (Römer 2,4).

Wenn Sie Gottes Geduld verstehen lernen, werden Sie positive Veränderungen in Gefühlen und Einstellungen erfahren. Von Tag zu Tag verspüren Sie, wie Gott daran arbeitet, liebevolle Eltern in Ihnen zu formen und sie den ungeduldigen inneren Eltern entgegenzusetzen, die Ihnen lange genug zur Last gefallen sind und das Kind im Innern gefangenhielten.

Der Vater korrigiert uns

Im vorangegangenen Kapitel habe ich ausgeführt, daß meine Hauptmotivation für gutes Benehmen Angst war. Ich hatte das Gefühl, daß mein Leben aus den Fugen geraten würde, wenn ich das Kind im Innern nicht streng kontrollieren würde. Diese Strenge entsprach der Verurteilung, Schuldzuweisung, Demütigung und Härte der inneren Eltern. Sie schüchterten gleichsam das Kind im Innern ein. Doch diese strafende Kontrolle stachelt das Kind im Innern erst recht zur Auflehnung an. So geht es, wenn eine Religion auf das Einhalten von Gesetzen gegründet ist. Diese Methode erzeugt deshalb soviel Streß, weil sie Auflehnung bewirkt, die wiederum unterdrückt werden muß. Dadurch gehen uns die Energien für gesündere Aktivitäten verloren. Die Erlösung durch Gottes Gnade macht das Bedürfnis nach Rebellion gegenstandslos, weil die Grundlage für unsere Beziehung zu Gott auf dem Glauben an Jesus Christus beruht. Auf Gnade und Liebe beruht unser Wandel mit ihm, nicht auf dem Befolgen des Gesetzes.

Selbst aber in einer Liebesgemeinschaft muß das Kind im

Innern kontrolliert werden. Wichtig ist das Wie. Das bringt uns zum Thema „Korrektur".

In der Geschichte vom verlorenen Sohn ließ der Vater es zu, daß die natürlichen Konsequenzen der Realität auf den Sohn als Strafe wirkten. Der Vater wurde dadurch nicht zum „Softy". Zweifellos strafte er seine Söhne während der Erziehung, und ich habe den Verdacht, daß der jüngere Sohn mit seiner Einstellung, den eigenen Kopf durchzusetzen, den Löwenanteil der Strafe bekam. Doch der Vater kannte seine Jungen und wußte, welcher Strafanteil für jeden angemessen war. Als die Jungen erwachsen wurden, merkte der Vater, daß der jüngere Sohn seine Lektionen auf die harte Tour lernen mußte, bevor er bereit sein würde, das Kind im Innern im Zaum zu halten.

Und so sehe ich es: Als der mittellose junge Mann ohne Freunde und allein im Dreck des Schweinestalles wühlte, kam er zur Vernunft und sah sich, wie er wirklich war – dumm, rebellisch, dickköpfig. Er sah seinen Vater jetzt mit anderen Augen und spürte, daß er ihn aufnehmen würde, wenn nicht als Sohn, dann doch wenigstens als Tagelöhner. Alles, was der Vater ihm beizubringen versucht hatte, kam ihm jetzt vernünftig vor. Aus Liebe und innerer Sorge hatte sein Vater ihn in die Welt entlassen, damit er die Korrektur durch die Wirklichkeit erfahren konnte. Als er endlich erkannte, was es heißt, in Liebe und nicht durch das Gesetz gezügelt zu werden, begab sich der Junge nach Hause.

Haben Sie sich schon einmal über Gott geärgert, weil bei Ihren nichtchristlichen Freunden alles so glattgeht, nicht aber bei Ihnen? Haben Sie sich gefragt, warum Gott in gewissen Situationen strenger mit Ihnen als mit anderen umgeht? Lieber Freund, Gott geht mit uns sehr individuell um. Er weiß, welche Korrektur bei Ihnen am besten anschlägt.

Mein Sohn, achte nicht gering des Herrn Züchtigung, und ermatte nicht, wenn du von ihm gestraft wirst! Denn wen der Herr liebt, den züchtigt er; er schlägt aber jeden Sohn, den er aufnimmt. Was ihr erduldet, ist zur Züchtigung: Gott behandelt euch als Söhne. Denn ist der ein Sohn, den der Vater nicht züchtigt? Wenn ihr aber ohne Züchtigung seid, deren alle teilhaftig geworden sind, so seid ihr Bastarde und nicht Söhne. Zudem hatten wir auch unsere Väter nach dem Fleisch als Züchtiger und scheuten sie. Sollen wir nicht vielmehr dem Vater der Geister unterwürfig sein und leben? Denn sie züchtigten uns freilich für wenige Tage nach ihrem Gutdünken, er aber zum Nutzen, damit wir seiner Heiligkeit teilhaftig werden. Alle Züchtigung scheint uns zwar für die Gegenwart nicht Freude, sondern Traurigkeit zu sein; nachher aber gibt sie denen, die durch sie geübt sind, die friedsame Frucht der Gerechtigkeit (Hebräer 12,5-11).

Die Korrektur hat Gerechtigkeit zum Ziel, nicht Schmerz und Leid als Selbstzweck. Korrektur ohne Liebe bringt vielleicht einen oberflächlichen Gehorsam hervor, der auf Angst gegründet ist, aber von versteckter Auflehnung begleitet wird. Wenn die Angst gebrochen ist, bricht das Kind im Innern aus. Liebe macht uns fähig, von falschem, verletzendem Verhalten gegen uns und andere abzusehen, bewirkt aber gleichzeitig, daß der gesunde Bereich des Kindes im Innern sich entwickelt. Durch die Liebe des Vaters wurde der verlorene Sohn nach Hause gezogen und konnte seine Tat bereinigen.

Je besser Sie das Kind im Innern verstehen, desto weniger können Sie von Gedanken und Ideen überrascht werden, die Ihnen durch den Sinn gehen. Was bewahrt Sie davor, der Impulsivität des Kindes im Innern nachzugeben – Angst oder Liebe? Wenn Sie Gottes Liebe zu sich begriffen haben, wird es Liebe sein.

Warum schlafe ich nicht mit jeder hübschen Frau, die ich kennenlerne? Warum stehle ich nicht, wenn ich weiß, daß ich nicht erwischt werde? Warum nicht beim Examen betrügen? Schließlich könnte ich ungestraft davonkommen. Finden Sie, daß Christen sich solche Gedanken nicht leisten dürften? Es kommt aber vor, auch bei mir. Was hält mich davon ab, meinen Impulsen nachzugeben? Meine Liebe zu Gott, meiner Frau und meiner Familie. Weil ich sie liebe und sie mich, will ich sie nicht verletzen. Meine Verehrung für Gott und alles, was er verlangt, bewahrt mich vor einem Verhalten, das ihm nicht gefällt. Auf diese Weise wird das Kind im Innern im Zaum gehalten, ohne daß es abgetötet wird.

Das väterliche Mitleid

Ist Ihnen aufgefallen, wie verärgert man reagieren kann, wenn man von jemandem enttäuscht wird, den man liebt? Was wir eigentlich empfinden, ist natürlich Schmerz, doch meisterhaft verdecken wir die Verletzung mit einer guten Prise Ärger. Versetzen Sie sich in die Lage des Vaters des verlorenen Sohnes. Stellen Sie sich vor, Ihr Kind käme zu Ihnen und verlangte das Geld, das Sie für sein Erbteil nach Ihrem Tode gespart haben. Sie entschließen sich, es ihm zu geben, und er kündigt an, Schule oder Arbeit aufzugeben, um durch das Land zu reisen. Sie fragen ihn, wie er seinen Lebensunterhalt bestreiten will, und er antwortet: „Ach, ich verbrauche das Geld, das du mir gegeben hast."

Bedenken Sie, wie viele Jahre Sie geknausert und gespart und sich nichts gegönnt hatten, um ihm ein Erbe zu hinterlassen, und nun verschwindet er in die weite Welt, ohne darüber nachzudenken, und ohne ein dankbares Wort. Sechs Monate vergehen. Er läßt kein Sterbenswörtchen von sich hören. Sie werden schier von der Last des Gedankens erdrückt, daß er wahrscheinlich in Not oder in schlechter Gesellschaft ist. Was würden Sie sagen, wenn Sie Ihre Gefühle laut werden ließen? Vielleicht: „Wie konnte der undankbare Bengel mir das antun?" oder: „So viel habe ich für ihn getan, und das ist nun der Dank!" oder: „Warte, Bürschchen, wenn du nach Hause kommst, dann kannst du was erleben!"

Eines Tages dann schauen Sie aus dem Fenster – wie immer in den letzten sechs Monaten. Da, Ihr Sohn kommt den Gehweg entlang. Die Kleidung ist zerlumpt, er hat einen stachligen Bart, ist abgemagert und hat wohl wochenlang nicht gebadet. Sie eilen zur Tür, reißen sie auf ... Was machen Sie jetzt? Was sagen Sie?

„Na, Junge, hoffentlich bist du jetzt stolz auf dich. Du hast deine Mutter und mich vor Sorgen krank gemacht!"

Oder: „Schau dich nur an, junger Mann. Ekelhaft! Was hast du bloß angestellt?"

Oder: „Na, du Schlaukopf, was hast du mit dem Geld gemacht, das ich dir gegeben habe? Nein, mach Dir keine Mühe, mir davon zu erzählen. Ich wette, du hast den letzten Pfennig durchgebracht!"

Alle diese Reaktionen sind typische Verhaltensweisen der kritischen inneren Eltern, um verletzte Gefühle zu überdekken. Der Vater des verlorenen Sohnes hat so nicht reagiert. Beim ersten Anblick seines Sohnes lief er auf ihn zu und umarmte ihn mit tiefem Mitgefühl.

Sie fragen vielleicht: „Und das schlimme Verhalten, das der Junge an den Tag gelegt hat? Das verschleuderte Erbe? Sollen Eltern so ein Benehmen einfach übergehen?"

In der Geschichte vom verlorenen Sohn überwog die Freude des Vaters über die Heimkehr bei weitem den Verlust materieller Besitztümer. Wichtig war ihm nicht Strafe, sondern Wiederherstellung. Außerdem hatte der Sohn seine Lehre auf die altmodische Art gelernt: er hatte sie am eigenen Leibe gespürt.

Lieber Freund, der himmlische Vater handelt an Ihnen so, wie der Vater im Gleichnis seinen Sohn behandelt hat. Mit liebevoller, erbarmender Umarmung zieht er Sie an sein Herz, nach Hause. Sie hören keine strenge Beschimpfung: „Hab' ich dir doch gleich gesagt!" Ihr himmlischer Vater hat keine Freude daran, Ihnen Schuldgefühle oder Scham einzuflößen; vielmehr sehnt er sich danach, Ihnen als seinem geliebten Kind den ganzen Segen zukommen zu lassen. Gott, der Vater, ist nicht gleichzusetzen mit den kritischen inneren Eltern. Seine Elternschaft ist liebevoll und fürsorglich. Er zieht Ihr Kind im Innern an sein Herz und schenkt ihm Mut, sich so zu entwickeln, wie er Sie geschaffen hat.

Die Führung des Vaters

Vor ein paar Jahren fuhr ich nach Bishop in Kalifornien, einer kleinen Stadt am Fuße des Sierra-Nevada-Gebirges, um Jeff abzuholen, der von einer Wanderung mit den Pfadfindern zurückgekehrt war. Wir hielten zum Essen bei einem Restaurant, und ich plauderte ein wenig mit dem Mann hinter der Theke. Er erzählte mir von einem See oben im Gebirge, in dem man zwei- bis dreipfündige Bachforellen angeln könne. „Ist aber nicht leicht zu finden", warnte er mich. Ich versicherte ihm, er brauche mir nur den Weg zu beschreiben, und ich hätte keine Probleme damit.

Das ganze Jahr lang dachte ich an den See. Im nächsten Sommer machten Jeff und ich uns auf die Suche, um zu sehen, ob die Forellen wirklich so groß waren, wie der Mann gesagt hatte. In einem Punkt hatte er jedenfalls recht – der See war schwer zu finden. Es gab keine Schilder, keine Wegbezeichnungen, nur ein riesiges Granitgebirge. Der Mann hatte mir gesagt, ich solle auf einen toten Baum oben auf dem Berg achten; nur so könne ich Zugang zum See finden. Aber ich bin nicht der Typ, der auf Wegbeschreibungen achtet, und war entschlossen, mich auf eigene Faust auf die Suche zu machen. Endlich kehrten Jeff und ich erschöpft an den Fuß des Berges zurück und folgten der Beschreibung des Mannes bis aufs I-Tüpfelchen. Diesmal fanden wir den See auf Anhieb. Ob Sie es glauben oder nicht, die Fische waren so groß, wie der Mann gesagt hatte. Wir fingen sieben oder acht hübsche Brocken! Aber wenn wir auf die Anweisungen des Mannes geachtet hätten, wäre uns viel Zeit- und Energieverschwendung erspart geblieben.

Der verlorene Sohn hatte nicht auf die Anleitung des Vaters gehört. Folglich mußte er in der Fremde nutzloses Leid, Sorgen und Demütigung durch sogenannte Freunde erleben. Er wäre beinahe verhungert und wurde beim Füttern der Schweine erniedrigt, wo er nicht einmal die Reste essen durfte. Was für ein Schlag für sein Selbstbewußtsein – sein Chef stufte ihn so niedrig ein, daß Abfall noch zu gut für ihn war! Bestimmt jammerte er nun: „Hätte ich bloß auf meinen Vater gehört!"

Auch wir haben es nötig, auf den himmlischen Vater zu hören, wenn er uns einen Weg entlangführt, der auf unsere individuellen Begabungen und Bedürfnisse zugeschnitten ist. Wir müssen zulassen, daß er unsere gottgegebenen Fähigkeiten für einen Dienst einsetzt, der den Leib Christi stärkt.

Jesus lädt alle ein, die es satt haben, allein zurechtzukommen:

Kommt her zu mir, alle ihr Mühseligen und Beladenen, und ich werde euch Ruhe geben. Nehmt auf euch mein Joch, und lernt von mir, denn ich bin sanftmütig und von Herzen demütig, und ihr werdet Ruhe finden für eure Seelen; denn mein Joch ist sanft, und meine Last ist leicht (Matthäus 11,28-30).

Was für ein Trost wird hier denen geboten, die sich verschlissen und mit einem Joch abgemüht haben, das nicht zu ihnen paßte! Sie könnten darin Ihre kritischen inneren Eltern erkennen, die dem Kind im Innern ständig eine Last unvernünftiger Ansprüche aufhalsen. Die kritischen inneren Eltern haben keine Ahnung, wie man ein passendes Joch anfertigt. Der Herr allein weiß es. Das Leben, zu dem Gott Sie beruft, ist auf Sie und Ihre Talente zugeschnitten. Indem Sie von ihm lernen, werden Sie merken, daß er Ihnen nie mehr gibt, als Sie tragen können. Wenn das Leben schwerer wird, ist er bei Ihnen und fühlt mit. Er liebt Sie, macht Ihnen Mut und verleiht Kraft wie sonst niemand.

Die Rolle der Mitmenschen

Aus dem Gesagten ließe sich schließen, daß man allein auf Gott angewiesen ist. Nur Christus kann unsere Erlösung bewirken; doch um als Christen zu wachsen, brauchen wir einander. Wir als Zugehörige zum Leib Christi – alle, die an Jesus Christus als persönlichen Herrn und Erlöser glauben – haben das

Vorrecht, die Eigenschaften Gottes vorbildhaft auszuleben, wie sie in der Geschichte des verlorenen Sohnes deutlich werden. Wir sind die Hände und Füße Gottes im Dienst an den Bedürftigen. Wir können Liebe, Ermutigung, Mitleid, liebevolle Korrektur und Führung geben; zunächst unseren eigenen Familien, dann der größeren Familie – dem Leib Christi. Durch die Liebe und Fürsorge seines Volkes lernen auch andere einen liebenden, fürsorglichen Gott kennen.

Unsere geistlichen Güter erhalten wir durch die direkte Beziehung, die wir zu unserem himmlischen Vater pflegen, der durch seinen Heiligen Geist in uns Wohnung genommen hat. Als unser innerer liebevoller Vater nährt Gott das bedürftige Kind in uns. Dann können wir die Nahrung auf unserer Ebene an die Menschen unserer Welt weiterreichen.

Zm Nachdenken

1. Beschreiben Sie Ihre inneren Eltern.

2. Beschreiben Sie Ihre Mutter. Was für ein Mensch ist sie?

3. Beschreiben Sie Ihren Vater. Was für ein Mensch ist er?

4. Beschreiben Sie andere Menschen von Bedeutung für Ihre Kindheit – Tante, Onkel, Großeltern usw. Was sind das für Menschen?

5. Beschreiben Sie Gott.

6. Wenden Sie Ihre fünf Beschreibungen an:
   ▷ Vergleichen Sie Ihre Beschreibung der inneren Eltern mit denen von Ihrem Vater und Ihrer Mutter. Welche Ähnlichkeiten entdecken Sie?
   ▷ Vergleichen Sie die inneren Eltern mit den anderen wichtigen Menschen aus Frage 4. Welche Ähnlichkeiten entdecken Sie?

▷ Vergleichen Sie Ihre Beschreibung von Gott mit Ihren Eltern. Sehen Sie irgendwelche Ähnlichkeiten? Wenn ja, welche?

7. Welche Schlüsse ziehen Sie aus den obigen Fragen über Ihre inneren Eltern?

8. Lesen Sie im Lukas- oder Johannesevangelium gründlich nach, wie Jesus mit Menschen umgegangen ist, besonders mit denen, die von den religiösen Führern als Sünder gesehen wurden. Beachten Sie, welche liebevollen und fürsorglichen Eigenschaften Jesu im Umgang mit diesen Menschen deutlich werden.

Hinweise für Helfer

Vielleicht haben Sie den Wunsch, nicht nur sich selbst und andere zu verstehen, sondern anderen in Form von Beratung zu helfen. Beratung oder Seelsorge geschieht oft informell und wird von Menschen gehandhabt, die keine formale Ausbildung in Psychologie haben.

Dieses Kapitel sollte nützlich sein nicht nur für alle, die informell beraten wollen, sondern auch für berufsmäßige Berater und Seelsorger. Nach dreiundzwanzig Jahren Berufserfahrung als Eheberater und klinischer Psychologe bin ich an anwendbaren Prinzipien interessiert. Ich habe nicht die Absicht, neue psychologisch-theologische Theorien zu entwickeln. Vielmehr möchte ich Prinzipien vorstellen, mit denen Sie als Laienseelsorger, Freund oder Psychotherapeut wirksam arbeiten können. Beginnen wir bei Ihnen und Ihren Begabungen.

Haben Sie eine Begabung zu helfen?

Was für eine dumme Frage, sagen Sie. Hat nicht jeder die Fähigkeit, anderen zu helfen? Entscheidend für die Antwort auf diese Frage ist die Art, wie wir den Menschen helfen. In den Kapiteln zuvor ging es um Naturtalente als Bereich des Kindes in Ihnen. Bereits erwähnt habe ich, daß die IDAK-Gruppe vierundfünfzig Naturtalente oder angeborene Begabungen ausfindig gemacht hat. Bei IDAK haben wir vier spezifische Talente ausfindig gemacht, die wir Helfer-Talente nennen; zwei davon sind besonders wichtig, wenn Sie vorhaben, einen entsprechenden Beruf zu wählen. Die vier Helfer-Talente sind:

▷ Hilfe bei Lernproblemen: Der Helfer hat ein Naturtalent, anderen individuell bei Ausbildungsdefiziten, Lernschwierigkeiten oder anderen Hemmnissen beizustehen. Dieser Beistand kann sich über lange Zeit erstrecken. Man konzentriert sich auf einen bestimmten Mangel, zum Beispiel Probleme mit Mathematik, Schreiben, Lesen, Konzentrationsschwierigkeiten, Lähmungserscheinungen, Verlust von Muskelfunktionen, aber auch auf berufliche Umschulung.

▷ Dienste anbieten: Dieses Talent bezieht sich auf Menschen, die gern helfen, einer Not oder einem Bedürfnis abzuhelfen oder ein Ziel zu erreichen. In Kirchen findet man immer jemanden, der gern die Tische deckt, Post eintütet, Essen zubereitet, die Tischbedienung übernimmt und zahlreiche oft unbemerkte Aufgaben erledigt, die sonst andere zusätzlich zu ihrer Arbeit tun müßten. Diese Menschen erledigen solche Aufgaben gern und sind sehr zufrieden, helfen zu können. Dieses Diensttalent erstreckt sich auch auf Hilfe bei Umzügen, Renovierungen, Reparaturen, Besorgungen, Einkäufen, beim Babysitten und so weiter. Man hat den Eindruck, diese Menschen seien von einer Ausstrahlung umgeben, die anzeigt, daß sie bereit und willens sind, um Hilfe angesprochen zu werden.

▷ Beratung/Seelsorge: Diese Personen beraten gern auf individueller Basis, wenn es um persönliche Probleme geht, Nöte und Konflikte. Zu dieser Kategorie gehören auch Eheprobleme, Mangel an Selbstvertrauen, geistliche und psychische Probleme sowie zahlreiche abnorme Verhaltensweisen. Menschen mit diesem Talent haben viel Geduld und sind in der Lage, die Menschen aus sich herauskommen zu lassen, um zugrundeliegende Probleme aufzudecken. Sie können über längere Zeit, sogar über Jahre hinweg, mit Ratsuchenden arbeiten. Hier wäre wichtig hinzuzufügen, daß das Beratungstalent nicht von sich aus Lösungen für die Probleme bewirkt. Dieser Aspekt der Beratung wird eher in einer fachgerechten Ausbildung verfolgt.

▷ Vermitteln von Sicherheit und Unterstützung: Das letzte in der Reihe von Helfer-Talenten bezieht sich auf die Fähigkeit, bei den Verletzungen, Enttäuschungen und Ängsten des Gegenübers Mitleid zu empfinden und Trost und Unterstützung zu vermitteln. Wer dieses Talent hat, weiß die zu trösten, die einen schweren Verlust erlitten haben, eine große Enttäuschung oder andere leidvolle Umstände durchmachen mußten. Sie können sich in die anderen hineinversetzen und mitfühlen, was sie erleben. Wichtig dabei ist, daß dieses Talent nicht unbedingt die Fähigkeit beinhaltet, den Menschen Problemlösungen anzubieten; das wiederum ist abhängig von einer entsprechenden Ausbildung.

Wenn Sie ein Helfer-Talent haben, dann haben Sie *eines* der vier aufgezählten, nicht alle vier zugleich. Sie können auch auf anderen Gebieten tätig werden, aber das sind Bereiche für Ihre erworbenen Fertigkeiten, nicht unbedingt der Talente. Eine Fertigkeit wird durch Übung und Ausbildung erlernt; ein Naturtalent ist Ergebnis einer gottgegebenen Fähigkeit; man hat sie oder hat sie nicht. Daher lautet die entscheidende Frage bei der Überlegung, ob Sie Interesse im Bereich der Beratung haben, ob beruflich oder als Laie: *Habe ich ein Naturtalent der Beratung oder der emotionalen Unterstützung?* Sie brauchen das eine oder das andere.

Ich habe zahlreiche Freunde mit Doktortiteln im Bereich der klinischen Psychologie, die feststellen mußten, daß sie ihre Arbeit, die Einzelberatung in der Privatpraxis, nur ungern machten. Das ist eine schmerzliche Art, zu erfahren, daß man den falschen Beruf gewählt hat. Meist versuchen diese Menschen ihr Schicksal mit einem Lächeln zu ertragen, weil sie für einen Berufswechsel zuviel Zeit und Geld in die Ausbildung gesteckt haben. Aber warum muß so etwas erst passieren?

Soweit ich weiß, verlangt keine Universität von Studienbewerbern einen Nachweis für Naturtalente, die später für erfolgreiche Beratung und Therapie nötig wären. Auch bei Laien kommt es vor, daß viele, die sich in der Seelsorge versuchen, ob in der Kirche oder bei Freunden, feststellen müssen, daß sie kein Talent dazu haben; die Ratsuchenden, denen sie zu helfen versucht haben, erleben keine Besserung oder sind mit der Hilfe nicht zufrieden. Wenn Sie als Seelsorger solche Erfahrungen machen, haben Sie sich vielleicht mit der Erklärung begnügt, daß die Leute sich eben nicht helfen lassen wollten, die Gemeinschaft verlassen hatten oder in Sünde lebten. Diese Faktoren trafen vielleicht zu, aber trotzdem könnte der Richtige auch so einem Menschen helfen.

Es ist wichtig, den Unterschied zwischen einem *Talent* zur Hilfe und dem *Wert* einer Hilfe zu erkennen. Vielleicht sind Sie ein Mensch, der Menschen schätzt und ihnen von ganzem Herzen emotional, geistlich oder körperlich helfen will. Es gibt jedoch viele Möglichkeiten, anderen zu helfen; die Beratung ist nur eine davon. Oft begegne ich Menschen, die den Wert von Hilfe sehr schätzen, aber kaum Talent zur Hilfe haben.

Es gibt zwei Talentgruppen, die dem Talent zum Helfen, besonders dem Beratungstalent, entgegenwirken. Es handelt sich um die Talente der Überzeugungskraft und die Führungstalente. Die Überzeugungstalente befähigen zum Ausgleich von Differenzen zwischen Gruppen oder Individuen, zum Geschäftsabschluß und zur Arbeitsorganisation. Wer damit begabt ist, kann motivieren und begeistern. Er ist deswegen kein guter Seelsorger, weil er zum Handeln auffordert, und zwar sofort. Deshalb verliert er die Geduld, wenn die Menschen sich nicht dazu bewegen lassen. Hören sich solche Wesenszüge für Sie vertraut an?

Die andere Talentgruppe, die sich gegen das Helfertalent auswirkt, ist die Gruppe der Führungstalente. Wer damit begabt ist, kann Menschen für neue Ideen oder Vorhaben begeistern, die Ausführung der Vorhaben planen und täglich mit Menschen zusammenarbeiten, um das Geplante zu verwirklichen. Wieder geht es darum, Menschen zum Handeln zu bewegen. Wenn die beratene Person etwas fußlahm erscheint, verliert der Führungsbegabte die Geduld und verzweifelt am mangelnden Fortschritt. Das läuft darauf hinaus, daß Berater und Ratsuchender enttäuscht sind.

Wenn Sie nach sorgfältiger Überlegung zum Schluß gekommen sind, daß Sie ein Naturtalent zur Beratung besitzen, sollten Sie sich um Ausbildung und Übung kümmern.

Talent allein bewirkt keinen Einblick in den Veränderungsprozeß, der zur Lösung verschiedenster Probleme nötig ist.

Vielleicht sind Sie nicht an einer formalen Ausbildung interessiert, würden aber dennoch gern im kirchlichen Bereich als Seelsorger tätig werden. Viele Kirchen bilden ihre Mitglieder entsprechend aus, damit sie am Seelsorgedienst in der Kirchengemeinde teilnehmen können. Die Frage ist, ob Sie wirklich ein Talent dazu haben, nicht nur den Willen zur Hilfe. Wenn Sie das Talent haben, können Sie als Seelsorger ausgezeichnet helfen.

Die Bibel bei der Seelsorge

Es gibt Christen mit der festen Überzeugung, daß christliche Seelsorge die Bibel als Hauptwerkzeug bei der Beratung anderer Christen einsetzen sollte. Manche haben ziemlich geschickt versucht, für jedes Problem einen Bibelvers zur Anwendung zu bringen. Je mehr ich die Bibel kennenlerne, desto mehr entdecke ich, daß Gott uns Prinzipien in die Hand gibt, die unser Verhalten steuern sollen. Es gibt aber viele Themen im Leben, die von keinem Bibelvers direkt behandelt werden.

Ein typischer Fall ist die Auseinandersetzung des Apostels Paulus über die christliche Freiheit in Römer 14. Hier geht es um das Prinzip der richtigen Herzenseinstellung: ich soll bereit werden, etwas aufzugeben, womit ich gut leben kann, wenn es einem christlichen Bruder oder einer Schwester ein Anstoß im Glauben oder im Wandel mit Gott ist. Wenn man aber anfängt, dieses Prinzip als Verhaltensregel zu verwenden, macht man ein Gesetz daraus und muß beurteilen, ob die Menschen richtig oder falsch handeln. Damit hat man die Sache mißverstanden.

Ich möchte einige Warnungen zur Vorsicht bei der Anwendung der Bibel im Beratungsgespräch anbringen.

Die Anwendung kann das eigentliche Problem verdecken. Versetzen Sie sich in jemanden hinein, der Hilfe bei Alkoholabhängigkeit braucht. Als Christ, der in der Kirche wohlangesehen ist, haben Sie Ihr Alkoholproblem vor den meisten christlichen Freunden verbergen können. Jetzt kommen Sie zum ersten Mal in die Praxis des Seelsorgers und fragen, ob die Bibel das Trinken von Alkohol verbietet. Der Berater öffnet die Bibel und verweist auf Stellen, in denen es um die Sünde der Trunksucht geht. Was könnten Sie diesem Berater noch über Ihr Problem anvertrauen?

Die gleiche Situation entsteht, wenn Sie sich um Seelsorge an einen Freund wenden. Er fängt an, Bibelstellen herzusagen. Was für eine Wirkung hätte das auf Sie? Ich würde keinem der beiden mein Alkoholproblem anvertrauen, weil ich mich gleich schuldig fühlen und schämen würde. Es geht nicht darum, daß die Bibel hier nichts Wichtiges mitzuteilen hat; es geht um den falschen Zeitpunkt dabei. Die meisten Menschen brauchen Zeit in einer vertrauenerweckenden Umgebung, bevor sie sich so sicher fühlen, daß sie sagen können, was ihnen wirklich auf dem Herzen liegt. Eine voreilige Anwendung der Schrift kann die Menschen davon abhalten, ihr wirkliches Problem preiszugeben.

Die Schrift kann als kritische innere Eltern mißbraucht werden. Manche Seelsorger verwenden die Bibel in angriffslustiger Weise, um das Kind im Ratsuchenden gleichsam zu verprügeln. Diese Methode schafft eher Angst als wirkliche Zerbrochenheit, die zur Buße und Verhaltensänderung führen würde. Ein Berufskollege gab die folgende Begebenheit wieder, die einem Ratsuchenden passiert ist. Ein Heranwachsender, der mit seinem sexuellen Verlangen zu kämpfen hatte, wandte sich um Rat an seinen Jugendpastor. Der Junge wußte, was die Bibel über Unzucht sagt, aber er hatte Probleme mit weniger eindeutigen Fragen. Der Pastor meinte es gut und ergriff die Gelegenheit beim Schopfe, dem Jungen einen Schrecken einzujagen. Er zeigte ihm Schriftstellen über Gottes Gericht gegen Sünde und Wollust, besonders solche Verse, in denen es heißt, daß kein Unzüchtiger in den Himmel kommen wird. Dem armen Jungen machte seine sexuelle Bedrängnis jetzt furchtbare Angst. Eigentlich war er für einen Jungen seines Alters ganz normal. Ein

Freund schlug ihm vor, einen christlichen Psychologen aufzusuchen und mit ihm über seine Ängste und Sorgen zu reden. Nach einigem Zureden entschloß er sich, die Hilfe in Anspruch zu nehmen.

Ich behaupte nicht, daß alle Jugendpastoren solch eine Seelsorge treiben; dieser Pastor aber hatte kein Talent dazu und benützte die Bibel dazu, auf Kosten des Teenagers seine eigene Unzulänglichkeit zu verbergen. Der Junge brauchte doch nur jemanden, dem er von seinen Kämpfen erzählen konnte, der verstand, wie schwer in diesem Alter (oder auch anderen Altersstufen) mit sexuellem Druck umzugehen ist. Er brauchte Hilfe, um zwischen sexueller Bedrängnis und der Sehnsucht zu unterscheiden, einem anderen Menschen, in diesem Falle seiner Freundin, nahe zu sein. Dem jungen Mann hätte mit einer Erklärung geholfen werden können, wie seine Gefühle entstehen. Man hätte sich auf das konzentriert, was er beherrschen sollte, nicht auf das, was unbeherrschbar ist. Schließlich brauchte der junge Mann jemanden, der ihm die emotionale und geistliche Grundlage des Planes Gottes erklärte, Geschlechtsverkehr für die Ehe vorzubehalten. Mit diesem Prinzip im Sinn hätte der Berater darauf hingearbeitet, daß der Junge bei seinen Verabredungen lernte, sich zu beherrschen.

Wenn die Bibel in erster Linie dazu verwendet wird, Angst zu machen, um ein unerwünschtes Verhalten abzustellen, schafft man eine Kriegssituation. Das Kind im Innern drängt darauf, das Verbotene zu tun, während die inneren Eltern durch Angst und Einschüchterung die Auflehnung niederhalten. Gottes grundsätzliche Methode, das Verhalten seiner Kinder zu lenken, hat mit den kritischen inneren Eltern nichts zu tun. Er wird vielmehr zum fürsorglichen, liebevollen Vater, der sich wünscht, daß wir ihm aus Liebe gehorsam sind. Ein begabter Seelsorger, ob Profi oder Laie, kann das Tor zu diesem Weg öffnen, wenn er sich Zeit nimmt, das Problem zu verstehen, und die Bibel nicht als Waffe verwendet, die Menschen durch Schrecken in einen christlichen Wandel zu zwingen.

Die Bibel als Trost und Ermutigung

Wir haben uns darauf konzentriert, wie man die Bibel in der Seelsorge nicht verwendet. Sie läßt sich aber auch konstruktiv einsetzen. Ist Ihnen aufgefallen, wie Jesus mit denen redete, die zu ihm kamen? Er holte sie immer da ab, wo sie standen, und zielte genau auf die entscheidenden Bedürfnisse, die sie im Augenblick hatten. Er nahm sich Zeit, den Menschen zuzuhören und zu verstehen, welche Not sie spürten.

Betrachten wir das Beispiel in Johannes 8 von der Frau, die beim Ehebruch ertappt wurde. Jesus lehrte im Tempel, als mitten in seinen Ausführungen ein Getümmel entstand. Mehrere Pharisäer zerrten eine junge Frau in den Tempel und riefen den Umstehenden zu, sie sei beim Ehebruch erwischt worden. Die Männer schoben sie in die Mitte des Raumes, wo sie verlegen, gedemütigt und ungeschützt stehen mußte.

Versetzen Sie sich in ihre Situation. Wie würden Sie sich fühlen? Angsterstarrt? Wütend? Beschämt? Hoffnungslos?

Im Grunde war die arme Frau für die Religiösen nur Mittel zum Zweck, Jesus in die Falle zu locken, so daß er dem mosaischen Gesetz widersprach, damit sie Grund hätten, ihn zu töten. Die Frau war ihnen überhaupt nicht wichtig; sie sollte bloß als Schachfigur dienen. Wie oft versuchen wir, uns bei der Seelsorge korrekt zu verhalten, und vergessen, wie wichtig der Mensch ist, dem wir zu helfen versuchen!

Jesus sah in dieser Frau ein wertvolles menschliches Wesen, das im Bilde Gottes geschaffen war. Sie war tief gefallen, war aber auch tief geliebt. An diesem Morgen hielt Jesus allen Anwesenden eine kraftvolle Lektion über den Wert eines Menschen. Er beugte sich nieder und schrieb etwas mit seinem Finger in den Staub. Was er schrieb, wissen wir nicht, doch dann richtete er sich auf, sah den Pharisäern direkt in die Augen und sagte: „Wer unter euch ohne Schuld ist, der werfe den ersten Stein." Er beugte sich nochmals nieder und schrieb auf den Boden. Die Worte wirkten sich so aus, daß die religiöse Prominenz einer nach dem anderen ging, bis alle fort waren. Jesus sah die Frau an und fragte: ‚‚Frau, wo sind jene? Hat niemand dich verurteilt?' Sie aber sprach: ‚Niemand, Herr.' Jesus aber sprach zu ihr: ‚So verurteile auch ich dich nicht. Geh hin und sündige nicht mehr'" (Johannes 8,10-11).

Waren die Worte, die Jesus auf den Boden schrieb, vielleicht eine persönliche Botschaft an die Frau darüber, wer er war? Können wir annehmen, daß die Frau an Jesus glaubte, als sie die Botschaft las? Ihres Glaubens wegen verdammte er sie nicht, sondern vergab ihr. Wir müssen in Betracht ziehen, welche Verständigung sich zwischen Jesus und der Frau abspielte, bevor er ihr befahl, nicht mehr zu sündigen. Es waren seine Liebe und sein Mitleid, die diese Frau veränderten.

Dann erst lehrte Jesus aus der Schrift über die Sünde. Wenn die Menschen, die unseren Rat suchen, glauben können, daß wir ein echtes Interesse an ihnen als Personen haben, wenn wir uns Zeit nehmen, ihnen in ihrer Not zuzuhören, dann kann es zum Trost und zur Hilfe sein, daß wir die Bibel gebrauchen. Wenn ich das Problem meines Patienten verstanden habe, verwende ich hin und wieder Beispiele aus der Bibel, die mit den Themen zu tun haben, die der Patient erlebt. Das kann ihm wirklich Mut machen. Ich möchte, daß die Menschen erkennen, wie sehr Gott an ihrem Leid und ihren Konflikten interessiert ist.

Die Bibel zur Unterweisung benutzen

Der Ratsuchende kann auch aufgefordert werden, auf eigene Faust in der Bibel zu studieren, was sie zu dem Bereich sagt, in dem er zu kämpfen hat, zum Beispiel Scheidung, Angst, Sorge, Vertrauen, Sicherheit und so weiter. Die Beratung bewahrt davor, das Gelesene einfach zu vergeistlichen; vielmehr kann er so die Bibel in die Kampfbahn seines Lebens einbringen. Er fängt an einzusehen, welche praktischen

Auswirkungen die biblischen Prinzipien auf den Alltag haben. Hier ist der Zeitpunkt wichtig. Wenn die Bibel vorzeitig eingesetzt wird, werden die wirklichen Gefühle des Ratsuchenden zu heiklen Themen vielleicht ungesagt bleiben. Und Sie müssen sich davor hüten, die Bibel oder sich selbst als Verlängerung der kritischen inneren Eltern des Patienten einzusetzen. Passiert das, wird er Ihnen etwas vormachen und nicht mehr über seine echten Gefühle, sein wirkliches Verhalten reden. Oft rede ich einem Patienten auch zu, eine gute Bibelkreisgruppe aus reifen Christen zu besuchen, die füreinander beten und sich unterstützen und keine Angst haben, offen miteinander umzugehen.

Das Gebet in der Seelsorge

Oft höre ich von Ratsuchenden und Leuten, die gern selbst in der Seelsorge tätig wären, folgende Frage: „Beten Sie während der Sitzung mit Ihren Patienten?" Im allgemeinen verneine ich. An dieser Stelle sollte ich erwähnen, daß einige mir bekannte christliche Berater während der Sitzungen mit dem Patienten beten. Das hängt weitgehend vom eigenen Arbeitsstil und persönlichen wie beruflichen Erfahrungen ab.

Das Gebet in der Praxis kann die wirklichen Gefühle und auch die Enthüllung von konfliktträchtigen Verhaltensweisen oder Gedanken blockieren. Es ist sehr schwierig, einem Seelsorger oder einem Freund unchristliches Benehmen oder Denken mitzuteilen, wenn man die Sitzung mit Gebet eröffnet. Im allgemeinen taucht in solchen Situationen das angepaßte Kind auf und sagt lieber irgend etwas „Passendes", als die erfahrenen Konflikte zu enthüllen.

Ein weiteres Problem bei der Anwendung von Gebet ist die manchmal zu beobachtende Einstellung, es für ein „magisches" Mittel zu halten, um schmerzliche Erfahrungen und Gefühle zu vermeiden, die verarbeitet werden müssen. Man glaubt, Gott sei der persönliche Hausgötze, der eine Flucht daraus ermöglicht. Die Bibel verheißt uns kein problemfreies Leben. Tatsächlich besagen viele Bibelstellen, daß das Leben uns Hürden bieten wird und manchmal Leid mit sich bringt, weil unsere Werte im Gegensatz zu einer nichtchristlichen Welt stehen; deswegen kann es geschehen, daß wir wegen unserer Überzeugungen verspottet und herabgesetzt werden, und das tut weh. Doch die Bibel sagt uns auch, daß Gott in Leid und Sorge mit uns ist; er beseitigt also nicht immer die Schwierigkeiten, gibt uns aber Trost und Kraft, sie auszuhalten.

Die Seelsorger unter meinen Lesern wissen, daß es nur dann Hoffnung auf wirkliche Hilfe gibt, wenn wir uns Leid und Unannehmlichkeiten stellen. Bei der Beratung muß man sicher sein, daß die Hilfesuchenden auch in der Lage sind, die echten Probleme ihres Lebens anzugehen. Das zu schaffen erfordert Zeit. Erst wenn die Patienten Sicherheit und Fürsorge verspüren, werden sie zu offenbaren wagen, was sie wirklich quält. *Der vorzeitige Schritt zum Gebet in Seelsorgesitzungen kann diesen Prozeß kurzschließen.*

Vielleicht fragen Sie jetzt: „Gibt es denn überhaupt einen sinnvollen Zeitpunkt für das Gebet?" Ja, lautet die Antwort. Betrachten wir einige Situationen.

Nehmen Sie sich zunächst Zeit zum Zuhören, von welchem Problem der Ratsuchende spricht, damit Sie seine Bedürfnisse und sein Anliegen ausfindig machen können. Wenn Sie sich dann von Gott geleitet fühlen zu beten, kann ich Ihnen nur raten, der inneren Stimme zu folgen. Manche Seelsorger meinen, sie sollten entweder vor oder am Ende jeder Sitzung mit dem Ratsuchenden beten. Diese eher mechanische Methode kann wirkungslos bleiben, weil sie sich mehr nach einem Verfahren, weniger nach dem Heiligen Geist richtet. Wenn Sie um Weisheit für die richtige Entscheidung bitten, wann es Zeit ist, mit dem Ratsuchenden zu beten, dann verspricht Gott, Ihnen diese Weisheit zu geben. Dann kann Ihr Gebet sich als sinnvoll und angemessen erweisen.

Obwohl ich in der Regel bei meiner Therapie nicht bete, hat es schon Situationen gegeben, in denen die Patienten so bekümmert waren, daß ich gefragt habe, ob ich für sie beten soll. Ich spreche ein Gebet der Fürbitte, indem ich die Art ihres Konfliktes in Worte kleide, wenn sie zu erregt sind, um klar denken zu können. Damit helfe ich den Patienten, ihren Hauptkonflikt klarer zu formulieren. Außerdem zeige ich eine fürsorgliche Anteilnahme, die Gottes Liebe und Fürsorge verdeutlicht. Auch wenn ich selten mit meinen Patienten bete, *habe ich doch oft für sie gebetet.* Das ist meiner Meinung nach für christliche Berater grundlegend wichtig. Wir brauchen Gottes Weisheit, seine Gabe der Unterscheidung, seine Kraft und Geduld, um geistlich und emotional helfen zu können. Durch Gebet greift Gott in den Heilungsprozeß ein.

Konzentriertes Zuhören

Am wirkungsvollsten teilen wir Liebe und Wertschätzung mit, wenn wir in der Lage sind, aktiv zuzuhören. Das hört sich wohl einfach genug an. Aber es ist schwieriger, als man glaubt. Wann haben Sie zum letzten Mal jemandem fünf Minuten lang Ihre ungeteilte Aufmerksamkeit geschenkt und haben aktiv versucht, das Gesagte zu verstehen? Im allgemeinen wandern unsere Gedanken zu anderen Themen ab, wir denken voraus, an unsere eigenen Vorstellungen oder die beabsichtigte Antwort, oder wir treten einfach gedanklich weg. Vielleicht schauen wir dem Redenden direkt ins Gesicht, sind aber geistig abwesend. Wir brauchen wirkliche Konzentration, um aufmerksam zu hören, was man uns sagt.

Wie überprüft man, ob man genau verstanden hat, was gesagt worden ist? Versuchen Sie, mit eigenen Worten zu wiederholen, was der andere ausgedrückt hat; dann fragen Sie zurück, ob Ihre Zusammenfassung korrekt war. Das könnte sich so anhören: „Bill, habe ich richtig verstanden? Du hast mir gesagt, daß du das Gefühl hast ..." Oder: „Es geht um das Thema ..." Mit solchen Fragen teilen Sie unterschwellig mit, daß Sie den Sprecher Ihrer Aufmerksamkeit wert erachten und daß Sie bereit sind, sich zum richtigen Verständnis Zeit zu nehmen.

Aktives Zuhören ist für alle Beziehungen von immenser Bedeutung, nicht nur bei der Beratung. Ein hilfreicher Anhaltspunkt zum aktiven Zuhören ist die Konzentration auf das Bedürfnis des Redenden. Das hört sich sehr grundlegend an, ist aber leichter gesagt als getan. Oft hören wir deshalb nicht auf die Nöte des Redenden, weil wir mit eigenen Nöten befaßt sind, unseren eigentlichen Anliegen. In den ersten Jahren meiner psychologischen Ausbildung konzentrierte ich mich so sehr darauf, die Triebkraft der Ratsuchenden zu verstehen, daß ich oft nicht hörte, was sie mir sagten. Im Grunde wollte ich ihnen auf die Schliche kommen und in Wirklichkeit nicht zuhören, was sie mir über ihre unmittelbaren Bedürfnisse zu sagen hatten.

Ich erinnere mich an die Geschichte von einem Pastor, der von einem als Intellektueller und Skeptiker bekannten Mann angerufen wurde. Der Mann sagte, er wolle mit ihm reden; also machte der Pastor einen Termin für den Abend aus. Auf dem Weg zur Kirche witterte der Pastor hier die mögliche Chance für eine großartige Präsentation einer intellektuellen Glaubensverteidigung. Doch als er eintraf, stellte er fest, daß der Mann nur wissen wollte, wie man Christ wird. Der Pastor, geistig bereits mitten in der Auseinandersetzung, hörte nicht auf die Bitte des Mannes und setzte statt dessen zu einer apologetischen Glanzleistung über die Beweise für das Christentum an. Trotzdem fragte der Mann weiter: „Wie werde ich ein Christ?" Schließlich, nach einstündigem Redefluß, hörte der Pastor, was der Mann eigentlich sagte. Er kam sich dumm vor und war fast enttäuscht über die simple Frage, doch dann führte er den Mann zu Christus.

Diese Geschichte führt uns auf extreme Weise unsere Neigung vor, unsere eigenen Gedanken im Hinterkopf zu haben, unsere versteckten eigenen Anliegen statt der Anliegen der anderen zu besprechen. Was mich an Jesus beeindruckt, ist seine Fähigkeit, auf die Nöte der Menschen zu hören, denen er begegnete. Sein Eindruck auf die Menschen um ihn herum ist teilweise darauf zurückzuführen, daß er mit seiner Art, zuzuhören und die Anliegen zu erkennen, ihren Wert bekräftigte. Weil sie als Personen von ihm wichtig genommen wurden, waren sie empfänglich für das, was er ihnen über ihre geistlichen Bedürfnisse sagte.

Weiterhin wirkt sich aktives Zuhören positiv darin aus, daß Sie mit größerer Sicherheit das eigentliche Thema erfassen. Die aggressive Seelsorgemethode fällt mir hauptsächlich deshalb so unangenehm auf, weil es dabei so leicht ist, Lösungen auszugeben, bevor man das eigentliche Problem verstanden hat. Ich habe die Erfahrung gemacht, daß die Menschen selten schon in den ersten paar Sitzungen die peinlichen Fakten ihrer Situation preisgeben. Normalerweise reden sie erst über unverfänglichere Themen, damit das Kind im Innern nicht lächerlich gemacht wird. Erst dann, wenn ein Mensch sich in Sicherheit weiß und spürt, daß man ihn schätzt – was der Seelsorger durch aktives Zuhören fördert – bringt er das eigentliche Thema ans Tageslicht. Wenn wir anderen helfen wollen, müssen wir diese eigentlichen Themen erkennen. Mit anderen Worten, wir brauchen einen Gesamteindruck. Wußten Sie, daß auch die Bibel über das Zuhören spricht?

Jeder Mensch sei schnell zum Hören, langsam zum Reden, langsam zum Zorn. Denn eines Mannes Zorn wirkt nicht Gottes Gerechtigkeit (Jakobus 1,19-20).

Gestatten Sie mir, daß ich diese Verse mit meinen Worten wiedergebe. Wir alle als geliebte Familienangehörige Gottes nehmen uns viel Zeit, einander aktiv zuzuhören, damit wir gänzlich verstehen, was die anderen wirklich zu sagen versuchen. Wenn wir dann reden, können wir besser auf die Bedürfnisse der anderen eingehen, weil wir wissen, worum es geht. Auch können wir so unseren Ärger verringern, der sich oft aus Mißverständnissen ergibt, weil man zu reden anfängt, bevor man zugehört hat. Man bedenke, Gott gab uns einen

Mund und zwei Ohren. Die Mehrheit möge sich durchsetzen. Soweit mein Plädoyer!

Die Bedeutung einer Beziehung

Einmal wöchentlich lag ich zwei Jahre lang während meines Studiums auf der Couch und teilte einem Therapeuten meine Gedanken und Gefühle mit. Die meiste Zeit schwieg er, besonders dann, wenn ich absichtlich mit dem Intellekt schmerzvolle emotionale Themen überspielen wollte. Viele seiner Interpretationen zu meinen Anliegen und Wünschen waren zutreffend, und ich stellte fest, daß ich mein Verhalten besser durchschaute.

Doch in meiner Beziehung zum Therapeuten fehlte etwas Wesentliches, etwas, worauf ich sehr angewiesen war. Das war mein Bedürfnis nach einem Freund, der zugleich Therapeut war.

Ich spüre förmlich, wie einige Therapeuten jetzt in die Schlacht ziehen. Machen Sie es sich bequem. Ich will damit sagen, daß ich den Menschen hinter der Rolle des Therapeuten fühlen und sehen wollte. Ich wollte keine Enthüllungen aus seinem persönlichen Leben, noch brauchte ich ihn als Kumpel. Ich wollte allerdings ein Gefühl persönlicher Anteilnahme hinter den korrekten Interpretationen spüren. Ich mußte wissen, daß er mich persönlich schätzte, daß ich ihm auf irgendeine Art wichtig war, besonders nachdem ich ein paar ziemlich unbequeme Gefühle und Gedanken preisgegeben hatte.

Ein Therapeut kann gut ausgebildet sein und technisch korrekt helfen, doch persönlich so unzugänglich sein, daß der Ratsuchende niemals die Wärme und Anteilnahme seiner menschlichen Persönlichkeit spürt. Damit will ich unterstreichen, wie wichtig der Aufbau einer anteilnehmenden Beziehung zu den Menschen ist, mit denen Sie in Ihrer Eigenschaft als Seelsorger arbeiten. Handelt es sich denn nur um interessante Fälle, herausfordernde Antriebskräfte, diagnostische

Aufkleber? Oder sind es wertvolle menschliche Wesen, geschaffen im Bilde Gottes, wenn auch mit einem sehr verletzten Kind im Innern, die auf Liebe und Fürsorge angewiesen sind?

Vielleicht halten Sie dagegen: "Sie wissen nicht, mit welchen Leuten ich zu tun habe; die kann man unmöglich lieben!" Manche Menschen machen es einem sehr schwer, sie zu lieben, aber das ändert nichts an der Bedeutung einer anteilnehmenden Beziehung im Heilungsprozeß.

Allgemeine Hürden bei der Seelsorge

Gegenübertragung ist eine häufig auftretende Hürde bei der Aufnahme einer persönlichen Beziehung zu den Ratsuchenden. Sie tritt dann auf, wenn der Therapeut von eigenen persönlichen Bedürfnissen, Gefühlen, Gedanken oder Konflikten davon abgehalten wird, die Probleme des Patienten deutlich zu erkennen. Dadurch wird oft genug der Fortschritt des Patienten auf gewissen Gebieten gehemmt, besonders dann, wenn die Reaktion des Therapeuten gegen ihn gerichtet ist oder, wie in manchen Fällen, wenn er in eine Patientin verliebt ist.

Ein Beispiel: Manchmal fällt es mir schwer, einen männlichen Patienten zu mögen, der eine aggressive, autoritäre Haltung zeigt. Ich merke dann, wie mein Kind im Innern sich im Schrank verkriechen will. Mein Verhalten gegen ihn ist eher beschwichtigend, als daß ich versuchen würde, das aggressive Benehmen zu hinterfragen, um auf das verängstigte Kind im Innern zu stoßen, das zur Schutzmaßnahme der Einschüchterung greift. Mein Intellekt sagt mir, was dabei abläuft, doch emotional ziehe ich mich zurück; das ist für den Patienten nicht gerade hilfreich. Soweit ein Beispiel meiner Gegenübertragung. In der Sitzung lebe ich meine eigenen Konflikte mit autoritären Männern aus und wirke damit meiner Fähigkeit entgegen, dem Patienten zu helfen, sich selbst zu verstehen.

Oft kann die Gegenübertragung einen sexuellen Beigeschmack annehmen, was gleichermaßen störend und möglicherweise schädlich ist. In einem vorherigen Kapitel kam ich auf eine Situation zu sprechen, in der ich mit einer Patientin zu tun hatte. Ich hatte sie gern um mich, mir war aber äußerst unwohl bei meinen möglicherweise sexuellen Gefühlen für sie. Ich merkte, daß ich mir nicht allzuviel Mühe gab, an einem Verständnis für die tieferliegenden Aspekte ihres Problems zu arbeiten. Sie war als Kind sexuell mißbraucht worden; als sie erwachsen wurde, sah sie im Sex die einzige Möglichkeit, sich ihre inneren Bedürfnisse zu erfüllen, doch das erwies sich immer als enttäuschend. Damals erkannte ich nicht, daß ich auf die unterschwelligen sexuellen Anspielungen reagierte, die sie mir unbewußt machte, und nur halbherzig versuchte, ihre tieferen Nöte zu verstehen.

Als ich merkte, daß die Therapie nicht mehr wirkte, offenbarte ich bei einer Mitarbeiterbesprechung meine Schuldgefühle, und das Feedback war sehr hilfreich. Meine Kollegen machten mir deutlich, daß ich in der Beziehung zur Patientin in Wirklichkeit auf das Bedürfnis ihres Kindes im Innern nach Trost, Liebe und Berührung reagierte. Was mich selbst anging, so erkannte ich, daß das Kind in mir die gleichen Bedürfnisse hatte und ich sie durch die Sexualisierung überdeckte. Da ich davor zurückschreckte, die tieferen Bedürfnisse zuzugeben, konzentrierte ich mich auf sexuelle Gefühle. Nach dem Gespräch mit meinen Kollegen durchschaute ich meine Gefühle und war danach in der Lage, mit den tiefliegenden Bedürfnissen des Kindes im Innern bei mir und der Patientin umzugehen.

Nicht nur wäre es sündig und unmoralisch gewesen, auf meine sexuellen Gefühle hin zu handeln, sondern ich hätte auch der Patientin geschadet, denn damit hätte ich ihr Gefühl von Schlechtigkeit und Wertlosigkeit noch verstärkt. Sie hätte sich nie sicher genug fühlen können, die tieferen, unerfüllten Bedürfnisse des Kindes in ihr anzugehen. Wenn Therapeuten, Seelsorger oder sogar Pastoren sich mit ihren Patientinnen sexuell einlassen, reagieren sie damit in Wirklichkeit nicht auf echte sexuelle Bedürfnisse eines erwachsenen Menschen, sondern auf früher unerfüllte Bedürfnisse des Kindes im Innern nach Liebe, Nähe, Einheit und Trost – Bedürfnisse, die irrtümlich sexualisiert worden sind.

Manchmal fällt es dem Berater auch schwer, Menschen zu mögen, die ihm wegen ihres Verhaltens mißfallen oder die unattraktiv aussehen. Immer häufiger kommen Patienten mit Persönlichkeitsstörungen, die auf extremen Narzißmus, schwache Beziehungsfähigkeit, impulsives Verhalten, Alkoholismus und Drogensucht, sexuelle Promiskuität, Identitätskrisen und unbewußte oder bewußte Verantwortungslosigkeit zurückzuführen sind. Diese Menschen machen dem Therapeuten nicht nur wegen der extremen Verhaltensweisen schwer zu schaffen, sondern auch durch ihre unangenehme Persönlichkeit. Sie saugen uns oft so aus, daß man sich völlig erschöpft fühlt. Man hat das Gefühl, die Mühe versickert in einem Faß ohne Boden, und deshalb lehnt man sie ab. Wenn wir sie auf das impulsive oder destruktive Benehmen ansprechen oder ihnen verweigern, was sie von uns wollen, steht uns ein emotionaler Ausbruch bevor, wozu Selbstmorddrohungen und andere Verhaltensweisen gehören, mit denen sie uns verletzen wollen. In solchen Fällen wird die Mühe des Beraters kaum anerkannt, was besonders für das Anfangsstadium der therapeutischen Beziehung gilt.

Wenn ich meine Probleme mit der Gegenübertragung samt den normalen Enttäuschungen bewältigen kann, bin ich in der Lage, auch solche Menschen zu mögen und zu schätzen, selbst wenn sie mich derart auf die Probe stellen. Obwohl ich seit vielen Jahren Christ bin, bin ich nicht immun gegen Abneigung, wenn ich mit jemandem arbeite; ich habe aber auch festgestellt, daß ich schwierige Leute gerade dann in einem anderen Licht sehen kann, wenn ich mich selbst aus Gottes Perspektive betrachte und seine Liebe, Geduld und Vergebung für mich bedenke. Mit Gottes Hilfe bin ich dann in der Lage, eine sinnvolle Arbeitsbeziehung zu ihnen zu schaffen. In den wenigen Fällen, wo es mir unmöglich ist, überweise ich die Patienten an jemand anderes.

Auf der Suche nach dem Kind im Innern

Mittlerweile sind die drei Grundbestandteile Ihres Kindes im Innern deutlich geworden: Gedanken und Gefühle, gottgegebene natürliche Fähigkeiten und die unverwechselbare Identität, geschaffen nach dem Bilde Gottes. Erst wenn es uns gelingt, bei einem anderen das Kind im Innern zu berühren, können wir eine Beziehung zu der wirklichen innewohnenden Persönlichkeit anknüpfen. Wir alle stellen jedoch Hindernisse auf, um uns vor Verletzungen und Schamgefühlen zu bewahren, die das Kind im Innern so tief empfinden kann.

Wenn wir als Seelsorger dieses Kind im Innern nicht ausfindig machen, gelingen uns beim Ratsuchenden im allgemeinen nur Denk- oder Verhaltensänderungen. Sie dienen erst recht der Verstärkung jener Verteidigungsschranken, die das Kind im Innern im hintersten Winkel des Sinnes versteckt halten. Wie nehmen wir Kontakt zum Kind im Innern auf? Aus meiner Erfahrung kann ich einige Vorschläge machen.

Legen Sie das Beratungsziel fest. Man gerät durch Ablenkungsmanöver, mit denen der Patient sich unbewußt schützt, leicht auf Abwege. Er spricht von den Erlebnissen der letzten Woche, von anderen Menschen, von alten Wunden oder behauptet, alles sei in Ordnung, obwohl das nicht stimmt. Alle Themen dieser Art können wichtig sein, aber die Ratsuchenden greifen oft darauf zurück, um von ihren wirklichen Gefühlen abzulenken. Nachher kann ich meinen Finger nicht mehr auf die eigentliche Wunde legen und merke, daß ich an der Nase herumgeführt wurde.

Während der Sitzungen ist es wichtig, sich das Kind im Innern des Ratsuchenden bewußt zu machen. Kann ich es spüren? Bin ich wach für seine wirklichen augenblicklichen Gefühle? Oder habe ich es zugelassen, vom Schutzversteck des Kindes im Innern weggeführt zu werden? Damit meine Therapie wirksam ist, muß ich unbedingt wissen, welche Ziele ich bei der Beratung verfolge.

Lassen Sie den Ratsuchenden nicht abschweifen. Wenn ich

anfange zu sinnieren, führe ich das darauf zurück, daß die Worte des Patienten nichts mit seinen wirklichen Gefühlen zu tun haben. Anders formuliert, er lenkt mich mit seinen Worten von den wahren Gefühlen des Kindes im Innern ab. Wenn ich merke, daß ich nicht aufmerksam genug bin oder während der Sitzung mit dem Schlaf kämpfe, sage ich meist zum Patienten: „Hören Sie, ich merke, daß ich nicht bei der Sache bin. Es fällt mir schwer, aufmerksam zu bleiben. Wenn das vorkommt, ist es meist ein Zeichen dafür, daß Sie mir nicht sagen, was Sie im Augenblick wirklich spüren."

Solche Bemerkungen bringe ich immer so an, daß ich einen Irrtum einräumen könnte, aber meistens bin ich auf der richtigen Fährte. Meine eigenen Reaktionen dienen mir als Barometer zur Einschätzung, was sich in meinem Patienten abspielt. Ein Großteil der Kommunikation läuft nämlich nonverbal ab und wird nicht mit dem Verstand, sondern mit dem Gefühl wahrgenommen.

Halten Sie Kontakt zu Ihrem eigenen Kind im Innern. Wie könnte ich je das verborgene Kind in anderen finden, wenn ich zu meinem eigenen keinen Kontakt habe? Das wäre unmöglich. Die Seelsorge gleicht dem Blick in einen Spiegel. Bei der Arbeit an anderen werde ich ständig mit mir selbst konfrontiert.

Die Entdeckung des Kindes im Innern ist nichts Statisches, bringt keine endgültigen Ergebnisse; sie dauert unser Leben lang an. Wenn dieser Wachstums- und Lernprozeß aufhört, erfahren wir emotionale Isolation, sterben ab und werden uns schmerzlich bewußt, daß wir einsam sind.

Wenn kleine Kinder spielen, wird ihnen selten langweilig. Sie laufen, springen, rufen, singen und lachen. Es gibt immer etwas zu entdecken, etwas Neues zu sehen, zu schmecken, zu berühren und zu hören. Auch als Erwachsene können wir so etwas erleben, wenn wir zulassen, daß unser kreatives, spontanes Kind im Innern auflebt.

Oft geht es in der Therapie darum, das begrabene Kind im Innern wiederzubeleben. Wir denken wieder an die Begebenheit von Jesus mit den Kindern, als er sie um sich sammelte, umarmte und segnete. Er hatte die innere Freiheit, mit echtem Mitgefühl eine Beziehung zu ihrem Kind im Innern aufzunehmen, und die Kleinen reagierten fröhlich auf seine Liebe und sein Mitgefühl für sie.

Viele Jahre meiner Kindheit war ich einsam, sehr auf mich selbst gestellt. Selten sagte ich anderen, was ich wirklich fühlte. Erst später im Leben erkannte ich, daß das Kind in meinem Innern im dunklen Raum meines Wesens eingeschlossen war. Als ich älter wurde, konnte ich dieses Kind befreien lassen und zu einem wichtigen Bereich meines Lebens machen.

Jetzt spüre ich intuitiv die Einsamkeit und Isolation des Kindes im Innern bei anderen. Manchmal braucht mir kein Wort dazu gesagt zu werden. Wenn ich einem Patienten diese Beobachtung mitteile, reagiert er häufig mit starken Emotionen, oft mit Tränen. Solche Augenblicke sind in ihrer Seltenheit etwas Besonderes. Ich spüre das Kind im Innern des Menschen, und es reagiert auf mich. Zwischen uns entsteht eine unmittelbare emotionale Verbindung. Sie ist normalerweise kurzlebig, aber im Lauf der Zeit dauert sie länger an. Der Ratsuchende erlaubt es sich, die Gefühle länger zum Ausdruck zu bringen, weil er weiß, daß ich mitfühle und ihn mit meinem inneren Kind verstehe.

Sie können lernen, Ihr Kind im Innern einzusetzen, um es bei anderen zu erspüren und Kontakt zu ihm aufzunehmen. Sie können so den Menschen, für die sie Sorge tragen, Mut machen, ihre Gefühle freier zu äußern und ihre Naturtalente zu entdecken. Am wichtigsten aber ist Ihre Hilfe, wenn es darum geht, die Menschen ihre unverwechselbare Identität als Person nach dem Bilde Gottes erfahren zu lassen.

Anmerkungen

1 *Hospitalism: Genesis of Psychiatric Conditions in Early Childhood,* R. Spitz Psychoanalytic Study of the Child, 1945, 1:53-74.
2 Film *Second Chance,* Hoffman-LaRoche Laboratory, Hutley, New Jersey. Zusammenfassung in Muriel James, Dorothy Jongeward, *Born to Win,* Transactional Analysis with Gestalt Experiments, Addison-Wesley Publishing Company, S. 42-43.
3 Auszug aus Roland Summit, *The Accomodation Syndrome,* Skript liegt vor im California State Psychological Association's Child Abuse Seminar.
4 Philip Zimbardo, „The Age of Indifference", in: *Psychology Today,* August 1980, S. 71-76.
5 Nach dem „Johari Window", vorgestellt in: Joseph Luft, *Group Process: An Introduction to Group Dynamics,* Palo Alto, California 1970, S. 11.
6 Die Talentbezeichnungen und die dazugehörigen Definitionen auf den Seiten 117-124 und 209-212 wurden von der *IDAK Group, Inc.,* Portland, Oregon, entwickelt und gesetzlich geschützt (Copyright). Die Verwendung in diesem Buch wurde genehmigt. Die Verwendung der Talentkategoriebezeichnungen und entsprechender Kategorien und Definitionen ist nur mit Genehmigung der *IDAK Group, Inc.,* gestattet.
7 M. Scott Peck, *The Road Less Traveled,* New York 1983, S. 15.

Chris Thurman
Lügen, die wir glauben
Der Grund Nr. 1 für unser Unglücklichsein

Kaum zu glauben, welchen Lügen wir in den unterschiedlichsten Lebensbereichen auf den Leim gehen: „Du bist schuld, daß ich nicht glücklich bin!", „Ich muß perfekt sein!", „Du mußt alle meine Bedürfnisse erfüllen!", „Gott wird mich vor allem Übel bewahren!" ...
Die Heimtücke der Lebens-Lügen besteht eben darin, daß sie uns so lange schaden, wie sie uns als die reine Wahrheit erscheinen. Damit vernebeln sie uns die wirklich freie Lebensgestaltung. Aber mit fachkundiger Hilfe kann dieser Schleier vor dem wahren Lebensglück zerrissen werden!

Paperback, 218 Seiten
Bestell-Nr. 15 149

Frank Minirth/Paul Meier/Don Hawkins
Sorgen-los leben!

Angst und Sorge haben viele Gesichter. Sie sind eng miteinander verbunden und verstellen einer wachsenden Zahl von Menschen den Weg zur freien Lebensgestaltung. Aber wie soll man sich eines Gefühls entledigen, das man einfach nicht in den Griff bekommt? Die Ärzte der Minirth-Meier-Klinik helfen Ihnen zunächst, Ihren „Sorgen-Pegel" zu bestimmen und den Ursachen für *Ihre* Angst und *Ihre* Sorgen auf die Spur zu kommen. Anschließend zeigen sie Ihnen tausendfach erprobte Wege, diese Plagen loszuwerden und deren Wiederkehr zu verhindern.
Ein Buch, das Ihr Leben verändern kann!

Paperback, 260 Seiten
Bestell-Nr. 15 152

Minirth/Meier/Hemfelt/Sneed
Liebes-Hunger
Heilung von Eßsucht

Wenn Essen zur Sucht wird, ist es mit „ein bißchen mehr Willenskraft" nicht getan. Denn hinter dem Zwang zum übermäßigen Essen verbirgt sich ein vielschichtiges Problem – ein Hunger des Herzens, der gestillt werden will. Und nur dann, wenn die Zusammenhänge zwischen der emotionalen Not und der Eßstörung erkannt werden, ist wirksame und dauerhafte Hilfe möglich.
Aus ihrer klinischen Erfahrung heraus decken die Autoren die oft verborgenen Ursachen auf, die zur Eßsucht führen. Sie helfen, den Kreislauf der Abhängigkeit zu verstehen, und erläutern mit dem „Zehnstufenplan" ein bewährtes Programm, um körperlich, seelisch und geistlich zu gesunden.
Erprobte Schritte zur Überwindung einer Sucht, die immer mehr um sich greift!

Paperback, 318 Seiten
Bestell-Nr. 15 175

Alfred Ells
Zurück zur Unschuld
Von den Wunden der Vergangenheit
zur befreiten Sexualität

Ist Ihnen eigentlich bewußt, daß Ihr Verhalten gegenüber dem anderen Geschlecht entscheidend von Ihren Erfahrungen aus der Vergangenheit abhängt? Bis in die intimsten Bereiche hinein wird unsere Sexualität in Denken, Fühlen und Handeln bestimmt von dem, was uns geprägt hat:
– die Erziehung
– das Beispiel von Eltern, Verwandten, Freunden
– die „erste Liebe" und die ersten sexuellen Kontakte
– traumatische Erlebnisse, wie Vergewaltigung und Inzest

Vielen Menschen, ob verheiratet oder nicht, wird ihre „Vorgeschichte" zu einer schier unerträglichen Last: Ihr gehemmtes oder zwanghaftes Verhalten schadet ihnen selbst und anderen – oft ohne daß sie es merken. Hier gibt es nur einen Ausweg: Wer zurückfinden will zu einer gesunden Intimität, der muß die Einflüsse der Vergangenheit verstehen lernen und in den Griff bekommen!

Paperback, 216 Seiten
Bestell-Nr. 15 176